教育研究方法丛书

教育量化研究
理念与方法

JIAOYU LIANGHUA YANJIU
LINIAN YU FANGFA

姚计海 吴小益 沈 玲 ———— 著

北京师范大学出版集团
BEIJING NORMAL UNIVERSITY PUBLISHING GROUP
北京师范大学出版社

图书在版编目(CIP)数据

教育量化研究：理念与方法/姚计海等著. —北京：北京师范大学出版社，2023.4
(教育研究方法丛书)
ISBN 978-7-303-27852-7

Ⅰ.①教… Ⅱ.①姚… Ⅲ.①教育研究 Ⅳ.①G40－03

中国版本图书馆CIP数据核字(2022)第061837号

图书意见反馈：gaozhifk@bnupg.com　010-58805079
营销中心电话：010-58802755　58800035
北师大出版社教师教育分社微信公众号　京师教育教师

出版发行：北京师范大学出版社　www.bnupg.com
　　　　　北京市西城区新街口外大街12-3号
　　　　　邮政编码：100088
印　　刷：保定市中画美凯印刷有限公司
经　　销：全国新华书店
开　　本：787 mm×1092 mm　1/16
印　　张：15.5
字　　数：343千字
版　　次：2023年4月第1版
印　　次：2023年4月第1次印刷
定　　价：69.00元

策划编辑：何　琳　　　　责任编辑：朱冉冉
美术编辑：焦　丽　　　　装帧设计：焦　丽
责任校对：葛子森　　　　责任印制：马　洁

版权所有　侵权必究
反盗版、侵权举报电话：010-58800697
北京读者服务部电话：010-58808104
外埠邮购电话：010-58808083
本书如有印装质量问题，请与印制管理部联系调换。
印制管理部电话：010-58805079

作者简介

姚计海：2005年毕业于北京师范大学心理学院发展心理研究所，获发展与教育心理学博士学位，现任教于北京师范大学教育学部教育管理学院，致力于教育人力资源管理研究，主要研究领域为教育管理学、管理心理学，研究方向为教师专业发展与管理，研究兴趣为教师自主发展与创新、教师心理健康促进、学校管理沟通、学校管理咨询等，主要承担"人力资源管理""教育组织行为学""量化研究方法""教师心理专题研究""管理诊断与咨询""教师管理与发展"等课程的教学工作。

吴小益：毕业于北京师范大学教育学部，获教育经济与管理学硕士学位。

沈玲：毕业于北京师范大学教育学部，获教育经济与管理学硕士学位。

序　言

习近平同志强调:"教育兴则国家兴,教育强则国家强。"而且,党的二十大报告也进一步表明,党中央更加重视教育发展问题,明确教育事业对中华民族伟大复兴的重要意义,强调坚定实施科教兴国战略,始终把教育摆在优先发展的战略位置。

教育学的学科建设与发展对国家教育事业的发展具有重要作用,教育科学研究水平的提升对我国教育事业具有重要的科学导向作用。形成和完善科学研究方法体系对教育学的科学性质及教育学科的优质发展具有关键支撑作用。

量化研究课程是教育学专业的一门学位基础课程。每一次讲授该课程,我都会有一些新的感受和领悟,就越发希望写一本关于量化研究方法的教材,以帮助研究生及本科生有效地开展量化研究,并撰写好学位论文。

最初,我想把书名简单地定为《教育量化研究》,但是结合多年的授课经历与教学反思,我希望在这本书中把量化研究的理念突出出来,这也是当前教育研究领域需要普遍认同和接纳的东西,于是书名就被定为《教育量化研究:理念与方法》。

每一次的量化研究课程都会有很多学生积极参与。学生们渴望学习和掌握量化研究方法,并将量化研究方法运用于教育研究活动中。在课程教学过程中,许多教育学专业的学生表现出优秀的量化研究素养,但是,也有不少学生缺乏关于量化研究的基本理念和基础知识,甚至有个别学生并不认同量化研究的理念。有一次,量化研究课程已经讲到学期末了,有一个选课的学生针对量化提出一种观点——模糊才是一种美。这令我有些困惑,毕竟量化研究提倡的是精确和规则。

在讲授量化研究课程之初,我经常会对选课的学生做一个调查。调查发现,多数学生表示没有从事过量化研究,大约有 1/2 的学生表示没有学过教育统计学或应用统计学,大约 1/3 的学生表示虽然之前学过教育统计学,但是"基本都忘了"。选修量化研究课程的学生对教育统计学的掌握情况就像一个正态分布图，有少数几个人掌握得很好，少数几个人几乎一无所知，大多数人处于中间状态。

为了顺利开展教育量化研究，研究者不仅需要掌握关于量化研究的基础知识和理论，更需要不断形成量化研究的基本理念和思维方式。反观过去几十年我国的教育研究，存在一个非常现实的方法论问题，即教育研究方法更多是基于逻辑的经验思辨和理论思辨研究，而缺乏基于实证的研究，尤其缺乏量化研究。从教育研究的国际视角来看，教育研究已经越来越重视实证研究范式，尤其重视基于实证的量化研究。如果查询国际优秀期刊的教育学论文或优质大学教育学专业的毕业论文，我们就可以发现量化研究受到广泛的关注和使用，并有效地服务于教育实践。

当然，思辨研究方式有它存在的重要价值。基于严谨逻辑推理的思辨研究，有助于人们对教育研究问题进行深入思考和探讨，有助于人们提炼教育研究理论。但是，思辨除了需要严谨规范的逻辑推理，还需要以客观事实为依据，建立在大量实证研究基础之上或与实证研究相结合。思辨研究与实证研究应该是相互支持和印证的。如果没有思辨研究的帮助，那么实证研究就可能失去方向；而如果没有实证研究的支持，那么思辨与逻辑推理就很容易失去现实根基。

因此，如果仅仅以思辨及逻辑推理来主导教育的研究范式和研究方法，就很可能造成教育研究的局限，影响教育研究的长远发展。教育科学的进步要遵循发展的规律，要以科学的研究方法作为教育学发展的基础。教育科学不仅要以逻辑推理作为研究的依据，也要以客观实证作为研究的依据。

我国教育研究方法不断发展，量化研究正在逐渐成为当前教育科学研究领域一种颇受关注的、重要的研究取向，这也是本书突出量化研究理念的缘故。希望读者通过本书的学习，能接纳实证精神和量化研究理念，接受量化研究方法是一种探索教育现象及规律的有效途径，同时意识到量化研究对教育科学的发展将发挥越来越重要的作用。

姚计海
于北京师范大学英东教育楼

前　言

本书内容关注探索事物发展的一般特点或普遍规律的量化研究，针对教育量化研究的理念与方法进行阐述与讨论，旨在帮助读者：

(1)了解国内外教育研究的基本类型和方法，熟悉教育领域的实证研究取向，理解教育量化研究的基本含义；

(2)熟悉和掌握量化研究的理念与基本方法，并将它们应用于教育研究领域，针对相关教育研究主题或问题进行量化研究设计；

(3)树立教育量化研究的精确与规则意识，培养严谨的量化研究态度和科学研究精神，提升对教育研究问题的批判思维和创新能力。

本书中作为正反例证所涉及的研究报告、论文或情境，均仅出于学术探讨的目的。本书强调量化研究的重要性，提倡教育研究采用量化研究范式与方法，但并不排斥或否定其他研究范式，而是接纳其他研究范式，强调各种研究范式的相互补充和相互支持。

此外，关于量化研究的学习，要明确一个关键问题，即学习量化研究是否有捷径？阅读有关量化研究方法的相关书籍非常重要，但做一个量化研究也具有重要意义。也许比阅读有关量化研究方法的书籍更为重要的是，真正实施一个量化研究。研究者要实施一个量化研究，从选题到文献综述，再到研究设计与具体实施，通过获取数据与资料，进行数据分析，得出研究结果，最后通过分析与讨论，得出研究结论。正所谓，理论紧密联系实践，实践出真知。在具体实施量化研究的过程中，研究者往往会切身经历和体会到确定研究选题的艰难，撰写文献综述的繁杂，对研究设计的困惑，对数据收集与分析的不易，对研究结果及讨论与结论的深刻感悟。在此过程中，研究者不但可能会感受到失误或错误的缺憾，也可能会品尝到成功与收获的硕果。简言之，学习量化研究方法的捷径就是真正实施一个量化研究。

本书的内容关注教育量化研究的理念与方法。本书的呈现方式以遵循量化研究范式的学位论文撰写的一般格式为脉络，基本结构主要包括：量化研究选题或题目、摘要与关键词、研究背景、文献综述、问题提出与研究意义、研究设计、研究结果、分析与讨论、研究结论等。本书的第一章至第七章、第十四章、第十五章由姚计海撰写，第八章、第九章、第十章主要由沈玲撰写，第十一章、第十二章、第十三章主要由吴小益撰写，蒋雨含参与了第三章的资料收集及撰写工作。全书统稿及修订由姚计海负责。

本书适用于教育学及相关专业的研究生和本科生，可作为研究方法的实用教材，也可供从事教育科学研究的研究者作为参考资料使用。

目 录

绪论 教育学的科学性质
 第一节 什么是科学 …………………………………………………… 1
  一、科学的概念 ……………………………………………………… 1
  二、科学的特点 ……………………………………………………… 2
 第二节 教育学的科学性质 …………………………………………… 3
  一、教育学是一门科学，还是一门艺术 …………………………… 3
  二、教育学属于自然科学、社会科学，还是人文科学 …………… 4
  三、教育学的发展困境 ……………………………………………… 5
 第三节 完善教育科学方法体系 ……………………………………… 7
  一、方法论 …………………………………………………………… 7
  二、教育科学方法论 ………………………………………………… 8

第一章 量化研究概述
 第一节 关于研究 ……………………………………………………… 9
  一、什么是研究 ……………………………………………………… 9
  二、研究的四种水平 ………………………………………………… 9
  三、研究方法 ………………………………………………………… 10
  四、具体研究方法 …………………………………………………… 12
 第二节 关于研究范式或类型 ………………………………………… 14
  一、实证研究与思辨研究 …………………………………………… 14
  二、横向研究与纵向研究 …………………………………………… 15
  三、相关研究与因果研究 …………………………………………… 18
  四、量化研究与质性研究 …………………………………………… 20
 第三节 关于量化研究 ………………………………………………… 21
  一、量化研究理念小测试 …………………………………………… 21
  二、什么是量化研究 ………………………………………………… 23
  三、量化研究素养 …………………………………………………… 24
  四、量化研究论文的一般结构 ……………………………………… 27

第二章 研究题目、摘要与关键词
第一节 研究题目
一、什么是研究题目 ………………………………………………………… 29
二、如何确定研究问题 ……………………………………………………… 30
第二节 摘要与关键词
一、摘要 ……………………………………………………………………… 33
二、关键词 …………………………………………………………………… 35

第三章 研究背景与文献综述
第一节 研究背景
一、实践背景 ………………………………………………………………… 38
二、理论背景 ………………………………………………………………… 38
三、政策背景 ………………………………………………………………… 39
第二节 文献综述
一、什么是文献综述 ………………………………………………………… 39
二、文献综述的必要性和重要性 …………………………………………… 40
三、如何撰写文献综述 ……………………………………………………… 41
四、概念界定 ………………………………………………………………… 47
五、如何进行概念界定 ……………………………………………………… 52
六、理论基础 ………………………………………………………………… 53
七、文献法是研究方法吗 …………………………………………………… 56

第四章 问题提出与研究意义
第一节 问题提出
一、基于理论依据提出问题 ………………………………………………… 61
二、基于实践依据提出问题 ………………………………………………… 62
第二节 研究意义
一、理论意义 ………………………………………………………………… 63
二、实践意义 ………………………………………………………………… 64

第五章 研究目的、研究内容与研究假设
第一节 研究目的
一、宏观研究目的 …………………………………………………………… 65

二、微观研究目的 …………………………………………………… 67
　　　三、研究目的的特点 …………………………………………………… 67
　第二节　研究内容 …………………………………………………… 68
　　　一、什么是研究内容 …………………………………………………… 68
　　　二、研究内容的特点 …………………………………………………… 69
　第三节　研究假设 …………………………………………………… 69
　　　一、什么是研究假设 …………………………………………………… 69
　　　二、建立研究假设的依据 …………………………………………………… 72
　　　三、研究假设的作用 …………………………………………………… 72
　　　四、研究假设的类型 …………………………………………………… 73

第六章　取样方法

　第一节　取样的基本概念 …………………………………………………… 75
　　　一、总体 …………………………………………………… 75
　　　二、样本 …………………………………………………… 76
　　　三、总体值与样本值 …………………………………………………… 76
　第二节　取样的作用 …………………………………………………… 76
　　　一、取样增强研究的可行性 …………………………………………………… 76
　　　二、取样便于推断总体特征 …………………………………………………… 76
　　　三、取样随机性保障样本代表性 …………………………………………………… 77
　第三节　随机取样 …………………………………………………… 77
　　　一、什么是随机取样 …………………………………………………… 77
　　　二、随机取样的类型 …………………………………………………… 79
　第四节　随机误差与系统误差 …………………………………………………… 83
　　　一、随机误差 …………………………………………………… 83
　　　二、系统误差 …………………………………………………… 83

第七章　问卷法

　第一节　关于问卷法 …………………………………………………… 85
　　　一、什么是问卷法 …………………………………………………… 85
　　　二、问卷法的类型 …………………………………………………… 85
　　　三、问卷、量表与测验的关系 …………………………………………………… 87
　第二节　量表及其编制 …………………………………………………… 89
　　　一、量表的特点 …………………………………………………… 89

　　　　二、量表的编制 ·· **89**
第三节　量表的信度与效度 ·· **94**
　　　　一、信度 ·· 94
　　　　二、效度 ·· 96
　　　　三、信度与效度的关系 ·· 98
　　　　四、量表的信效度与研究的信效度 ································ 98

第八章　统计方法概述与数据初步整理

第一节　统计方法概述 ·· **100**
　　　　一、描述统计 ·· 100
　　　　二、推论统计 ·· 101
第二节　数据的初步整理 ·· **102**
　　　　一、数据文件与数据界面 ·· 102
　　　　二、变量视图 ·· 106
　　　　三、数据视图 ·· 113

第九章　描述统计

第一节　集中趋势 ·· **121**
　　　　一、平均数 ·· 121
　　　　二、中位数 ·· 121
　　　　三、众数 ·· 122
　　　　四、总结和操作实例 ·· 122
第二节　离散趋势 ·· **124**
　　　　一、极差 ·· 124
　　　　二、四分位距 ·· 125
　　　　三、方差和标准差 ·· 125
　　　　四、总结和操作实例 ·· 126

第十章　相关分析

第一节　数据特点 ·· **129**
　　　　一、数据类型 ·· 129
　　　　二、对应关系 ·· 130
　　　　三、分布形态 ·· 130
第二节　相关分析方法 ·· **136**
　　　　一、皮尔逊相关 ·· 136

二、斯皮尔曼相关 …………………………………………………… **136**
　　三、肯德尔相关 ……………………………………………………… **136**
　　四、偏相关 …………………………………………………………… **138**
　　五、基于交叉表的相关分析 ………………………………………… **140**
　　六、总结 ……………………………………………………………… **143**

第十一章　差异分析
第一节　卡方检验　**144**
　　一、卡方检验概述 …………………………………………………… **144**
　　二、适合度检验的范例解析 ………………………………………… **145**
　　三、独立性检验的范例解析 ………………………………………… **146**
第二节　平均数的差异检验——t 检验　**149**
　　一、Z 检验与 t 检验 ……………………………………………… **149**
　　二、单总体和多总体平均数检验 …………………………………… **150**
　　三、独立样本 t 检验的范例解析 …………………………………… **150**
第三节　平均值的方差分析　**152**
　　一、方差分析概述 …………………………………………………… **152**
　　二、单因素方差分析的范例解析 …………………………………… **152**

第十二章　回归分析与路径分析
第一节　简单回归分析　**156**
　　一、简单回归分析的概念 …………………………………………… **156**
　　二、简单回归的范例解析 …………………………………………… **156**
第二节　多元回归分析　**159**
　　一、多元回归概述 …………………………………………………… **159**
　　二、多元回归范例 …………………………………………………… **160**
　　三、同时回归分析 …………………………………………………… **160**
　　四、逐步回归分析 …………………………………………………… **161**
　　五、阶层回归分析 …………………………………………………… **162**
　　六、共线性诊断 ……………………………………………………… **164**
　　七、多元回归的范例解析 …………………………………………… **164**
第三节　路径分析　**173**
　　一、路径分析概述 …………………………………………………… **173**
　　二、路径系数估计 …………………………………………………… **173**

第四节　中介效应分析 ·· **174**
　　一、中介效应分析概述 ·· **174**
　　二、中介效应分析的意义 ··· **175**
　　三、中介效应检验 ·· **176**
　　四、中介效应模型分析范例 ·· **179**

第十三章　因子分析

第一节　因子分析简介 ·· **186**
　　一、什么是因子分析 ·· **186**
　　二、因子分析的类别 ·· **186**
第二节　探索性因子分析 ··· **186**
　　一、探索性因子分析概述 ··· **187**
　　二、探索性因子分析的过程 ·· **187**
　　三、探索性因子分析的范例 ·· **190**
第三节　验证性因子分析 ··· **199**
　　一、验证性因子分析概述 ··· **199**
　　二、验证性因子分析的过程 ·· **199**
　　三、验证性因子分析的范例 ·· **201**

第十四章　研究结果、分析与讨论及研究结论

第一节　研究结果 ·· **210**
　　一、描述统计结果 ·· **210**
　　二、相关分析结果 ·· **211**
　　三、回归分析结果 ·· **211**
　　四、差异检验结果 ·· **212**
　　五、研究结果中图表的呈现 ·· **212**
第二节　分析与讨论 ··· **214**
　　一、什么是分析与讨论 ··· **214**
　　二、分析与讨论的主要内容 ·· **214**
　　三、如何写好分析与讨论 ··· **215**
第三节　研究结论 ·· **217**
　　一、什么是研究结论 ·· **217**
　　二、如何撰写研究结论 ··· **218**

第十五章　小结：如何评价量化研究论文

　　一、研究题目是否恰当 ··· 219
　　二、摘要与关键词是否简明 ····································· 220
　　三、文献综述与问题提出是否充分 ······························· 220
　　四、研究设计是否严谨 ··· 221
　　五、研究结果是否完善 ··· 221
　　六、分析与讨论及研究结论是否合理 ····························· 221
　　七、参考文献是否全面 ··· 222

参考文献 ··· 224

后　记 ··· 232

绪论　教育学的科学性质

教育学发展至今，在理论上已经形成丰富的学科理论分支和多样的学科知识体系，而且各种教育学的理论及研究成果也在不同层面、不同程度上被广泛应用于各级各类教育实践领域。

但是必须承认，教育学仍然是一门不成熟的学科，教育学的科学性质仍然在研究方法层面上受到质疑甚至否定。在科学研究领域，教育学的科学性质及其方法论体系和发展取向等方面仍然存在一些争议，值得深入探讨。

第一节　什么是科学

一、科学的概念

如果不问"什么是科学"，人们似乎都清楚其含义，而一旦问"什么是科学"，人们似乎并不清楚科学是什么。人们对科学这一概念至今有着丰富多样的认识与解释，难以形成一致的答案；而且，一些与科学有关的具体问题至今仍没有明确的解答。比如，科学、伪科学和非科学有什么本质的不同？人们用来探索科学的意识是什么？具有主观特性的意识如何能探讨具有客观特性的科学现象？人们从不同角度对科学这一概念的认识、讨论和争论似乎从未停止过。

如果关于科学及其相关问题的争论不断升级，那么最终往往上升至哲学的范畴，进而引发长期以来人们不断探索却又难以真正回答的、最根本的问题：世界的本原或真相是什么？人们对客观事物的认识都是通过其主观的认识途径，这种主观的认识途径是否能真正认识客观世界及其规律，这似乎又成了一个难以真正解释清楚的问题。不过，本书无意对这类问题进行过多争论，而尝试给科学一个朴素的解释。

在《辞海》中，"科学"一词内涵的解释是："运用范畴、定理、定律等思维形式反映现实世界各种现象的本质和规律的知识体系。社会意识形态之一。"科学这一概念的外延从不同角度来看也表现出不同的类型和内容。比如，根据关注领域的不同，科学可分为自然科学、社会科学和人文科学等；根据与实践的不同联系，科学可分为理论科学、技术科学、应用科学等。

从词源看，科学一词由英文 science 翻译而来。science 的含义体现着西方学术领域对科学一词的理解。在西方主流学术领域中，科学这一概念更多从哲学意义上被赋予实证论（positivism）和还原论（reductionism）的认识论基础。简单地说，这种认识论基础就是认为事物是可认识的，是有规律可循的。实证论和还原论在当前的科学研究领域，尤其是在自然科学领域，仍然显现着强大的权威性，表现出强大的"统领"力量。因此，科学的概念常常体现着西方社会对科学的理解。然而，关于科学的概念本身，无论是东方社会，还是西方社会，都仍然处于不断深入研究和激烈探讨的状态，并没有形成一个最终定论。

中文使用"科学"两个字来翻译英文 science 一词，体现着人们关于科学这一概念的基本认识。"科"与"学"的组合也有其会意的意义。在《康熙字典》和《说文解字》中，"科"被解释为"从禾，从斗。斗者，量也"。"禾"的意思是禾苗、谷物，"斗"的意思是"量"，是用来测量的工具。"禾"与"斗"合成为"科"，其意为以"斗"来衡量"禾"的数量或品类，深刻包含着量化的寓意。

科小篆 科楷体

"学"指分门别类的、有系统的知识。在《说文解字》中，"学"被解释为"觉悟"。

學小篆 学楷体

可见，科学一词在中文里从文字本身所表达的含义可以朴素地理解为，用"斗"来量"禾"的学问或知识体系。因此，"科学"这一概念包含着基本的量化研究的理念，体现着人们在对事物发展的一般特点或普遍规律的探讨过程中对规则和工具的重视。

科学是人们不断追求真理或客观真相的学问，人们不断追求科学就是为了证实真理或真相。人们在探索未知的世界时，以客观事实为依据，用符合逻辑和规则的方式，揭示或逐渐认识事物发展的规律，并且这种认识能够形成相对规范的体系，有助于人们征服世界、改造世界，为人类创造财富，那么这个认识体系就可以归属于科学的范畴。

通过科学探求真理的途径既需要严密的逻辑思辨，也需要充分的实证证据，思辨与实证两者往往相辅相成，相互支持，有助于建构起科学的"大厦"。人们在探索科学的过程中，如果仅仅以思辨研究作为方法，虽然可能会提升理论高度，但容易脱离具体实践活动，因此在探索科学的过程中需要实证研究的支持。"实证"的基本特征在于直接经验和认识，它符合"实践"所具有的实地探索活动的基本含义，而且"实践是检验真理的标准"，对此在哲学方法论层面也有所共识。

二、科学的特点

（一）科学具有发展性

在探索科学的道路上，人们对事物的特点及其发展规律的认识和理解往往在不断变化与更新，科学体系也常常处于不断进步与完善的过程中。

"两个铁球同时落地"的故事就是一个很好的例证。1590 年，伽利略在比萨斜塔上做了自由落体实验，证实了两个重量不同的铁球会同时落地。但是，在此之前，人们普遍认为重的物体先落地，而轻的物体后落地，并坚定地相信这就是真理。在那个时代，关于重的物体比轻的物体下落更快的认识就成为当时的科学认识。

再比如，1857 年我国清代医生王清任通过人体解剖发现"灵机、记性，在脑不在心"，人们开始逐渐认识到脑是人的心理与行为的"司令部"，而不是心脏。"心理"一词中的"心"也体现出早期社会人们对心脏是认识与行为之所在的理解。此后，1861 年法国医生布罗卡发现语言的控制中枢在大脑皮层的相关区域，这一大脑皮层相关区域后来被称为"布罗卡区"。这些发现都加深了脑是人的心理与行为的主宰的科学认识。然而，在此之前，心脏主宰人的心理与行为的认识就长期成为当时的"科学"，而现在看来，那并不是科学的认识。当然，今后也许还会有新的科学认识。

因此，随着人们认识水平不断提升和实践领域不断拓展，科学也在不断进步和发展。在某个时间或空间内，某些认识就可能成为科学，而在另一个时间或空间内，这些认识就可能不是科学。

(二)科学具有证实性

无论科学如何发展，在相应的发展阶段，科学之所以成为科学，是因为它有一些令人信服的依据或证据，这就是科学的证实性特点。科学的证实性主要体现在以下几方面。

(1)过去的或已有的对事物特点或发展规律的科学认识与当前的科学研究结果应相互融合。如果不相融合，那么过去的科学研究与当前的科学研究至少有一方面可能是不科学的或存在疑问的，需要进一步探索新的证据加以证实。

(2)创新的或突破性的科学理论或科学知识体系应该有坚实的或强有力的实证研究作为基础，这种实证研究应该具有可重复的、可证实的特征。

(3)对事物特点或规律的科学认识可以用数理的方法和逻辑的方法进行推导论证，并需要在相关领域的理论与实践层面得到合理的证实。

(4)科学所探索追求的事实、真相或真理往往具有稳定性和普遍性，体现着事物发展的一般特征或普遍规律，而这也需要通过科学研究加以证实。

第二节 教育学的科学性质

一、教育学是一门科学，还是一门艺术

人们在评价一些学科的性质或特征时，有时会认为这门学科既是科学，又是艺术。比如，"管理学既是一门科学，又是一门艺术""物理学既是一门科学，又是一门艺术"。这种观点也被用于对教育学的评价。教育学也时常被人们认为"既是一门科学，又是一门艺术"。

这种对一门学科"既是一门科学，又是一门艺术"的评价看起来两者兼顾，又很全面，但是，冷静思考之后我们就可能提出这样的疑问：科学是艺术吗？或科学与艺术可以兼容吗？科学与艺术可以相互属于对方的范畴吗？

进一步分析可以发现，科学往往强调事物发展具有普遍规律可循，具有可重复性、可验证性等特征，而艺术似乎并不能被复制，也可能缺乏规律性，因此科学与艺术两者是否可以等同或兼容，仍值得商榷。

对于严谨治学的教育研究者而言，"教育学既是一门科学，又是一门艺术"的说法可能并不能令他们满意，他们并不认同这种两者兼顾或折中的说法。事实上，这种说法往往引发研究者对"教育学到底是科学还是艺术"的争论。

一方面，有些研究者更倾向于认为教育学是一门科学，并强调虽然教育学的科学性不是非常成熟，但教育学正在不断走向科学、走向真理，其科学化的发展方向是毋庸置疑的。

另一方面，也有一些研究者更倾向于认为教育学是一门艺术，并强调教育学是为复杂多变的教育现象服务的，它具有深厚的艺术特性。而且，正是因为教育学是一门艺术，才使得教育学的理论研究与实践紧密结合。

那么，教育学到底是科学还是艺术？对此问题我们不用做过多争论，有一种最简洁的解答是："教育学是科学，而教育是艺术。"这其中体现着教育学与教育的关系。比如，教育理论研究所强调的因材施教这一最基本的教育原则就属于科学的范畴，而在各种教育实践中如何做到因材施教则属于艺术的范畴。

二、教育学属于自然科学、社会科学，还是人文科学

在现实的科学丛林中，教育学时常被认为不是一门严格意义的科学，或被认为科学的"纯度"不高。这类对教育学的疑问往往是从自然科学视角提出的。那么，在科学的分类中，教育学在自然科学、社会科学、人文科学的学科定位中的位置在哪里呢？

就教育学的学科性质而言，有些人认为，由于教育学往往以学生、教师为研究对象，而且具有艺术性，教育学的本质应属于人文科学（如文学、哲学、美学、艺术学等）；也有一些人认为，教育学的科学性质应属于社会科学（如政治学、法学、社会学、传播学等）；还有一些人认为，教育学具有较强的科学性，兼备自然科学（如物理学、生物学、化学、天文学等）和社会科学的特征。

其实，对于上面所列出的一些社会科学、人文科学及自然科学，其分类也仍然存在不少争论。就教育学而言，某些研究领域在被视为社会科学、人文科学的同时，也被视为自然科学，其研究范式越来越强调实证研究，尤其强调量化研究和实验研究。

如果教育学被归为人文社会科学，就需要符合人文社会科学的特征。有观点指出，人文社会科学要具有五个方面的科学性[①]：

（1）具有比较主义的研究方法，将研究者的主观倾向剔除，使研究者的研究从主观个人中心转向客观出发点，即"比较主义去中心化"；

（2）要有足够的、合适的关于本学科研究对象的历史资料；

（3）移植应用自然科学的方法和模型；

（4）对研究的核心问题可以达成共同判断和可证实的领域；

（5）形成与思辨相区别的实证研究方法。

当前，在科学研究领域，人们更倾向于认同以物为研究对象的学科（如物理学、生物学等）更具有科学性，而对更倾向于以人为研究对象的学科（如教育学、管理学、社会学等）的科学性存在轻视或误解。然而，事实上，以人为研究对象的学科与以物为研究对象的学科同样具有科学探索和研究的价值。而且，以人为研究对象的教育研究往往具有更强的特殊性。

（1）教育学往往以人为研究对象，这一研究对象是生命实体，也是社会实体，具有显著的社会性特征，而且教育研究与社会、政治、经济、文化的关系密切。

---

① 让·皮亚杰：《人文科学在科学体系中的地位》，见联合国教科文组织：《当代学术通观——社会科学与人文科学研究的主要趋势（社会科学卷）》，周昌忠，等译，31页，上海，上海人民出版社，2004。

(2) 教育研究对象往往是有意识、有思想、有个性的人，因此，教育研究必须要尊重人的身心发展特征，遵循研究的人性与伦理原则，教育研究不能有损于人的身心健康发展。

(3) 教育研究涉及有关人的变量特点及发展变化，往往非常复杂，难以严格控制，因此时常缺乏精确解释与预测，难以实施严密的纵向因果研究。

教育学常常以人为研究对象，其复杂又特殊的学科性质意味着其研究方法应该比以物为研究对象的各类科学具有更强的科学性，然而，由于教育研究方法往往在现实中操作困难而显得缺乏科学性。比如，某个针对动物的研究，以刚出生不久的小鸡为研究对象，研究者可以通过简单随机取样的方式选取一定数量的小鸡进行科学研究，而不必过多考虑小鸡们是否愿意。试想，如果这是教育研究，把研究对象换成人，那么研究情境就会变得更为复杂。教育研究者很难在一定的人的群体中通过简单随机取样来选取研究对象，即使研究者有条件通过简单随机取样选取一群人作为研究对象，也必须考虑这群人是否愿意参加研究。因此，教育研究过程有时必须对研究对象、研究方法、数据分析等环节进行灵活调控，这势必降低了教育研究的严谨性、客观性、系统性等科学性质。

因此，相对于一些自然科学而言，教育学这门科学同样具有科学性及科学研究的价值，但是教育研究难度更大，对教育研究者更具有挑战性，对教育学的研究方法也提出了更高的要求。教育学可能需要建立起比自然科学更高级的研究方法体系，以对与人紧密相关的教育现象及其规律进行科学研究。

三、教育学的发展困境

教育学是一门科学，教育研究具有相应的科学性。但是，就教育学科发展现状而言，教育学仍然存在一些有待解决的问题。

(一) 教育科学的理论具有模糊性

正如赫伯特·A.西蒙在《管理行为》一书中指出的，流行的管理原则有一个致命的缺陷，即总是成对出现。无论是对哪个原则来说，几乎都能找到另一个看来同样可信、可接受的对立原则。虽然成对的管理原则会提出两种完全对立的组织建议，但是管理理论并没有指明究竟哪个原则才适用。

在教育研究领域也存在类似的情况，一些教育理论研究者所提出的教育原则常常也是成对出现的，且相互对立。比如，有一种教育理论强调对待学生要遵循因材施教的原则，而同时另一种教育理论则强调要遵循一视同仁的原则对待每一个学生。而且，教育科学研究领域也没有指明，对于这样成对出现的教育原则，哪种才是真正的、科学的原则。

(二) 教育科学缺乏系统的研究方法

在教育科学理论与知识体系中，不仅包括通过逻辑思辨和经验总结而获得的教育科学知识，也有依据严格的数学模型和严谨的逻辑推理而形成的教育科学知识。对我国教育研究现状而言，研究方法更多是经验总结与思辨研究。

科学的进步离不开研究方法的发展，科学的研究方法强调依据相关理论或观察事实，提出研究问题或研究假设，设计研究方案，收集分析资料，解决问题或验证假设，从而认识和探索真理或事物的真相。一门学科之所以被称为科学，关键在于它有系统的、区别于其他学科的研究方法体系。科学的一个重要特征就是它包含一套程序或标准，如果这套程序或标准可以表明研究结果是怎样获得的，而且可以被同领域的研究者重复采用，那么这套程序或标准就是科学方法（刘易斯·科恩等，2015）。

科学的研究方法对于教育研究而言至关重要，教育研究方法是决定教育研究质量的关键因素，是人们在进行教育研究时所采取的步骤、手段和方法的总称（侯怀银，2009）。对于教育学的学科发展而言，科学的研究方法决定着教育学的科学性质。教育研究范式与研究方法的发展是教育学的科学化进程和教育研究自身发展进步的重要方法论基础。研究教育学方法范式的构成与演变历程，对教育学方法范式的特征进行必要的规范，有助于采用适合研究对象的方法开展教育研究（鲍同梅，2008）。当前我国的教育研究方法体系仍有待完善，尤其教育实证研究及量化研究方法仍面临一些亟待解决的范式问题。

有研究者通过对 1989—1998 年我国教育研究方法及分析资料方法进行探讨，指出教育研究从经验走向理论，从单纯的定性分析走向定性与定量的结合，定量研究逐步受到重视，定性研究在整个教育研究中占有重要地位（这里的定性研究含义比较宽泛，非定量的研究均纳入定性研究的范畴，如哲学思辨、个人见解、政策宣传和解释等，质性研究的一些方法也被纳入其中），教育研究方法存在不注重方法论、研究方法单一且落后等问题（郑日昌，崔丽霞，2001）。也有研究者探讨我国近十年来教育研究方法的特点，针对教育学术期刊选取文献进行分析发现，思辨研究所占的比例为87.7%，量化研究的比例为 10.3%，质性研究的比例为 1.6%，混合研究仅有0.4%。思辨研究是我国教育研究领域的主要方法，量化研究虽然呈现逐年略有上升的趋势，但比例很小，质性研究及混合研究的数量很少，教育研究领域存在学术研究缺乏规范、教育研究方法单一等问题（姚计海，王喜雪，2013）。

高耀明和范围（2010）针对 1979—2008 年我国"高等教育专题"高引用率论文所使用的研究方法进行分析，发现教育研究方法论正从单一的思辨研究趋向多样化，但思辨研究仍是主要方法，质性研究和量化研究的研究水平不高，研究规范有待改进，然而，高等教育学学科走向成熟，研究方法论的进步是关键，高等教育研究必须倡导以实证研究为主，推进研究方法多样化。有研究者（Kang et al.，2014）针对高等教育研究领域，探讨 1996—2005 年中国教育期刊文献，发现思辨研究占主流，量化研究和质性研究都很少，在选取的样本文献中，基于统计分析的量化研究占 11.2%，而通过文献、历史、评论的方法进行的理论研究占 83.2%，采用经验总结的研究占 5.6%。

可见，我国教育研究仍然明显存在研究范式单一化问题。综观已有研究文献，思辨研究在我国教育研究范式中具有重要地位，而且个体经验常常作为论据对研究论点进行论证，其说服力有待商榷。

（三）实证研究的发展存在局限

量化研究和质性研究方法在我国教育研究领域逐渐受到重视，但是教育实证研究所取得的研究成果仍然有限。比如，教育学术期刊发表的实证研究论文数量仍然很少，实证研究对教育实践与决策的指导程度仍然不高。从国际教育领域来看，实证研究受到西方教育研究领域的推崇，但是它作为舶来品仍然需要有一个与我国教育研究现状相结合的本土化过程。

更为重要的是，我国教育实证研究的发展存在一些自身的局限。首先，我国的教育研究方法在实证意义上的理论研究似乎与实践脱节(阎光才，2014)，受方法论和技术层面的制约，一些实证研究结果不能很好地应用于教育现实中。而且，对于教育科学而言，与人的行为相关的研究情境更为复杂，许多干扰因素难以排除，每个研究在时间、样本、情境方面都具有特殊性，一个独立的研究有时难以帮助人们基于研究结果做出决策，因此一些教育研究结果也备受质疑(Üstün & Eryılmaz，2014)。

其次，已有的实证研究也存在一些学术规范问题。比如，有的量化研究存在抽样程序不合理，具体研究方法使用不规范等情况，有的研究甚至没有基本的取样说明，缺少调查问卷的信度与效度报告，难以保证研究的有效性，导致难以揭示教育现象的深层规律和原因；有的质性研究存在文献资料的罗列和堆积，缺乏对写作规范的遵循，忽视对核心概念的界定，缺乏对相关理论的提升等问题，有的研究甚至没有参考文献。有研究者(Kang et al，2014)探讨中国高等教育期刊文献发现，在选取的样本文献中，没有参考文献的比例为 37.6%，参考文献不规范的比例为 10.8%。

此外，在我国教育研究领域，量化研究与质性研究相结合的混合研究尚处于起步或初步发展阶段。事实上，混合研究有助于提升教育研究方法论的严谨性，提高研究过程的科学性。自 19 世纪后期，教育研究领域关于量化与质性研究范式展开激烈的讨论，量化研究基于经验主义哲学，质性研究基于解释主义哲学，两者的主要区别在于不同层面的逻辑论证，两者兼顾的混合研究有其优势，使用混合研究有助于达到认识论上的统一(Onwuegbuzie，2002)。混合研究是为了实现研究目的，对量化和质性资料进行收集、分析和解释而进行的一个或系列研究，这种研究范式并不成熟，许多研究者不了解它或为之感到困惑(Nancy，Leech & Onwuegbuzie，2009)。在混合研究中，量化与质性研究共同实现研究目的，在使用量化方法进行数据收集和统计分析的同时，运用质性方法收集资料来探索问题的深度和广度(Walsh，2014)。可见，混合研究对教育科学研究的发展具有重要意义，在教育研究领域应予以充分关注。

第三节　完善教育科学方法体系

一、方法论

方法论是人们认识世界、改造世界的方法体系，包括哲学方法论、一般科学方法论和具体科学方法论，如图 0-1 所示。

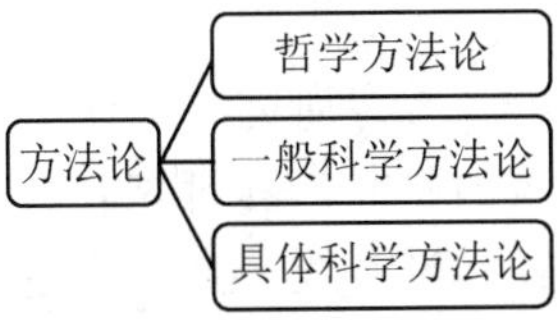

哲学方法论是关于认识世界、改造世界、探索事物发展的真相或真理的最基础的方法理论。比如，辩证唯物主义方法论、实证主义方法论、解释主义方法论等。一般科学方法论是适用于各类学科的具有普遍意义的方法理论。具体科学方法论是针对具体某一学科或某一研究领域的方

图 0-1　方法论的体系

法理论。

哲学方法论、一般科学方法论与具体科学方法论三者相互关联，相互依存。有什么样的哲学方法论就意味着有什么样的一般科学方法论，进而意味着人们会采用什么样的具体科学方法论。反之，具体科学方法论的发展与完善也会促进一般科学方法论的发展，进而促进人们认识世界、改造世界的方法体系，即哲学方法论。

一门学科之所以被称为独立的科学，关键在于它有区别于其他学科的研究对象和研究方法。教育科学的研究方法是否完善、是否成体系，决定着教育学的科学性质。

二、教育科学方法论

一般而言，研究方法的分类框架较为复杂，从哲学方法论到一般科学方法论，再到具体科学方法论。其中，具体科学方法论又包括研究类型或范式与具体的研究方法。在教育实证研究方法中，量化研究、质性研究以及整合量化与质性研究而形成的混合研究已经成为国际教育研究方法的主要发展趋势。

教育学不仅需要努力拓展和探索具有普遍价值的研究理论，更需要建立相对完善的科学研究方法体系。就教育学自身而言，当前仍然缺乏较为成体系的研究方法，因此，为了提升教育学的科学性，应特别注重并不断完善自身学科的研究方法论基础，并积极吸取其他相关学科，如数学、心理学、经济学、管理学等相关领域的研究方法，建立科学的教育研究方法体系。

宏观而言，研究方法指研究方法体系，包括研究范式和具体的研究方法等。微观而言，研究方法指具体的研究方法，是研究者为了揭示事物的特点或规律，而采用的系统的、规范的、可重复的研究程序。研究方法直接影响着研究目的是否能得以有效实现。它往往具体表现为直接服务于研究目的而采用的研究工具或技术，如教育量化研究常用的问卷法、访谈法、观察法、实验法等。教育科学方法论如图 0-2 所示。

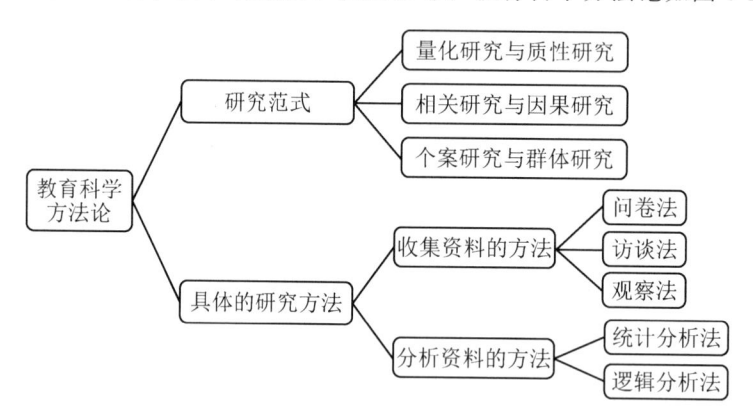

图 0-2 教育科学方法论

教育研究方法体系不断发展进步，取得了一些新的进展。比如，针对教育问题开展的研究，其研究方法呈现综合化发展的趋势；一些教育研究采用大量现代化的仪器、设备或工具；伴随着生态化发展，教育研究也不断关注研究工作的生态化特点；在国际教育研究合作中，跨文化研究越来越受到关注；尤其在实证研究不断发展的背景下，量化研究越来越受到重视。

第一章 量化研究概述

量化研究(quantitative research)往往是与质性研究(qualitative research)相对应的概念。量化研究关注事物发展的一般特点或发展规律,重在分析考查所探讨的事物或变量的共性或普遍性,因此,量化研究通过使用量化研究工具(如问卷法)收集数据,并使用统计学和数学方法对事物的特点及事物之间的相互联系与相互作用进行数量分析。

量化研究属于实证研究的范畴,是科学研究领域的一种基本研究方式或范式。在量化研究范式之下有一些具体的研究方法,如问卷法、访谈法、观察法和实验法等。在教育研究领域,问卷法是量化研究最常使用的研究方法或研究工具。

第一节 关于研究

一、什么是研究

就"研究"一词而言,"研"的本义是细磨、碾,如研磨、研墨等,引申为反复细致地琢磨、推敲、探索之意;"究"的本义是推求、追查,如追究、深究等,引申为深挖到底、穷尽、极致之意。

在学术研究领域,研究是指对事物的本质特点及其发展规律进行深入探索,以期发现真理或真相的过程。科学研究即运用科学方法以探求真理、发现真相的研究过程。从研究论文写作的视角来看,研究就是寻找与研究主题相关的信息,基于某种学术立场,使用各种学术观点、学术理念及学术视角来支持这个研究主题(Winkler, 2008)。可见,研究注重寻找证据来证明论点或解决问题,以对事物本质或规律做出有理有据的阐释。

二、研究的四种水平

研究的目的通常在于探索事物发展的本质及规律,往往表现为以下四种层次的研究水平或研究目的。[①]

(1)描述(description):研究是为了界定或说明事物或现象的特征,或呈现事物或现象之间的关系或差异。

(2)解释(explanation):考查和检验两个或多个事物或现象(变量)之间的关系或发展变化原因。

(3)预测(prediction):通过研究探讨事物或现象之间的关系,来推论或预测相关事物或现象的发展特征或趋势。

(4)控制与改进(control & improvement):研究是为了控制和改进事物或现象的

[①] 这四种层次,将在第五章"研究目的"中进一步介绍说明。

发展，解决实际情境中的问题。

三、研究方法

研究方法在哲学层面也可称认识事物的方法。人们认识事物的方法多种多样，在认识事物的过程中，通常采用诸如感知觉经验、与他人认识一致、专家意见、逻辑判断等方法对事物的特点或发展加以认识。这些方法有时可以客观合理地认识事物，而有时未必。科学方法强调对各种研究方法的科学运用，从而客观合理地认识事物，发掘事物发展的真相。

（一）人的感知觉经验

感知觉是人们认识事物的基本途径，通过感知觉可以获得大量有价值的信息。但是，人们的感知觉经验总是可靠的吗？当看到图1-1中的多条竖线时，人们往往会认为它们是不平行的，但事实上它们是平行的（从页面的底部向上部看，就很容易发现竖线是平行的）。这就是一种错觉，即左氏错觉（Zöllner Illusion），是由德国物理学家左奈（K. F. Zöllner）发现的一种错觉。因此人们常说眼见未必为实，也具有一定的道理。

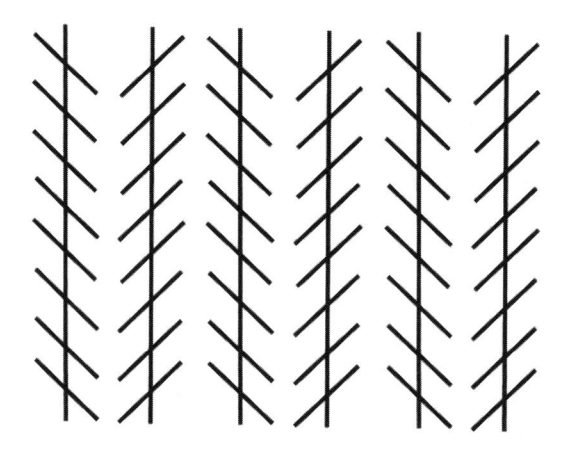

图1-1 左氏错觉图

有时，人的认识过程并不一定客观，人的感知觉会出现错误或误差（如视错觉、听错觉、方位错觉、温度错觉等）。这导致人们认识事物出现偏差，而难以对事物做出客观准确的判断。但是，感知觉等认识过程作为人们探索未知世界及各种事物的最基本、最重要的途径，在人们认识事物的过程中发挥的作用不能被否定。因此，为了客观地认识事物，往往不能仅凭一两次感知觉，而需要依靠多次、多方的感知觉来印证。在教育研究领域中，对某一研究问题或课题的探索往往需要一个研究者进行多次研究，或需要许多研究者从不同角度来对这一研究问题进行探讨，以对研究问题进行反复验证，提高研究结果的有效性。

（二）与他人意见一致

在对事物做出判断时，"与他人意见一致"看似人云亦云，但也可以是一种简单快捷地认识事物的方法。可以说，每个人自出生后对许多事物的认识都是通过"与他人意见一致"而获得的。比如，在家庭中，父母教孩子认识各种事物；在学校，教师教学生学习各种知识、技能；等等。人们对世界的许多认识都建构在"与他人意见一致"的基础之上，在不同程度上接纳许多"他人意见"，并深信不疑。

当然，如果"他人意见"是对事物的科学认识，那么与他人意见一致就是可靠的。如果"他人意见"不客观或未必客观，那么人们在认识事物时，与他人意见一致，就可能会出现人云亦云、不明是非的情况。正如历史典故"指鹿为马"，反映出如果遵从或相信不客观的、错误的认识，就同样会混淆是非，难辨真假。因此，与他人意见一致，需要对"他人意见"加以明辨。

(三) 听取专家意见

专家作为专业人士往往对某一领域有着专门的研究，对专业领域中的事物有着较为深入的认识与理解，因此听取专家意见有时是一种非常有效地认识事物的方法。但是，对同一事物，不同研究领域的专家会从不同视角予以不同的认识和理解，而且，专家也未必对某个学科领域所有需要认识的事物进行过研究，因此专家的意见并不一定总是科学的，尤其当面对专家也没有深入探讨过的问题时，专家意见就更可能存疑。

专家意见可能具有一定的科学性，但并不能等同于科学认识。专家意见也需要在事物发展过程中不断检验和证实。对于理论研究者而言，专家意见可以作为重要的参考，并在进一步研究中得到相互印证。对于实践者而言，听取专家意见也需要充分考虑理论研究与实践应用的结合，判断专家意见是否能融入实践活动中，并在实践活动中验证专家意见。

(四) 逻辑推理与论证

逻辑学是关于思维及其规律的学科，对于认识事物具有重要的科学价值。逻辑学常常是人们探索科学的工具，通过逻辑推理和逻辑论证，为各个领域的科学研究提供合理支撑。比如，三段论的推理就是一种简单的逻辑推理，以一个一般性原则（大前提）和一个附属于一般性原则的特殊判断（小前提），而得出一个符合逻辑的结论。只有当大前提和小前提都为真时，结论才能保证为真。如果前提中的任何一个是假的，那么结论就有可能为假，当然，也有可能为真。

逻辑推理与论证的各种"前提"必须真实可信，不能存在疑问，这样得出的判断或结论才有可能是科学认识。一些难以证实的或看似合理的前提所得出的结论往往令人怀疑。比如，某电视节目强调睡眠对人的健康的重要性，一位养生专家作为节目嘉宾做出这样的论证："如果有三个人，一个人不睡觉，一个人不吃饭，一个人不喝水，那么哪个最先有生命危险呢？一定是不睡觉的那个，因为睡眠对人的健康至关重要。"很容易看出这样的逻辑推理的基本前提是不成立的，存在严重的逻辑漏洞，因此很难证明其结论是正确的。

(五) 科学方法

科学是对客观事物及其发展变化规律的真理性认识，表现为系统化的知识体系。科学方法是客观合理地认识事物的方法。科学方法是依据一定理论或观察事实，提出研究问题或研究假设，设计研究方案和方法，收集资料和分析资料，以解决研究问题或验证研究假设，进而探讨或认识事物真相或探究真理的方法。同时，科学方法具有相应的哲学基础。比如，科学研究一般相信研究对象或事物是有规律性的，事物之间是普遍联系的，事物发展是有因有果的，等等。

对于教育科学方法而言，一般要具有三个特性。

1. 科学性

科学的进步离不开研究方法的发展，研究方法的科学性强调研究依据相关理论或观察事实，提出研究问题，设计研究方案，收集分析资料，验证研究问题，以认识和探讨事物真相。西方科学研究的方法以实证研究为主导，这也影响了教育科学研究方法的发展趋势。从实证研究的视角来看，仅仅凭借思辨方式进行研究，其科学性很容易被质疑。不过，由于对"科学"概念本身的辨析基于不同的哲学观，因此，仍存在不同的见解。思辨研究者仍然有理由坚称思辨作为一种认识世界的方式具有其科学性，对此实证研究者似乎并不能从哲学观及认识论本质上彻底予以批判。

2. 系统性

一种研究方法应具有系统的、规范的程序或策略，并且人们对这种研究方法的规范应达成共识或公认。对于教育研究而言，撰写教育研究论文或学位论文所采用的研究方法需要具有系统性：一方面，对以往研究文献的检索和收集应具有系统性，这有助于系统分析当前研究论文可以采用哪些适合的研究方法；另一方面，对当前研究论文所采用的研究方法应进行系统的论证，以确定采用最适合的研究方法，这有助于进一步确定对研究资料或数据进行系统分析的技术和工具。

3. 独特性

每一种研究方法都具有不同于其他研究方法的特殊性，服务于特定的研究目的，应用于不同的研究领域。不同性质的研究使用不同的研究方法。比如，对教育量化研究而言，其研究范式或方式（如实证研究）具有独特性，不过，量化研究范式或方式往往是具体研究方法的上位概念。而量化研究所包含的一些具体研究方法，如问卷法，之所以能被称为研究方法，并受到广泛认可，原因之一在于它具有特殊性，但并不是所有教育研究都使用问卷法，问卷法有它适用的特定研究目的。

四、具体研究方法

对于量化研究而言，具体研究方法主要包含两个层次：一是收集数据或资料的方法，主要有问卷法、访谈法、观察法、实验法等；二是分析数据或资料的方法，主要有统计分析法、逻辑分析法等。

（一）收集数据的方法

1. 问卷法

问卷法是通过研究者设计的问题或题目，由被试或研究对象进行回答，以探讨相关变量特征的研究方法。问卷法是教育研究中使用较为广泛的一种研究方法。量表法是问卷法的一种类型，有着较为严谨规范的标准化规则。量表法在教育量化研究中应用较为广泛，对有效获取大量研究数据具有重要价值。对于问卷法及量表法，本书第七章将专门介绍。

2. 访谈法

访谈法是指研究者与研究对象通过话语交谈，来了解所探讨的研究变量的特点或相关影响因素的研究方法。访谈法适合研究态度、情感、思想观念、主观感受等，有助于发掘影响变量特点的深层原因。由于接受访谈的研究对象数量有限，访谈法通常针对个别研究对象进行，因此在质性研究中使用较为广泛。当然，如果研究能够针对大量研究对象或有代表性的样本进行访谈，访谈法也适用于量化研究。

3. 观察法

观察法是指研究者通过感官及辅助仪器、工具直接观察研究对象的表现，从而获得变量相关数据或资料的一种研究方法。观察法不同于生活中的随便或随性观察，它具有严格的计划性和系统性，通常设计有规范的观察记录表及观察编码规则。在观察过程中，研究者应避免出现错误观察或错觉，以提升观察研究的有效性。

4. 实验法

实验法是在对控制变量进行调控的基础上，探讨相关研究变量在相应的研究条件或现实条件下的发展变化，并获取相关数据或资料的研究方法。实验法往往应用于因果研究设计，探讨变量之间的前因后果关系。实验法所涉及的研究变量通常包括作为原因变量的自变量和作为结果变量的因变量。

(二)分析数据的方法

在收集了数据或资料之后，要对数据或资料进行分析，常用的分析数据的方法是统计分析法和逻辑分析法。

1. 统计分析法

统计分析就是针对研究所获得的数据资料，发掘这些数据资料所传递的信息，进行科学统计分析，进而发现研究变量的特点及客观规律。在教育量化研究中，对数据的统计分析通常包括描述统计分析与推论统计分析，往往首先呈现数据的平均数、标准差等基本特征，并在此基础上对数据所涉及变量之间的关系进行差异分析、相关分析、回归分析等。当前，一些数据分析软件对提高数据处理与分析效率具有重要的支持作用。

2. 逻辑分析法

逻辑分析就是运用思维的规律或规则对相关研究变量的特点及关系进行合理的分析、判断与推理。科学合理的逻辑分析需要研究者具有良好的逻辑思维水平。教育量化研究在对数据进行统计分析的同时，也需要对数据及相关研究结果做出符合逻辑的判断和推理，以得出研究结论。

统计分析与逻辑分析相互支持，统计分析往往要遵循一定的逻辑关系，而逻辑分析也往往应用于数据统计分析之中，使数据分析结果得以升华。

【拓展思考】

人们为什么要进行研究

关于人们为什么要进行研究或研究的原动力问题，从心理学的视角来看，人们从事研究活动往往来自两大心理动力：一是好奇心，即人们开展研究活动是出于对探索新事物或未知领域的特点或规律的好奇、兴趣等；二是好胜心，即人们希望通过研究行为改善生活质量，提高工作效率，希望取得成功或战胜他人。

好奇心属于内在动机的范畴，好胜心属于外在动机的范畴。开展研究既需要内在动机的自我激励，也需要外在动机的推动作用。其中，内在动机对研究的有效实施更具有深远的意义。根据动机的自我决定理论我们可以发现，控制性事件往往会使个体感觉到行为活动缺乏自主性，受到他人的控制，这种使个体由于外界压力而强迫自己做出行动的事件，最终可能会削弱个体的内在动机而增强其受控动机，受控动机不仅会对个体的学习加工深度产生消极影响，还会降低其创新性（张剑，张建兵，李跃等，2010；刘丽虹，张积家，2010）。而且，自我决定理论也指出，对人的非自主行为进行外部奖励时，会让他们感受到被控制，从而可能降低他们的内在动机，而强化外部动机(Deci et al., 1991)。换言之，对于撰写研究论文而言，如果研究者发表学术论文的动力不是出于内在自主而是外部规定要求，并最终受到管理奖励，这反而可能会降低其内在动机。

因此，对于提升研究者的研究素养而言，关注外在动机对开展研究发挥积极作用的同时，应特别重视激发研究者的内在动机，培养和保护研究者对研究问题的兴趣和好奇心，以保障研究者持久深远地开展教育研究活动。

第二节 关于研究范式或类型

教育研究方法的分类框架较为复杂，一般涉及哲学方法论、一般方法论、研究范式和具体研究方法。其中，研究范式是基于相应的方法论而形成的研究规范或模式，它指导着科学研究采用何种具体的研究方法。

为了更好地探讨量化研究，有必要先了解与量化研究有紧密联系的研究范式，这样有助于更好地理解量化研究。关于研究类型或范式，不同研究者有着不同的认识与见解。以下主要介绍实证研究与思辨研究、横向研究与纵向研究、相关研究与因果研究、量化研究与质性研究等相互对应的研究范式。

一、实证研究与思辨研究

教育研究方法的基本范式可以区分为实证研究与思辨研究，这也是科学研究领域的两种基本研究范式。在教育研究方法体系中，实证研究与思辨研究两大研究范式具有它们相应的方法论地位。

有学者认为，教育研究方法分为思辨研究、定量研究、质性研究三种类型（高耀明，范围，2010）；从教育研究方法产生的过程来看，一般分为哲学思辨研究、量化研究、质性研究和混合研究（张绘，2012）。其中量化、质性及混合研究可以归属于实证研究的范畴。量化研究强调研究者对事物可观测的部分及其相互关系进行测量、计算和分析,以达到对事物本质的把握。质性研究强调研究者通过与研究对象之间的互动,对事物进行深入、细致、长期的体验,对事物的现象进行整体性探究分析,得到一个比较全面的解释性理解或形成理论。混合研究兼顾量化研究与质性研究的特点,它既是一种方法又是一种方法论,强调量化研究与质性研究都具有重要价值而且具有互补性,可以在一个研究中混合使用并发挥二者的优势。混合研究已被视为一种有别于量化与质性研究的独立方法论,被称为第三种研究范式(Johnson & Onwuegbuzie,2004;李刚,王红蕾,2016)。

当前教育研究方法存在两种基本的研究取向,也可称研究范式:一是注重价值判断的思辨研究取向;二是注重事实判断的实证研究取向。其中,思辨研究关注解决应然问题,强调建构概念、理论和观点,通过逻辑推理来解决概念的、规范的问题;实证研究关注解决实然问题,强调基于收集和分析数据信息来推论研究结果(Golding,2013)。

具体而言,教育研究的思辨与实证范式有着不同的哲学基础和研究取向。思辨研究强调研究者运用辩证法等哲学方法,通过对事物或现象进行逻辑分析,阐述思想或理论,主要包括理论思辨、历史研究、经验总结等方法。有人认为,思辨研究方法有着独特的本体论价值和突出的认识论价值,这决定了它在人文社会科学领域甚至自然科学领域始终居于重要地位(彭荣础,2011)。长期以来,在我国教育研究方法体系中,思辨研究范式占主导地位,不过,实证研究不断受到关注和重视。实证研究注重通过对研究对象进行观察、实验或调查,对收集的数据或信息资料进行系统分析和解释,以事实为依据探讨事物的本质属性或发展规律。实证研究主要包括量化研究和质性研究。量化研究基于随机取样原则对探讨教育规律有重要价值,质性研究对解释情境性的因果机制非常重要,质性研究与量化研究有共同特征,二者都强调实证,都需要对信息进行收集、分析和解释,它们都是有效的教育研究方法(Capraro & Thompson,2008)。

教育研究方法要体现出教育学的科学性,不仅要充分强调其价值判断的研究取向,也要充分强调事实判断的研究取向。实证研究在教育研究方法体系中越来越受到关注,研究的事实判断取向也逐渐被放在非常重要的位置,这有助于构建更为完善的研究方法体系,有助于提升教育学理论研究水平,有助于进一步提升教育学的科学性。

当前,西方教育研究方法体系被强烈地赋予实证的特征,其背后以实证论作为哲学理念支撑,认为所有知识源自感官经验,进而生成新知识(Wiersma & Jurs,2004)。在西方教育领域,随着研究方法体系的扩展,量化研究与质性研究的重要性逐渐受到重视,而且目前非常关注把量化研究与质性研究方法进行综合或混合的研究方法(Cenci,2014)。

二、横向研究与纵向研究

(一)横向研究

横向研究,也称横断研究,是在同一个时间截面上或一个较短的时间内对研究变量的发展特征(如年龄、年级、教龄等)进行探讨的研究。横向研究有助于在短时间内快速获取研究对象所涉及变量的不同分布状况或特征的数据或资料。

实质上,横向研究考查的是同一个时间截面上不同研究对象的发展特征,而难以真正考查同一研究对象的发展特征。比如,某个横向研究考查的是中学生师生关系的特点(如图1-2所示),可以看出中学生的师生关系从七年级至高三波动起伏的发展趋势。但是,这个研究是横向研究,考查的是各个年级、不同中学生的师生关系,并没有对各年级的发展特征进行考查。简单而言,就是图中的各年级学生的师生关系并不是由前一个年级发展变化而来的。比如,在图1-2的横向研究中,八年级学生的师生关系并不是由七年级学生的师生关系发展而来的。

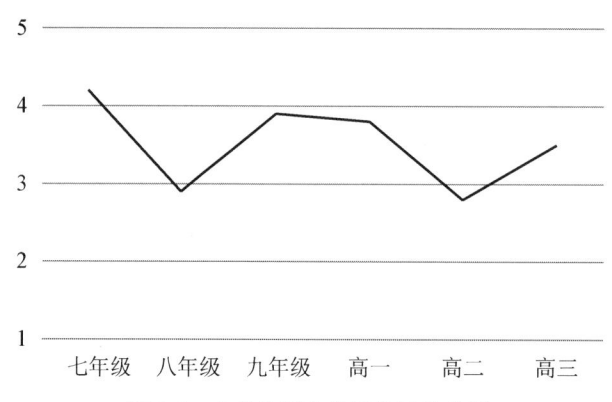

图 1-2　中学生师生关系发展趋势图

因此,严格地讲,这个横向研究不应以这种反映发展趋势的连线图呈现(其发展趋势是人为假设的),而应以反映不同年级特征的柱状图呈现,这样更为客观合理,如图1-3所示。

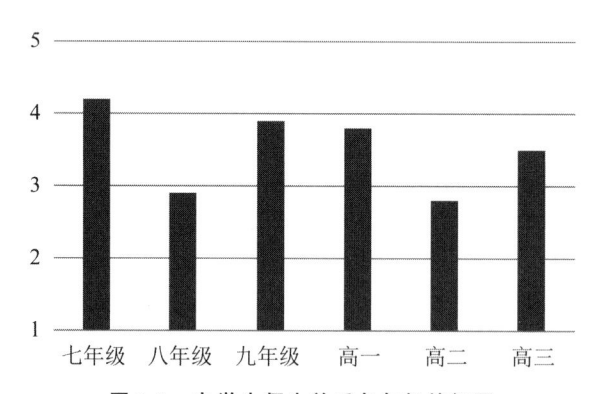

图 1-3　中学生师生关系各年级特征图

(二)纵向研究

纵向研究是在较长的时期内对同一批研究被试或研究对象进行两次或两次以上的追踪研究,并对多次研究所取得的数据进行纵向对比分析。纵向研究有助于描述研究变量的连续性,有助于考查研究对象本身在不同影响因素作用下的发展特征。

比如前面提出的关于中学生师生关系的研究,如果七年级至高三的变化特征是通过对七年级进行多年纵向追踪研究而获得的数据资料,即六个年级的研究对象是同一批人,那么它就属于纵向研究,可以使用连线图呈现师生关系这一变量的发展特征。

但是,对教育研究而言,这样的纵向研究难度较大,受干扰的变量较多,在追踪过程中研究对象流失较大,尤其难以控制无关变量,因此在教育研究中,纵向研究的数量相对较少。也许是由于教育纵向研究实施难度较大,因此研究者有时通过横向研究展示研究变量的发展特征,虽然有些牵强,但往往被默认接受。当然,为了考查变量的发展特征,教育研究者应为纵向研究的实施创设更好的研究条件,真正实施纵向研究,从而真正考查事物或研究变量的发展特征。

(三)聚合交叉研究

横向研究与纵向研究相对比,横向研究的研究成本相对较低,研究周期较短,被试易于选取,而且便于操作实施,但是,横向研究难以考查研究变量的发展特征或真正意义上的连续性。

纵向研究的研究周期较长,涉及研究变量相对增多,而且研究成本较高,能真正探讨研究变量在时间跨度上的连续性和发展模式,但是,纵向研究也存在研究被试流失、重复效应等问题。

因此,如果把横向研究与纵向研究相结合,既在同一时间考查不同发展阶段的研究变量特征,又对研究变量进行跨时间的纵向追踪,考查研究变量真正时间或年代意义上的发展变化特征,就会更完善地对研究变量进行探讨。这种研究就被称为聚合交叉研究。

比如,针对中学生师生关系的发展特点可以设计聚合交叉研究(如图1-4所示),既考虑到同一时间截面上七年级至高三不同年级的特征,又以这一时间为基点对研究对象进行纵向追踪,考查研究对象随着年代变迁而发展变化的特征。

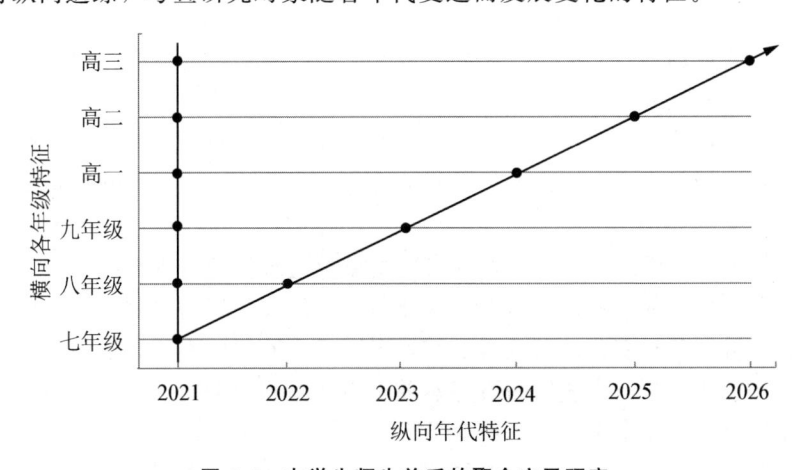

图 1-4 中学生师生关系的聚合交叉研究

当然,对于教育研究而言,聚合交叉研究实施的难度仍然主要在于跨时间的纵向研究。

三、相关研究与因果研究

(一)相关研究

相关研究是旨在确定变量之间的关联程度和一致性的研究。相关研究是为了揭示变量之间是否存在相关关系，相关系数是表示两种或多种事物或测量值之间变化一致性程度的指标。相关系数是探讨变量之间关联程度的统计指标，一般用字母 r 表示，其大小范围通常为 $-1.00 < r < +1.00$。

相关研究有助于了解广泛的事物或变量之间的关系，主要用于描述型或探索型的研究。相关研究本身并不能确定事物或变量之间的因果关系，但是，它往往是探索因果研究及复杂变量作用机制的基础。

(二)因果研究

因果研究是旨在确定变量之间的因果关系的研究，是为了揭示事物或变量发展变化的原因。在因果研究中，作为原因的变量被称为自变量，而由自变量的变化而相应产生变化的变量被称为因变量，因变量随着自变量的变化而变化的关系就反映着事物或变量之间的因果关系。因果研究设计的主要途径是实验法，通过对比实验组与控制组之间的变化来反映因果关系。

比如，某科研部门发明了一种新的药物，希望这种药物有助于人的身体健康。为了科学地证明这种药物是有效的，就需要做一系列因果研究，这种药物就是自变量，而相应的健康指标就是因变量。于是，研究人员最初可以随机选取一定数量的动物(比如，100 只小白鼠)进行因果研究设计，如图 1-5 所示对随机选取的 100 个样本进行随机分组，其中 50 个样本作为实验组，另外 50 个样本作为控制组，从而初步证明这种药物是有效的。而且，针对人进行的实验，往往需要更加充足的被试。比如，针对某种疫苗进行的实验，有时可能需要数千、数万人作为研究被试。

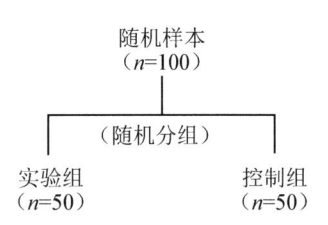

图 1-5 简单的因果实验设计

其中，实验组施加自变量的影响，而控制组没有自变量，进而在一段时间之后对两组的因变量进行考查，以判定两组之间的差异是否是由于实验组施加自变量的作用而导致的。

在教育研究中，因果研究所涉及的研究变量及过程往往较为复杂。比如，为了证明某种教育干预变量的有效性，研究者往往需要经历实验组与控制组的对比研究，需要选取大量被试参与实验，而且需要实施多期或多阶段的实验来证明。

事实上，一些相关研究或横断研究本质上并不反映事物或变量之间的因果关系，而是人为地假定一个或多个变量为自变量，另一个或多个变量为因变量，采用回归分析的方法，探讨假定的自变量对因变量的预测作用。回归系数就成为反映自变量对因变量预测程度的统计指标。

因此，对教育研究而言，变量之间的关系要从不同角度多加考虑，从而更为合理地确定自变量与因变量。比如，一个关于中小学生的教育研究涉及两个变量：师生关系(A变量)与学业自我概念(B变量)。在进行研究设计时，应充分考虑这两个变量之间可能存在的五种关系(如图1-6所示)。

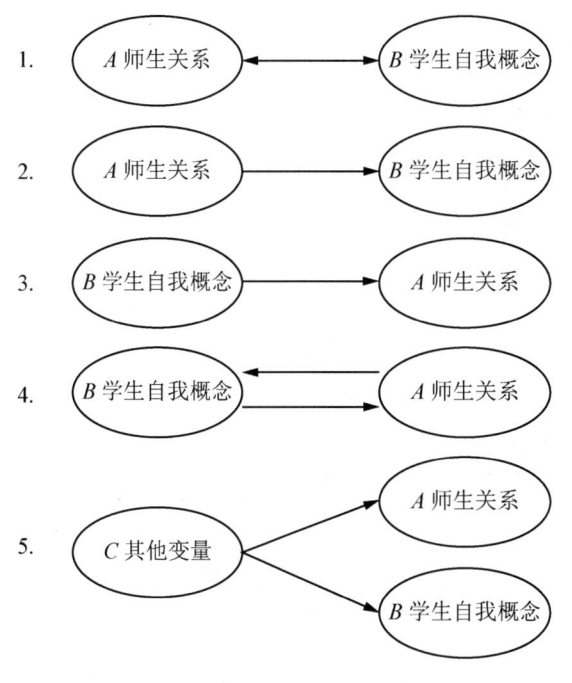

1. A师生关系 ↔ B学生自我概念
2. A师生关系 → B学生自我概念
3. B学生自我概念 → A师生关系
4. B学生自我概念 ⇄ A师生关系
5. C其他变量 → A师生关系；C其他变量 → B学生自我概念

图 1-6　变量之间的关系图

第一种是简单的相关关系，A与B两个变量存在显著的相关性，但未必有因果关系；

第二种是因果关系，A变量(自变量)显著影响B变量(因变量)；

第三种也是因果关系，但作用相反，B变量对A变量的显著影响；

第四种是互为因果关系，A变量显著影响B变量，同时，B变量也显著影响A变量，这与相关关系有着本质的不同；

第五种共变关系，即A变量与B变量之间没有关系，它们共同受C其他变量的影响。比如，学生的遗传基因、人格特质、家庭经济水平等其他变量(C变量)都可能作为自变量显著影响师生关系(A变量)和学生自我概念(B变量)。

如果一个研究涉及更多的变量，那么变量之间的关系就更加复杂(如图1-7所示)。

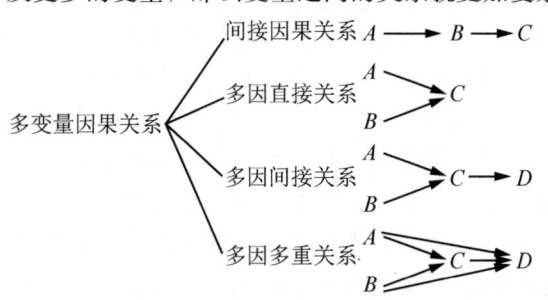

多变量因果关系：
- 间接因果关系 $A \to B \to C$
- 多因直接关系 $A, B \to C$
- 多因间接关系 $A, B \to C \to D$
- 多因多重关系 $A, B \to C \to D$

图 1-7　多变量因果关系

因果研究可以发掘事物或变量产生的真正原因，有助于对事物或变量的关系进行解释、预测和控制。但是，在教育研究情境中，受研究对象及研究条件的限制，而且控制无关变量的成本和难度较大，因此探讨事物或变量之间的因果关系也往往存在较大的难度。

四、量化研究与质性研究

在教育研究范式中，量化研究与质性研究往往成对出现，在研究目的上，时常具有相反或互补的特征。美国教育研究协会（American Educational Research Association，AERA）每年面向全球召开的学术年会把所收录的研究论文的研究方法（research method）归为四大类：

(1)概念/理论研究（conceptual/theoretical research）；
(2)量化研究（quantitative research）；
(3)质性研究（qualitative research）；
(4)混合研究（mixed research）。

其中，概念/理论研究有些类似于经验思辨与理论思辨研究。混合研究是指量化研究与质性研究混合使用的研究。量化研究与质性研究以及混合研究被归入实证研究的范畴。西蒙（Simon，1969）把实证研究界定为通过直接观察、实验以及对他人收集的数据或资料进行重新验证等途径获取知识。

一些学者把概念/理论研究视为与实证研究相对或相反的研究范式，当然也有一些学者对此并不认同（Xin，Tribe & Chambers，2013）。有的研究者认为实证研究是一种研究方式或范式，属于实证主义（positivism）研究范式，而概念/理论研究是一种研究策略，属于主观主义或解释主义范式。

比如，有一个研究要探讨当前我国中小学生的学习动机特点和规律，以及学校教育对学生的学习动机激发机制的合理性，那么用何种研究方法或范式更合适呢？如果研究者从理论或经验的角度在思维层面上分析学生的学习动机特点及激励机制，这就属于思辨研究的范畴。这种思辨研究往往取决于研究者的理论思维水平和教育实践经验。如果研究者的理论思维水平很高，那么他就有可能做出合理的、有利于教育问题解决的判断和决策。如果研究者理论思维水平有限，那么在此基础上的思辨研究所做出的教育决策就可能不合理，进而可能给教育发展带来风险。

同时，研究者也可以采用实证研究范式来探讨中小学生的学习动机问题。如果研究者只通过对一所学校的部分师生进行深入访谈来确定学生的学习动机特点及激励机制，那么这种研究就往往属于质性研究的范畴。质性研究对探讨这一所学校学生的学习动机特点及激励机制具有积极意义，但它缺乏研究的外部效度，其迁移性或推广性往往受到质疑，并不能揭示我国中小学生的学习动机特点及激励机制。而如果研究者希望探讨某一地区甚至更大范围的中小学生的学习动机的一般特点或发展规律，这就属于量化研究的范畴。不过，量化研究有时并不容易挖掘变量及它们相互作用的深层原因及发展过程。当然，如果研究者既希望获得中小学生学习动机的普遍性，又希望发掘其深层原因及发展过程，那么这种研究就属于混合研究的范畴，即将量化研究与质性研究混合运用。表1-1对量化研究与质性研究的主要特点进行比较。

表 1-1　量化研究与质性研究的比较

比较内容	量化研究	质性研究
认识论与方法论基础	遵循实证主义、结构主义、行为主义取向，强调演绎是认识形成的基础	遵循自然主义、现象学、民俗方法论、文化研究取向，强调归纳是认识形成的基础
研究目的	证实普遍状况；预测、寻求共识；客观探讨事物或变量的相关及因果关系	解释性理解，寻求复杂性；挖掘事物或现象的深层意义及原因
价值与事实	分离	密不可分
研究内容	事实，原因，普遍现象，变量	故事，事件，具体现象，意义
对事物本质的理解	事物是客观的、独立的，外在于研究者的	事物是主观的（相对主观），由研究者亲身参与获得的
研究的理论预设和概念	通常有理论基础和研究假设，并需要通过研究验证	没有研究假设，在研究过程中不断形成概念或理论
研究者与被研究者的关系	相互独立、有界限、有距离	亲近的、信任的、参与互动的
研究者的立场与价值	中立、无偏见的局外人	具有价值判断或主观判断的局内人
资料的性质	严谨、可靠、可测量、可操作化的变量与数据资料	丰富的、深入的个人文件，田野纪录，照片与录音
样本或研究对象	样本规模较大，随机取样，具有代表性	样本规模较小，独特，非随机取样，不强调代表性
研究手段	数字，计算，统计分析	语言，图像，描述分析
资料收集方法	主要使用问卷（量表）调查，结构化访谈，局外观察与实验	主要使用开放式深度访谈，参与观察，实物分析，开放式问卷
资料分析方法	量化数据分析软件，如 SPSS、AMOS、Mplus 等，以统计指标考察变量的特征	质性资料分析工具，如 Nvivo 等，注重逻辑推理与解释，以论证研究的真实性与可信度

第三节　关于量化研究

一、量化研究理念小测试

在进一步阐明量化研究之前，先做一个关于量化研究理念的小测试，请对如下现实情境中的有关量化的问题做出分析与判断。

某大学的一个学院招聘一名新教师，经过对众多应聘者的多次甄选，最后保留了 5 名备选人。在最后一轮面试中，5 名备选人进行竞聘陈述之后，由评委对备选人进行评分，确定选拔出拟录用的一人。评委由甲、乙、丙 3 人组成，给每一位竞聘备选人从高至低排序，给出 5，4，3，2，1 五个不同的等级评分，并计算出备选人的等级总分，评分结果如表 1-2 所示。基于这样的评分，拟被录用的就是备选人 A。请思考,这种招聘的评分方式是否合理?

表 1-2　5 名备选人的评分结果(等级评分)

	评委甲	评委乙	评委丙	总分
备选人 A	5	5	4	14
备选人 B	4	4	5	13
备选人 C	3	3	3	9
备选人 D	2	2	2	6
备选人 E	1	1	1	3

假设上述招聘情境保持不变,但换一种新的评分方式,以百分制来对 5 名备选人做出评定,评分结果如表 1-3 所示。然而,按照表 1-3 的评分结果,拟被录用的备选人就有所不同,变成了备选人 B。请思考这种招聘的评定方式是否合理。

表 1-3　5 名备选人的评分结果(百分制评分)

	评委甲	评委乙	评委丙	总分
备选人 A	80	80	75	235
备选人 B	79	79	78	236
备选人 C	75	75	75	225
备选人 D	72	72	72	216
备选人 E	70	70	70	210

事实上,把表 1-3 中的百分数数据转化为五级等级评分,那么与表 1-2 的结果是完全一致的。但是,按照表 1-2 等级评分的结果,最后将被录用的是备选人 A,而按照表 1-3 百分制评定的结果,最后将被录用的是备选人 B。对于备选人 A 与 B 而言,两种评定可能意味着两种不同的结果及未来职业发展。等级评分是评委以等级数据来评定备选人的表现,而百分制评定是评委以等距数据来评定备选人的表现。(对于等级数据、等距数据的特征将在第八章进一步介绍。)

值得思考的是,等级数据评定与等距数据评定哪个更合理?对这个问题的回答非常简单,由于等级数据不具有等距的特征,因此不具有数据的可加性。比如,名次或排名不能简单相加,不能说"第 1 名＋第 2 名＝第 3 名"。因此,对于数据的性质而言,表 1-2 中把等级评分相加求总数的算法是错误的。而表 1-3 中的百分数属于等距数据,具有可加性,因此基于等距数据评定的结果更为可信,它更加真实地反映了备选人的水平。

当然,严格地讲,如果就每个备选人而言,把三名评委的评分相加,还需要有个前提,即三名评委的等距评分的标准应该是一致的。比如,三名评委依据相应的标准以百分制实事求是地给每个备选人评分。但是,在有些现实情境中,如果三名评委的评分标准存在差异,三名评委的评分直接相加就可能存在疑问,因此更为严谨的一种做法是把每名评委所给出的分数转化为标准分数(Z 分数),再把三名评委的 Z 分数评分相加，这样的评分结果更为合理与客观。

目前各类学校的期中、期末考试，以及中考、高考、研究生入学考试等，往往把考生的各门成绩直接相加，得出总分。比如，语文、数学、外语三门成绩相加得出总成绩。这种情况虽然体现着等距评分的性质，也比等级评分更为客观与合理，但也存在类似上述三名评委打分标准不一致的问题。如果三门学科的分数不等值，那么其成绩相加就未必客观反映学生的学习状况。简单而言，假设语数外三门学科的满分都是100，但平均分存在较大差异：语文平均分为90，而数学平均分为60，外语平均分为30，那么三门学科的难度存在较大差异，这样的三门学科的分数直接相加就未必能客观反映学生的学习状况。因此，在这种情况下，我们就要考虑分别将各门成绩根据平均数（M）和标准差（SD）转化为 Z 分数，再把每个学生的三门学科成绩的 Z 分数相加，就能更为客观地反映出学生的学习状况。

二、什么是量化研究

对于教育研究而言，使用何种研究方式或范式，最关键的是要依据其研究目的。研究方式或范式为实现研究目的服务，不同的研究方式或范式往往意味着研究具有不同的研究目的。就量化研究而言，所服务的研究目的往往在于揭示一般性或普遍性的特点和规律，这种特点和规律往往具有数量特征，这也是它被称为量化的原因。因此，教育量化研究往往服务于阐释有关教育现象的普遍规律或特点。

教育研究使用哪种研究方式或范式更好呢？关键要依据研究目的和研究变量的特征而定。如果研究希望探讨事物发展的一般特点和普遍规律，那就适合使用量化研究。

量化是一种认识事物特征的研究思路，它关注事物或变量发展的一般特征或普遍规律。量化研究就是发掘事物或研究变量的数据特征，对这些数据特征加以测量，并根据一定的规则用数量指标来反映研究概念或变量的特征。量化研究的认识论基础往往承认事物发展具有普遍规律或普遍性。换言之，量化研究探讨既发展变化又具有普遍规律的研究对象，因此其研究对象被称为变量。因此，一般而言，量化研究具有以下三个基本要素。

（1）事物：在量化研究中常常表现为所研究的变量。
（2）规则：对事物进行分析的科学依据，如统计学、逻辑学等。
（3）数字或数据：以数字或数据体现事物的数量特征。

概括而言，教育研究领域的量化研究就是基于随机取样，以探讨事物（变量）的相互联系、发展规律或整体特点为研究目的，以调查法（如问卷法）为主要收集数据的方法，以统计学和逻辑学为主要分析数据的方法，将事物的特点或规律用数量来表示，从而获得普遍性观点和结论的研究方式或范式。

量化研究的过程往往首先基于相关研究变量提出研究问题并建立研究假设；其次根据研究目的和研究内容来设计研究方案，确定研究方法；再次实施研究并收集数据资料，对所收集的数据资料进行分析与处理；最后验证研究假设并得出研究结论，以回应所提出的研究问题和研究假设。整体量化研究的基本过程如图1-8所示。

```
        提出研究问题
        建立研究假设
   ↗              ↘
验证研究假设      设计研究方案
得出研究结论      确定研究方法
   ↖              ↙
   分析与处理  ← 实施研究
   数据资料      收集数据资料
```

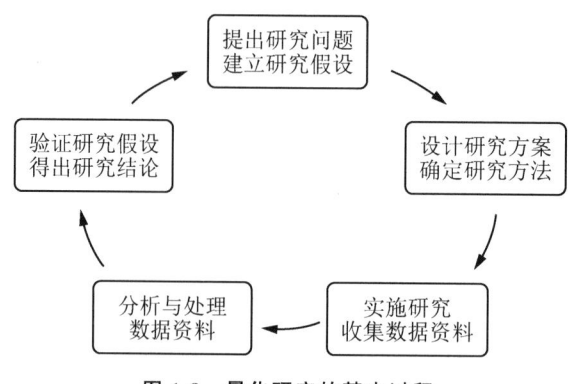

图 1-8 量化研究的基本过程

确定量化研究的题目或主题是一件非常重要又具有创造性的事情。不论教育量化研究的选题如何确定，它往往与教育实践密切相关。比如，针对中小学的三好学生评选制度，有的研究者对此予以否定，认为它阻碍学生良好发展，应予以取消或废除；也有的研究者对此表示肯定，认为它促进学生良好发展，具有教育价值。那么，基础教育领域的"是否保持或取消三好学生"这一问题，就有必要通过科学研究来予以解决。

显然，这个研究不能仅仅从理论或经验的角度在思维水平上分析我国中小学是否应该取消三好学生评选制度，这样的争论可能难以取得实质性的研究结果，而且，也不可能只通过对一两所学校的部分师生进行深入访谈或问卷调查来确定我国的中小学是否取消该制度。这个研究涉及全国中小学及学生，不是某个学校的特殊问题，而是一个具有普遍意义的问题，因此就可以从量化研究的视角加以探讨。

进一步而言，我们要通过量化研究探讨我国中小学三好学生评选制度，就需要对基于随机取样的一定数量的学校和师生样本进行问卷法、访谈法、观察法等具体研究方法的调研活动，探讨三好学生的影响因素以及三好学生所带来的积极或消极作用，从中发现与三好学生密切相关的普遍规律和特点，从而为做出是否取消三好学生评选制度的准确判断提供依据。

三、量化研究素养

影响一个量化研究是否取得良好成效的因素有很多，研究者的研究素养就是其中一个重要的内部影响因素。一般而言，研究素养是指研究者所具备的与相关科学研究领域密切相关的，并且直接影响学术研究成效的理念、知识与能力等综合学术品质。

(一)理论知识基础

理论知识是相关学科专业领域的抽象深刻的、综合概括的、系统多样的科学知识体系。研究者良好的理论知识往往不是一蹴而就的，它需要在各种教育研究的理论与实践过程中不断认识、不断思索、不断积累。

对于教育研究者而言，顺利实施科学研究活动的基础是具备教育研究相关领域的理论知识，建立丰富的相关知识储备，形成整合的相关知识体系。研究者要对已经形成的各种理论有深入的理解和掌握，从宏观层面上，能战略性地认知相关研究领域的整体发展状况，形成理论思维体系；从微观层面上，要充分了解具体研究变量或核心概念的已有相关研究成果和研究发展状况。比如，如果研究者希望有效地开展一项关于教师专业发展领域的研究，就需要充分掌握这一领域的经典理论、核心概念和前沿学术成果，包括掌握丰富多样的相关研究观点和研究结论。

一篇量化研究的学位论文或期刊论文的文献综述(literature review)部分往往体现着研究者对该研究相关领域的理论知识的掌握状况，体现着研究者对相关研究问题的前因变量与后果变量及变量之间相互作用关系的理解程度。

(二)研究方法素养

研究方法素养所涉及的内容比较丰富，也非常具体，主要包括以下几方面。

1. 哲学观与方法论

研究者要形成合理的哲学观，树立科学的世界观、认识论和方法论。比如，研究者要形成合理的哲学观，树立辩证唯物主义方法论和一般科学方法论，秉持理论紧密联系实践、实事求是的基本理念和信念。

2. 研究类型或范式

为了顺利开展教育研究，研究者需要充分了解各种研究类型或范式。研究类型或范式较为丰富多样，主要表现为：从研究普遍性与特殊性角度来看，可以分为量化研究与质性研究；从研究变量的关系来看，可以分为相关研究与因果研究；从研究群体的特点来看，可以分为个案研究与群体研究；从是否进行实验设计来看，可以分为实验研究、准实验研究与非实验研究。这些研究类型或范式之间也存在相互交叉、相互兼容的情况。比如，一个量化研究，同时可能是相关研究或因果研究。

在开展具体研究时，研究者需要根据研究的具体情况和特点采取相应的研究类型或范式，以取得合理有效的研究结果。比如，如果研究者想要深入了解事物发展的普遍性或发展规律，就更倾向于采用量化研究、因果研究、实验研究等研究范式；如果研究者想要深入了解个别事物的客观特点或表现，就更倾向于采用质性研究、个案研究、非实验研究等研究范式。

3. 研究方法

在学术研究领域，有时研究方法这一概念与研究类型、研究范式等概念表述存在混用的情况，有时研究方法这一概念被用来作为各种研究类型、研究范式以及具体研究方式与方法的统称。而这里的研究方法指具体的研究方法，主要包括两个方法：一是收集数据或资料的方法，二是分析数据或资料的方法。

收集数据或资料的方法主要指的是，在研究之初，取得相关数据或资料的具体方法或途径，如问卷法、实验法、访谈法、观察法等。使用何种方法收集数据或资料，主要依据研究的目的、研究对象的特点，以及研究情境的可行性。对于量化研究而言，目前较为广泛使用的研究方法是问卷法。

分析数据或资料的方法强调，在取得了相关研究数据或资料之后，对这些数据或资料进行分析综合、抽象概括，做出科学判断或推论。这一研究过程往往反映着研究者的一般思维过程，也是研究者在相关学术领域的理论思维的体现。对于量化研究而言，分析数据或资料的方法主要包括逻辑推理法和统计分析法。一方面，对研究数据或资料进行科学合理的逻辑推理，就需要研究者学习和掌握普通逻辑学的基本规则，并在研究实践中进行充分的逻辑训练；另一方面，对研究数据或资料进行统计分析，就需要研究者理解应用统计学的基本知识，掌握描述统计与推论统计的基本原理，并学习当前普遍运用的 SPSS、AMOS、Mplus 等教育研究领域常用的统计软件，以更有效地进行数据分析与处理。

(三)外语应用能力

外语能力与研究素养没有直接的联系，但是，当前欧美教育研究在许多研究领域都较为优秀或处于国际领先水平，许多高水平的教育研究论文都以外语（尤其是英文）形式呈现，而且，许多教育研究变量或概念都是舶来品，因此，研究者具有良好的外语阅读与写作能力，有助于阅读外文文献，特别是了解最新的教育前沿研究成果。良好的外语应用能力有助于研究者学习一些国家或地区较为先进的教育研究，以提升我国教育研究水平。我国教育研究不应崇洋媚外，但需要虚心、潜心向高水平的教育研究学习。实事求是地讲，我国教育研究需要不断向国际高水平的教育研究学习，并努力开展好本土化研究。

以学位论文为例，教育研究者的量化研究素养如图 1-9 所示。

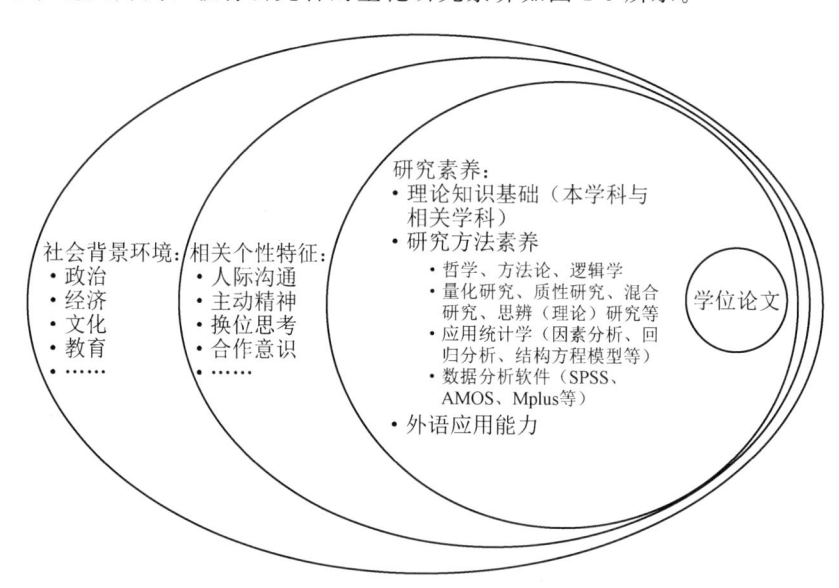

图 1-9　教育研究者的量化研究素养

除了量化研究素养之外，在教育研究领域，研究者也需要培养一些相关个性特征，一些重要的、具有普遍意义的心理素养也影响着一个研究能否取得良好的成效。比如，研究者的积极主动精神、人际沟通能力、换位思考意识、合作意识等，这些个性特征和心理素养也有助于教育研究的顺利实施，对研究者取得良好的研究成果、撰写研究论文等都具有重要支持作用。

此外，从更大的影响层面来看，社会背景环境因素从宏观上影响着教育研究的成效。比如，一定社会的政治、经济、文化、教育等各方面的发展状态，会从不同角度、不同水平上促进或制约教育研究的有效开展。教育研究者对这些社会背景因素需要有深刻的认识与理解，并形成相应的研究素养。

四、量化研究论文的一般结构

本书的内容关注量化研究的理念与方法。本书的呈现方式以基于量化研究范式的学位论文撰写的一般格式为基本脉络，量化研究论文的一般结构包括：研究题目、摘要与关键词、研究背景、文献综述、问题提出与研究意义、研究设计、研究结果、分析与讨论、研究结论等。

具体而言，基于量化研究范式的学位论文的一般结构如图 1-10 所示。

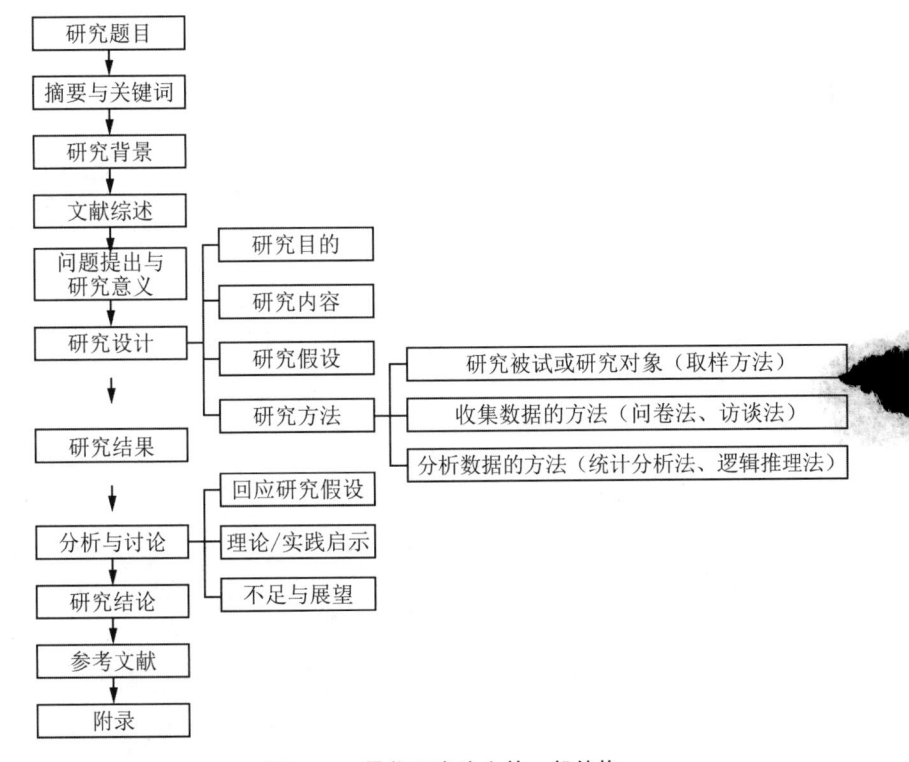

图 1-10　量化研究论文的一般结构

以上是量化研究论文的一般结构。不过，具体而言，每一个量化研究都有它自身的特点，因此量化研究论文所涉及的以上结构、格式、顺序等都可能会根据研究的具体特点进行个性化的呈现。比如，有的量化研究论文把研究背景融入文献综述中，有的量化研究论文先呈现问题提出，再呈现文献综述，也有的量化研究论文把研究假设融入文献综述中，在文献综述之后提出研究假设，等等。

一篇量化研究论文的各个部分都具有重要意义。其中，研究选题或题目像是灯塔指引着整个研究的方向，研究结果与研究结论体现着研究的成功与收获，研究设计(尤其是研究方法)最能反映出量化研究的核心理念与方法。

从篇幅大小来看，文献综述、分析与讨论这两个部分在一篇量化研究论文中所占的篇幅往往最大，自然最重要。因此，我们可以对一篇量化研究论文的质量形象地做出这样的判断：文献综述写好了，开题报告就基本完成了；分析与讨论写好了，研究论文就基本完成了。

本书的各章结构主要是基于量化研究论文的一般格式及顺序呈现的，以便于读者阅读和理解。

第二章 研究题目、摘要与关键词

阅读一篇研究论文或学位论文时，最先进入读者视线的就是研究题目、摘要与关键词。研究题目往往处于最醒目的位置，引起人们的注意，也最能概括地体现这个研究的核心变量以及研究目的、研究内容和研究方法等。

在量化研究论文的论文题目之后，一般要呈现整个论文的摘要与关键词。摘要是对整个研究论文的研究目的、研究方法和研究结果等内容进行简洁概括的介绍。不过，在撰写研究论文的过程中，摘要与关键词却往往是最后撰写完成的，即可以在整个研究论文撰写完之后再确定研究论文的摘要与关键词。

第一节 研究题目

一、什么是研究题目

研究题目，也称研究主题，是对研究目的、内容、研究变量以及相关探讨问题的高度概括。读者在阅读一篇量化研究论文时，往往首先关注的是研究论文的题目。不过，研究题目却不一定是在研究实施及论文撰写的最初环节确定的，它可以在研究实施及论文撰写的各个环节调整、修订和完善。甚至，有的研究题目或主题在研究实施过程中可能出于一些原因而中止、取消或更换所选的研究题目。

研究题目是基于研究的相关学科、专业领域、研究方向，围绕相应具体的研究变量而确定的研究问题。比如，一个研究题目所涉及的核心变量是教师的自主性，所属的研究方向是教师心理学，更大层面上的专业为发展与教育心理学，再进一步讲，其研究学科为教育学。

在教育科学领域，所选取的研究题目与研究方向、专业、学科具有包容的关系，如图2-1所示。

研究题目或主题对整个研究过程具有非常重要的宏观导向作用，而且，研究题目意味着整体研究如何设计与实施，也决定着研究论文如何撰写。

(一)问题的基本要素

教育量化研究题目通常是所探讨的研究问题，而这个研究问题通常不是一个简单的疑问或提问(question)，而是一个有难度的问题(problem)。一个研究所探讨的问

图 2-1 研究题目与方向、专业、学科的关系

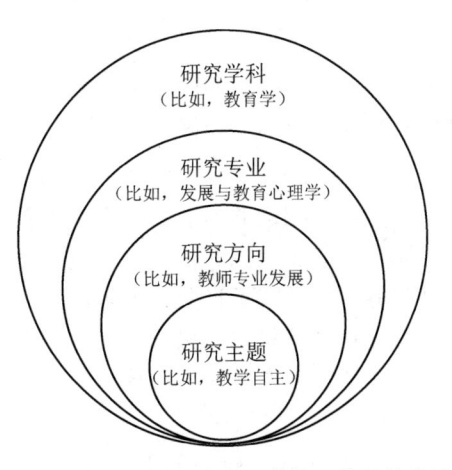

题往往是复杂的、有难度的、没有被解决的问题,在问题解决的过程中存在许多不确定性和未知数。正如纽厄尔和西蒙所认识的,问题是个体想达到某一目标但不知道实现这一目标所需操作过程的困境;问题解决是认知加工系统在行为层面的体现(Newell & Simon,1972)。问题解决意味着一个人通过认知加工引导自身从问题的确认状态到解决状态的过程(Simon & Newell,1971)。

一般而言,研究问题包括如下基本要素。

(1)目的:解决这一问题所要达到的结果状态或终极状态。

(2)条件:为了解决问题,个体需要具备基本的知识、理念和能力等认知状态,问题本身也需要具有较为稳定的结构和状态。

(3)障碍:问题具有一定难度,障碍即各种需解决的困难因素,需要研究者在认知和行为层面上付出努力以解决问题。

(4)方法:解决问题的途径、方法或工具等。

其中,障碍这一要素是所选择的研究问题能被称为问题的关键。尤其对于研究问题而言,其实质就是一个难题。有难度、不容易解决是研究问题的基本特征。因此对于研究者而言,研究问题的解决需要付出较大努力,为研究问题而感到困惑,就必不可少。

从认知发展的角度来看,解决研究问题的过程就是研究者的认知状态提升至另一种认知状态的过程。从社会发展的角度来看,人们正是通过不断解决各种研究问题从而不断提升认知与思维水平,进而不断认识世界与改造世界的。

综上所述,研究问题可以界定为,被研究者所意识到的,具有一定结构关系的,需要研究者通过一定的思维和认知操作努力才能排除障碍,从而达到一定目标或结果状态的认知任务。

(二)问题类型

研究问题的类型多种多样,从信息加工的视角,研究问题可以被分为结构良好问题和结构不良问题(Newell & Simon,1972)。

1. 结构良好问题(well-structured problem)

结构良好问题往往具有良好的解决思路,具体表现为具有清晰明确的初始条件、目标状态,以及由初始状态如何达到目标状态的转换方式或途径。简单而言,结构良好问题往往在解决之前就有着清晰明确的解决策略和答案。

2. 结构不良问题(ill-structured problem)

结构不良问题并不是指所探讨的问题不好,而是指问题的结构不清晰,不明确,即对问题的初始状态、目标状态或转换手段没有清晰的说明,或者对这些方面都没有明确的界定。结构不良问题的解决过程及答案具有很大的不确定性。

因此,教育量化研究所探讨的问题往往不是结构良好问题,而是结构不良问题。教育量化研究问题往往没有现成的解决方案,也没有明确的答案,这些都需要研究者设计和探索。

二、如何确定研究问题

一个量化研究问题往往体现着该研究的研究目的、研究内容、研究方法等方面的内容。

(1)研究目的：量化研究所探讨的问题往往代表着研究者希望探讨的事物发展的一般特点或规律。

(2)研究内容：量化研究问题可以较为清晰明确地体现该研究所涉及的变量(variable)，同时变量所涉及的概念具有可操作性的界定。

(3)研究方法：量化研究问题往往是针对相关被试或研究对象提出的。它可以体现出研究数据或资料收集的方法。比如，量化研究问题往往可以通过实践调研对变量加以测量或数量化。它也可以体现出研究数据或资料分析的方法。比如，量化研究问题可以通过数据统计分析和逻辑推理来解释。

确定研究问题也被称为选题[①]，通常有以下途径。

(一)研究问题来自理论

研究者确定或明确研究问题或选题，可以基于对相关研究领域的理论进行系统的学习与思考，并针对已有理论及相关研究的特点(优势或不足)，提出新的想法或不同的见解，进而有可能引出一个新的研究问题。

因此，针对相关研究领域，广泛阅读研究文献资料，有助于确定新的研究问题。正如"读书破万卷，下笔如有神"，大量阅读研究文献和积累理论知识，可以使研究者对相关研究领域有全面深入的认知和理解，在探讨相关研究问题时思如泉涌，在不经意中产生新的研究问题。

(二)研究问题来自实践

实践是检验真理的标准，实践对学术研究必不可少。对教育研究而言，许多研究问题就是在开展或参与实践活动的过程中明确的。与学生在教室里进行理论学习一样，教育实践也是一个大"课堂"，而且这个"课堂"对教育问题呈现得更加丰富多样，更加具体化。研究者在相关研究领域的实地调研、现场工作、观察交流等都有助于提出研究问题。如果研究者有相关研究领域的工作经历也将有助于深入理解实际状况，进而形成有价值的研究问题。

研究者需要经常深入研究领域的实践中。比如，研究基础教育，就需要研究者经常进入幼儿园、小学或中学，经常与学生、教师、家长或管理者沟通交流，从实践层面感受基础教育领域的实际情况。教育实践活动有助于发现研究问题，进而开展理论研究，而相关理论研究的成果又可以服务于实践领域，这可以被称为"从实践中来，到实践中去"。

对于研究者而言，以下途径都有助于确定研究问题或选题：

(1)参与他人正在进行的研究课题；

(2)个人成长与相关教育工作经历；

(3)以往学术研究积累和研究兴趣；

[①] 这里作为选题的研究问题是指普遍意义上的或广义而言的问题，而不是指某个具体研究的问题提出。对于一个量化研究的具体研究问题的提出，本书将在第四章的"问题提出"部分具体说明。

(4)与教育密切相关的生活观察与经验。

确定研究问题或选题的途径和方式有很多，需要研究者时常保持对事物或现象的好奇心和学术研究的敏感性。科学研究的出发点往往是研究者探究奥秘的好奇心。比如，居里夫人正是出于对未知物质的好奇，提出了放射性的想法，花费近四年时间，在极其简陋的实验环境中，提炼出了氯化镭。

在学术领域，提出疑问或表示怀疑常常是好奇心及灵感的表现，对事物或现象表示怀疑、质疑甚至否定，都是研究者非常可贵的研究素养。这些研究素养在基础教育、大学本科教育及研究生教育中都应予以保护、激发和培养。

试想，如果一个小学生充满好奇地提出这样的问题："蜡烛燃烧的火苗为什么向上，而不是向下呢？"那么我们该如何回答呢？事实上，这个问题的提出与牛顿当年问"苹果为什么向下落"是同一性质的问题。这其中的好奇心对提出新的研究问题具有非常重要的价值。如果我们嘲笑地告诉这个学生"你问的这个问题早已过时，牛顿早已解决了"，那么这个学生就可能不再对此深入思考。而如果我们能对这个学生提出的问题给予积极的评价和反馈，那么这个学生的好奇心就可能得以保护和激发，这其中也可能蕴含着伟大的研究灵感。

明确一个研究问题经常始于小小的研究灵感。有时候，研究的灵感在头脑中一闪而过，研究者需要将它保护并捕捉下来。比如，适时地把这些突发奇想的灵感记录下来，以备在后续研究过程中深入思考。

在研究过程中，人们的认知冲突或矛盾常常是产生疑问或形成研究问题的重要心理原因。举个例子，在中学物理教学中，物理老师在课堂上向学生讲解连通器原理，即底部互相连通的容器，注入同一种液体，在液体不流动时连通器内各容器的液面总是保持在同一水平面上。有一个学生向教师提出这样的疑问："为什么把吸管放在水杯中，吸管内的液面与水杯中的液面却不在同一水平面上？"

的确，吸管的液面会高于水杯的液面。于是物理老师对这个学生的疑问表示赞赏，并提示学生在后续学习中会讨论这个问题，鼓励学生自己去寻找答案。事实上，学生所提出的问题是后续物理课要学习的由表面张力引起的毛细现象。然而，这个学生在没有学习连通器原理前，经常用吸管喝水，并不会有这样的疑问。正是这两个现象的认知冲突使这个学生产生了疑问。当然，这也离不开这个学生对事物充满好奇又善于观察的个性心理特点。

可见，当人们在理论和实践层面上所学习或积累的知识越丰富，知识之间的"冲突或矛盾"就可能越多，而产生的疑问或问题就越容易。

对于教育研究而言，为了更好地确定研究问题或选题，研究者有必要对以下基础性的问题加以思考：

(1)为什么探讨这个研究问题？
(2)研究者自身的研究兴趣是什么？
(3)这个研究问题是如何产生的？
(4)哪些方面的研究问题能够使自己兴奋起来，一想起来就激动不已？
(5)当前的研究问题与其他哪些研究问题有关联？
(6)结合这些研究问题，是否能衍生出自己想解决的其他研究问题？

【拓展思考】

量化研究的题目是否应明确指出研究对象

有一篇学位论文的题目是《中小学教师的教学自主权与工作满意度的关系研究》，这个研究题目是否应标明中小学呢？

这个小小的疑问源自一次学位论文答辩会。答辩委员会中的一位教师在答辩学生陈述之后，提出这样的问题："你为什么要在题目中标明研究对象呢？题目中不需要强调'中小学'三个字。"这个学生解释道："标明研究对象可以让人们更清楚这个研究的对象是谁，这应该比不标明研究对象更好一些。"而这位教师表示："这是多此一举！你看看英文核心期刊的论文通常都不标明研究对象，你也没有必要标明。"这个学生一时不知如何解释。

那么，研究论文或学位论文的题目不应该明确标明研究对象吗？如果查询一些英文核心期刊，我们的确会发现很多英文论文的题目并不标明研究对象。但是，"由于英文期刊论文不标明研究对象，我们的论文也没有必要标明研究对象"，这样的逻辑显然缺乏合理性，难以令人信服。

从读者的角度来看，阅读一篇研究论文，如果能在题目中直接捕捉到研究对象这一重要信息，有助于读者聚焦论文所探讨的研究问题，有助于读者更快做出是否继续阅读或如何阅读的判断。因此，在研究题目中明确标明研究对象不仅没有问题，而且还应该鼓励。

从作者的角度来看，把研究对象直接在论文题目中清晰地显现出来，不仅有助于自身明确研究选题，也展示出为读者着想、对读者负责的态度。因此，一个好的论文题目应明确标明研究对象，这有助于读者阅读，也体现着作者严谨规范的治学态度。

那么，为什么英文核心期刊中的很多论文不标明研究对象呢？对于这个问题也许从中文与英文语言本身的特点可以解释。以"中小学"为例，中文论文题目标明"中小学"，它只占三个字。而"中小学"的英文表述通常为"primary and secondary school"，包含4个单词，25个字母，而且英文论文投稿时，往往对论文题目的长度（字数或字符数）有所限制，而英文题目中研究变量的表述往往较长，因此很多研究论文为了突出研究变量，为了符合论文题目的字数或字符数的限制，就舍去了研究对象。

第二节 摘要与关键词

一、摘要

（一）摘要的格式与内容

摘要（abstract）是对研究论文主要内容简短而又综合的概述。通常，学位论文要包含摘要，而且多数学术期刊都会要求超过一定字数的研究论文要有摘要。比如，有些中文教育期刊规定6000字以上的论文要撰写摘要，有的英文教育期刊规定论文字数超过4000字要撰写摘要。

摘要是整个研究的概括呈现，因此摘要篇幅一般有所限制。一般而言，学术期刊规定摘要的字数为200～300字，而学位论文的摘要字数一般在1000字左右。

摘要的格式没有严格的限制，可以综合概括地呈现整个研究，也可以"分章标回"地按照一定结构和顺序分不同段落来呈现整个研究。不论以何种格式来呈现，摘要中通常最核心的部分要呈现三个方面的内容：研究目的、研究方法和研究结果。对于一篇量化研究论文而言，如果希望摘要更全面、更丰富一些，可以在这一部分呈现如下内容。

1. 研究目的

在摘要部分，首先需要概括说明这个研究要针对哪些研究变量，同时，也可以概括说明最主要的研究假设，以简要呈现研究目的。

2. 研究方法

在摘要中，同样可以对研究被试或研究对象（样本）及其相关特征、研究工具（比如，量化研究所使用的问卷或量表）和数据分析方法等做出简要说明。

3. 研究结果

摘要部分应概括说明研究取得了哪些量化意义上的数据分析结果，形成了哪些有价值的学术观点。从篇幅来看，研究结果这一部分是摘要中最为重要的内容，在摘要中占有相对较大的比重。

4. 研究贡献或启示

研究贡献或启示一般指的是一个研究所产生的理论价值或应用价值。摘要中是否要陈述研究贡献或启示，对此没有一致或硬性的规定，可根据量化研究论文实施与撰写的具体情况来撰写。

5. 研究结论

研究结论是对各方面的研究结果和学术观点的高度概括。在摘要中，有时研究结论并不一定单独呈现，有时研究结论与研究结果融为一体进行呈现。

（二）如何撰写一个好的摘要

简单而言，摘要就是对研究论文全文的主要内容的浓缩，反映着研究的精华所在。对于研究论文而言，研究者撰写摘要的目的在于使读者可以用最经济的时间通过阅读摘要而快速高效地了解这个研究的全貌，从而帮助读者决定是否继续深入阅读全文。一般而言，开展一个研究常常要参考大量的已有研究论文。试想如果所参考的研究论文没有摘要，那么面对数量巨大的研究论文，要阅读每一篇论文的全文或大篇幅内容来了解每一个研究，就可能造成不必要的浪费，降低研究的效率。

因此，研究论文中的摘要可以概括说明当前研究，尤其可以简要呈现研究取得了哪些特定的研究结果。

对于量化研究而言，一个好的摘要应具有以下特征。

1. 准确

摘要应准确地反映研究目的、研究方法和研究结果等核心内容。摘要是对研究内容的概括，其内容要完全来自研究论文，而不应曲解或偏离研究论文的内容，不应与研究论文的内容相矛盾，更不应包括研究论文中没有出现的内容。比如，某教育研究探讨的重要变量之一是学业成绩，实质考查的是学生的考试分数，而在摘要中却表述为学业成就，对学业成绩的概念有所泛化。这就是缺乏准确性的表现，可能误导读者对研究论文的理解。

2. 客观

摘要不应带有研究者的主观意图或价值偏见，而应客观真实地呈现研究的相关内容。研究内容的呈现不应受研究者的个人主观态度或情绪色彩影响，既不能夸大研究的优势，也不能回避研究的局限。比如，有的量化研究没有验证核心研究假设，但在摘要中也应说明，而不应避重就轻，回避研究的核心内容。

3. 简洁

为了帮助读者了解研究论文，摘要的表述应做到语词表达清晰，语法运用正确，语句之间逻辑合理，层次清晰。摘要中涉及的统计数据等相关信息要依据格式规范呈现。因此，摘要的表述应做到字斟句酌，重点突出，研究论文的相关内容不必重复表述，所使用的话语也要有助于读者理解。比如，有些研究在陈述研究目的时，往往使用一句话来对它简洁描述。简言之，摘要的简洁就是要努力用最少的语词对整体做出最充分的概括。

4. 具体

摘要虽然有篇幅字数的限制，但也应对具体的研究目的、研究方法和研究结果进行说明。比如，当前有些研究论文的摘要中关于研究结果的介绍，只概括说明"本研究得出了丰富的研究结果"，而没有具体说明取得什么研究结果。这样的摘要仅仅反映出研究论文的一般特征，而没有反映出研究的特殊性，即具体的研究结果。再比如，有的研究论文在摘要中需要呈现研究启示、研究不足及对未来研究的展望等，也应呈现具体内容，而不应只概括表示"本研究对研究启示、研究不足及展望进行了讨论"，没有说明或讨论的具体内容。这种摘要缺乏实质具体的内容，无益于读者通过摘要了解研究论文的内容，缺乏实际意义。

二、关键词

关键词是描述研究论文最重要的、最具有概括性的特征或内容的词语。一般而言，学位论文或学术期刊论文的关键词的数量为 3～5 个。量化研究论文的关键词可以帮助读者了解研究所探讨的核心变量。

关键词往往呈现于摘要之后，其目的主要在于帮助文献资料收集者在查询相关电子文献数据库时，可以通过研究者为研究论文设定的关键词，快速准确地检索到这篇研究论文。简言之，关键词主要是为读者进行电子检索服务的。因此，研究者在为研究论文确定关键词时，一定要选择最能代表和概括研究论文的核心变量与核心内容的词语。

如何选取合适的关键词？最简单的策略就是，关键词直接来源于研究论文的题目。比如，一篇量化研究论文的题目是《教师的教学自主权与工作满意度的关系：教学自主性的中介作用》，那么其关键词就是：教师；教学自主权；教学自主性；工作满意度。这些关键词都包含在研究论文的题目中，这意味着读者通过对这些关键词的检索，可以准确查找到这篇研究论文。当然，这篇研究论文是针对中小学展开的，但出于论文题目字数限制而在题目中删去了"中小学"三个字，因此也可以在关键词中补充上"中小学"，从而有助于读者可以通过"中小学"这个关键词搜索到这篇研究论文。

目前，在学术研究领域，关于研究论文关键词的呈现格式没有统一规定，不同学术期刊、不同学位论文有不同的要求，但关键是关键词呈现的格式要遵循具体的规范。比如，关键词之间的间隔要一致地使用分号、逗号或空格，而不能混用，而且全角或半角也要规范。这类看似很小的地方体现着研究者严谨的学术态度和学术规范。

【拓展思考】

开题报告是否需要撰写摘要和关键词

研究者在开展学位论文相关研究之前，要经历开题报告这一培养环节。开题报告主要是对拟实施的研究主要做什么，为什么做这个研究，如何做这个研究等问题的说明。研究者的开题报告往往要接受评委的论证评价，通过之后才可以实施这个研究。

对于一篇学位论文的开题报告而言，其字数有时会达到 2 万～3 万字，甚至更多。于是，有的研究者在撰写好开题报告之后，为它配上摘要和关键词，这是否必要呢？回答很简单，不必要。

摘要和关键词是为了帮助读者快速了解研究论文的全貌和关键特征，为了更好地检索研究文献。为什么开题报告不需要撰写摘要和关键词呢？

理由也很简单，撰写开题报告的基本目的在于说明这个研究是否值得做，而开题报告的评委或读者阅读开题报告的目的在于评判这个研究是否可以做。而论证一份开题报告是否合格，必须要完整地阅读开题报告全文，仅仅通过阅读摘要和关键词很难判断它是否合格。而且，研究论文的摘要中最重要的一部分是研究结果，而开题报告意味着这个研究还没有开始实施，也就没有研究结果这一部分内容。因此，为开题报告撰写摘要和关键词也缺乏实质意义。

第三章 研究背景与文献综述

在研究论文正文部分，往往首先介绍的是研究背景。研究背景与研究问题没有直接的关系，但它有助于引出当前的研究问题，作为当前研究问题的铺垫和依托。研究者对研究背景的说明，使得探讨当前的研究问题从逻辑上更具有合理性。

文献综述紧密围绕当前的研究变量与问题展开，它是量化研究论文的重要组成内容。在开展一个量化研究时，为了科学合理地做出研究设计，取得有价值的研究结果，就不可避免地需要对研究所涉及变量的以往相关研究进行梳理，客观地对已有研究进行综合论述，掌握已有研究对所探讨变量的概念界定、研究方法和研究结果等。

第一节 研究背景

背景从语词意义来看，意思是指衬托主体事物或对主体事物有重要支撑作用的其他要素或相关因素。从量化研究论文的结构来看，在研究题目、摘要和关键词之后，往往开始呈现研究论文的正文。研究背景往往作为正文的开篇部分，是最先呈现给读者的内容，对研究论文主体内容(围绕研究变量实质探讨的研究问题)具有衬托或支撑作用。

关于研究背景内涵的理解较为繁杂，甚至有些混乱。比如，有些观点认为研究背景就是研究目的(这种认识显然缺乏合理性)，也有些观点把研究背景与研究意义相混淆，两者显然不同(本书第四章将对研究意义进行阐述)。还有一些观点把研究背景与文献综述等概念相混淆，认为研究背景等同于研究的文献综述或问题提出部分。的确，研究背景与问题提出有些类似，它们都是为当前研究提供依据。但是，研究背景是从更为基础性的或更大的层面介绍当前研究的宏观依据，而问题提出是从相关研究所涉及的具体研究变量本身来提出当前研究问题的具体依据。问题提出从微观层面说明为什么要探讨这个研究问题，具体而言，要说明为什么要对这个研究所涉及的变量进行探讨(对此本书将在第四章"问题提出"部分进行详细阐释)。

本书对研究背景与其他类似概念进行了明确区分，强调研究背景并不直接涉及研究的问题或变量，不同于研究的问题提出，也不是围绕研究变量对以往研究文献的论述，不能等同于文献综述。

研究背景也可称研究缘起、研究缘由，对后续的文献综述和问题提出等主体内容起到"引子"的作用。研究背景有助于论述研究问题的价值，但它并不是研究的主体，因此，对于量化研究论文而言，研究背景作为研究的"引子"，所占的篇幅一般不大。如果一定要给它一个字数标准，那么学位论文可能需要1000字左右，期刊论文可能只需要200字左右，甚至有的期刊论文受篇幅限制而不介绍研究背景，直接呈现文献综述与问题提出等。而且，在学位论文或期刊论文中，有时并没有明显的研究背景标题，而是直接在研究论文的正文之初对研究背景进行简要介绍。

研究及撰写论文往往要参考大量的中英文研究文献，因此这里有必要说明的是，研究背景不同于英文论文中的 Introduction。在英文论文中，有时在论文的开始部分使用 Introduction 这一标题来呈现研究背景、文献综述与理论依据、问题提出、研究意义等内容，所占的篇幅较大，因此 Introduction 不应理解为"引子"或"引言"，而更像是论文的"导论"或"引论"。

概括而言，研究背景是基于研究所探讨问题之外的宏观层面或大环境，通过简要地说明相关宏观领域的理论与实践情况，从而为引出当前的研究所做的铺垫、衬托或支撑。研究背景往往不直接探讨涉及研究变量的研究问题，而是为了引出研究问题。研究背景对当前研究的合理性起到有益的支撑作用，有助于引出后续撰写的文献综述和问题提出等内容。

打个比方，如果想给人讲解"什么是量化研究"，可以先讲解"什么是研究方法""什么是实证研究"。量化研究从属于实证研究和研究方法的范畴，先讲解实证研究和研究方法，有助于人们从上位概念对量化研究有更准确、深入的理解。其中，研究方法、实证研究就是量化研究的"背景"。一般而言，研究背景可以从宏观的实践背景、理论背景、政策背景等方面来阐述。

一、实践背景

教育理论研究的根本目的之一在于服务于教育实践，促进教育实践的改进和发展。介绍研究的实践背景有助于对当前研究的价值或合理性进行佐证。实践背景主要关注的是当前研究问题所处的大的现实环境，这些现实环境对当前研究探讨的问题具有支持作用。

比如，某个研究探讨的是中小学教师的职业幸福感。就此研究而言，其实践背景可以涉及社会经济、政治、教育发展的大背景，基础教育的支柱作用越来越发挥着重要作用；也可以从基础教育与教师专业发展的现实情境出发，说明中小学教师作为基础教育事业核心人力资源的重要性；还可以强调中小学教师的专业地位在国际教育领域越发受到充分关注和重视，教师专业发展对教育教学实践和促进学生全面发展具有重要意义。这些都可以作为实践背景为该研究探讨教师的职业幸福感做铺垫。

二、理论背景

从理论研究层面，研究背景介绍对当前研究变量及研究问题起支持作用的重要理论、研究成果等。理论背景往往并不直接涉及当前研究的变量，也不直接探讨当前研究的问题，而是针对当前研究从更宏观的理论层面进行说明。

举个例子，某个量化研究探讨的是中小学教师的职业幸福感与相关变量的关系，职业幸福感这一概念是研究的一个核心变量，具体的研究问题也围绕职业幸福感这一变量展开，那么如何介绍这个研究的理论背景呢？

教师职业幸福感这一概念可以从属于教师专业发展及人力资源管理的范畴，教师专业发展及人力资源管理方面的研究成果就可以作为教师职业幸福感的研究背景。因此，从理论背景来看，关于教师职业幸福感的研究可以概括地介绍教师专业发展的最新研究成果和相关理论。比如，可以把工作需求—工作资源模型（the job demands and resources model）及更为宏观层面的管理理论作为当前研究的理论背景，为探讨教师的职业幸福感与工作环境的关系做准备。

三、政策背景

对于教育研究而言，有时相关政策也可以作为研究得以实施的依据。比如，国家或地方近期制定的相关政策，从发展理念或方向上，对当前研究具有支持作用，就可以作为政策背景在研究背景中进行介绍。

结合关于"中小学教师职业幸福感"的研究，其政策背景可以对国家在促进基础教育发展和加强教师队伍建设等方面的相关政策进行说明。比如，在研究背景中做出如下说明，作为这一研究的政策背景：

中共中央、国务院在2018年印发的《关于全面深化新时代教师队伍建设改革的意见》中明确指出，我国教师队伍建设的目标任务之一是到2035年，尊师重教蔚然成风，广大教师在岗位上有幸福感、事业上有成就感、社会上有荣誉感，教师成为让人羡慕的职业。可见，教师的职业幸福感在国家方针政策层面受到高度重视。

第二节 文献综述

文献综述对教育科学研究工作具有重要意义。撰写文献综述为研究者撰写论文提供思路。研究者不仅需要对相关研究文献进行大量、广泛的阅读，而且需要注重如何对研究文献的观点或结论进行分析、归纳和评判，为撰写研究论文或学位论文奠定基础。为了提高研究者的学术素养，夯实量化研究基础，加强文献综述的撰写规范，以下主要从文献综述的概念、价值与方法策略等方面展开，讨论文献综述的价值，强调它在明确研究方向、确定研究主题、保证研究设计的可行性等方面的重要作用。

研究方法的学习与训练对研究者的研究素养具有重要作用。其中，学会撰写文献综述有助于研究者对相关研究领域的理论与知识进行回顾和梳理，了解有关研究问题的发展脉络、研究现状及未来研究的发展趋势，并进一步思考和探索研究的新方向或突破口。

对研究者而言，撰写文献综述是培养其学术素养的重要环节，也是学位论文的重要内容。然而，文献综述的撰写时常存在诸多问题，如罗列堆砌文献观点，回避以往研究结果的矛盾与差异，基于文献的逻辑判断不合理或过于主观，所收集的文献质量不高以及文献引用缺乏规范等。这些问题导致在开展进一步的学术研究活动时，对所选研究主题的理论研究基础缺乏深入的理解和讨论。这样的文献综述往往不利于后续的研究设计和研究结果等环节。

因此，为了获得良好的学术训练，取得有价值的科研成果，研究者需要扎扎实实地做好文献综述这一基础工作。以下重点探讨文献综述的概念、价值及撰写文献综述的策略，为撰写规范的、高质量的文献综述，有效开展教育科学研究奠定基础。

一、什么是文献综述

文献综述是对相关研究主题已有知识现状的全面综合理解，并在此基础上建立一种符合逻辑的综合论证，得出令人信服的判断和观点，以明确所要研究的问题（Machi & McEvoy, 2008）。换言之，文献综述是通过系统的、明晰的和可重复的方式，对研究者、学者及相关从业者已完成的、有记录的学术成果进行查询、评估和整合的过程(阿琳·芬克,2014)。

文献综述是对以往研究文献进行综合评述的简称,指在全面搜集、充分阅读与当前研究主题密切相关的研究文献的基础上,经过归纳整理,分析鉴别,对所研究的问题(主题或专题)在一定时期内已经取得的研究成果、存在的不足以及新的发展趋势等进行系统、全面、概括的叙述和评论。

"综"即研究者收集"百家"之言,对以往研究文献进行综合分析与整理;"述"即研究者基于所综述文献的观点,结合自身的理论研究与实践经验,对以往研究文献的方法、观点及结论进行叙述和评论。综述并不是将搜集到的文献罗列出来,而是要在辨别相关研究文献资料的基础上,根据研究目的对文献资料进行综合分析、归纳概括。文献综述有时兼有评论、批判之意,也被称为文献述评。对以往研究文献的评论、批判有助于更好地提出研究问题,为更合理地进行研究设计做准备。

从文献综述的外延来看,与文献综述相近的术语还包括研究述评(research review)、综合性研究述评(integrative research review)、研究整合(research synthesis)等。这些术语各自的界定有的宽泛,有的狭窄。比如,研究述评或综合性研究述评等概念界定较为宽泛,可以指一种研究过程或研究状态,也可以指开展社会科学研究时所必备的一个研究阶段,主要是为了对前人所做的研究进行总结、回顾(哈里斯·库珀,2010)。文献综述的内容主要涉及研究概念、研究方法和研究结果等方面。

如同其他研究范式一样,对于量化研究而言,文献综述也是必不可少的环节。事实上,如果缺少文献综述,量化研究就很难依靠本身的数据资料或信息去探索事物(变量)的发展规律或特点。开展量化研究不可避免地要依靠以往的研究文献,这就是所谓研究要"站在巨人的肩膀上",即基于以往研究成果来进一步探讨本研究的目标和内容。

二、文献综述的必要性和重要性

(一)文献综述的必要性

由于知识积淀的特性,大量真实可信的以往研究是构建有序知识体系的必要条件,随着社会科学研究数量的激增,研究者就越发需要真实可信的综述,因此撰写文献综述在研究过程中有它存在的必要性(哈里斯·库珀,2010)。有价值的文献综述能够以其系统的分析评价和有根据的趋势预测,为确立新的研究问题提供强有力的支持与论证。研究者基于研究目的或研究兴趣对该研究领域以往文献进行综述往往是一项科学研究的起点,这是全面综合了解研究问题的必要环节,也是阐明研究问题具有研究价值的重要途径。

全面深入了解前人已经开展的研究工作及所取得的研究结果,才能够准确判断当前所要研究的问题是否已经得到了解决或者得到了什么程度的解决,据此进一步判断研究问题的价值。可以说,优秀的文献综述不仅是确立一个创新的或高水平的研究问题的基础,还是对这些研究问题进行深入探索的基础。通过撰写文献综述,对不同研究背景、不同研究设计及方法、不同研究结果及相关理论进行分析、比较与反思,可以更加深入地了解各种研究的思路及它存在的优点与不足,在掌握研究现状的基础上寻找研究选题的切入点和突破点,从而真正地"站在巨人的肩膀上"(王琪,2010)。

(二) 文献综述的重要性

文献综述的重要性在于，使读者熟悉现有研究主题或研究领域中有关研究的进展与困境，引导后续研究者思考未来研究如何获得更有意义的研究结果（Fraenkel, Wallen & Hyun, 2011）。文献综述对相关理论基础进行充分说明，对相关研究对象或变量进行推测和解释，有助于提出不同的研究概念架构，提出新的研究假设或研究理念，改进与批判现有研究的不足，发掘新的研究方法与途径。

在课题研究的过程中，文献综述可以帮助研究者在确定具体的研究问题之前，通过查阅大量文献资料来了解有关研究的进展和状况，有助于研究者通过比较分析，根据研究的可行性、研究者的兴趣和能力等方面来确定研究内容与研究范围，更好地驾驭和把握研究课题（王俊芳，2004）。同时，文献综述也具有辅助检索文献的作用。文献综述中所引用的参考资料，给研究者提供独特的相关文献信息的检索系统，使研究者更为全面地掌握该领域的研究状况，在继续深入研究的过程中更加言之有据。

总之，文献综述是对发表或出版的研究报告、学术论文、著作等文献资料的综合梳理。文献综述不仅有助于借鉴以往相关研究的不同见解，明确研究问题，激发研究灵感，也有助于为后续研究设计及研究方法提供重要支撑。

三、如何撰写文献综述

(一) 文献的收集、阅读与整理

文献综述针对相关研究主题，就目前学术领域的研究成果进行探究，它往往需要对大量文献资料进行梳理。有研究者（Machi & McEvoy, 2008）提出了较为详细的文献综述六步撰写模型：选择主题、搜索文献、展开论证、研究文献、批评文献和撰写综述。撰写文献综述的前期主要围绕着三个重点展开，即依据选择的研究主题检索和搜集文献、阅读和整理文献。

1. 检索和搜集文献

检索和搜集文献的首要一步是确定关键词。关键词的获得需要明确具体的研究问题，从研究问题中提炼出显而易见的基本概念，以这些概念为中心和起点，通过寻找同义词，发掘概念隐含的意思，明确研究目的及理论基础等多种具体方法，尽可能地扩大关键词范围，建立相关研究概念网络。

检索过程是从众多的文献中查找、获取所需文献，一般通过文献索引、文摘、杂志、网络、期刊数据库检索等多种检索途径来完成。常用的文献检索方法有引文查找法和综合查找法（威廉·维尔斯曼，1997）。引文查找法又称跟踪法，以掌握的文献中所列的引用文献、附录的参考资料作为线索，查找有关主题的文献，可以了解文献之间的内在联系。引文查找有助于进一步搜索并整合各个时间段内的文献，揭示过去、现在与未来研究之间的联系，从学科领域的交叉、文献的相互引证也可以直接反映学术研究之间的相互关联。综合查找法则是按照文献资料的类型或时间范围等，采用顺查法、逆查法、抽查法、追溯法等多种方法结合起来的检索方法，以求获得全面而系统的文献。

此外，文献搜集也应当遵循一些基本原则。

第一，从时间上采用倒查法，先查阅最近的、最新的文献，后查阅过去的、经典的文献，从而在了解经典研究文献的同时，掌握最新的研究进展，紧跟研究前沿。

第二，从范围和数量上应有所限制。比如，优先选择搜集影响因子较高的国内外期刊中的文献。文献搜集既要在量上囊括相关领域一定时期内（特别是近期内）的文献资料，又要在质上涵盖成果突出、影响力大、与后续研究关联性强的高质量文献资料。

第三，从性质上来看，尽量搜集一次文献，最大限度地减少二次文献的使用，避免使用间接引用的文献。一次文献（原始文献）指的是以作者本人的研究成果撰写并公开发表或出版的文献，如期刊论文、学位论文、会议论文、调研报告等。

第四，文献应全面而具有代表性，充分搜集代表丰富多样的学术观点、结论不同甚至相互矛盾的研究文献。

第五，扩展文献检索领域，不但要搜集与自己的研究课题、研究领域直接有关的资料，而且还应注意跨学科、跨领域地搜集有关联的文献资料。

2. 阅读和整理文献

阅读文献是撰写文献综述极为重要的一个步骤，阅读过程不仅是从已有研究文献中寻找信息，而且要注意提取的信息内容紧密围绕研究主题。由于现今科学研究数目激增，为了方便对信息进行提炼与整理，并为后续的综述撰写打下基础，在阅读文献的时候做简要的笔记也尤为重要。对教育学科而言，教育研究文献的报告在质量和综合性方面有很大的差异，在阅读文献的时候，应该带有某种程度的批判性（维廉·维尔斯曼，1997）。因此，按照文献的思路，在全面理解、分析文献的观点，理解该研究所属领域或类型的基础上，应对文献进行客观阅读和评判。

在阅读研究文献之后，要按照一定的逻辑规范整理文献。如果能找到特定的理论视角，借用已有的理论框架来分析以往的文献，那么这种文献综述的展开则具有良好的体系，也比较深入。不过，如果没有特定的理论适合解释研究问题，那么通常可以按照研究的主题、年代顺序或研究方法等逻辑关系来整理和组织文献资料。此外，随着计算机软件开发和应用的普及，研究者也可以通过一些文献管理软件对文献进行管理，以方便后续撰写文献综述过程中的文献引用，并且使文献综述更加规范和严谨。

（二）文献综述的基本结构与步骤

文献综述的格式主要取决于研究者如何报告以往"原始"研究。一般而言，基于调研而形成的学位论文或研究报告可以分为引言（研究背景、理论基础等），研究方法，研究结果及讨论等部分，这也是文献综述的基本框架。文献综述与常规研究论文的结构很相似，通过背景、研究的主要内容、研究中的空白或不足、与本研究的关系以及研究方法等，以清晰的逻辑顺序呈现（Van Wee & Banister, 2016）。有研究者（Sharif, 2019）指出，系统的文献回顾过程包括：规定纳入实证研究的标准，全面搜索符合标准的相关数据库和文章，阅读每项研究并记录细节，识别整个研究的模式，将各个模式根据主题进行归类，从而为研究问题提供信息。文献综述的基本结构即具体研究背景的介绍、研究概念的界定、研究方法的综述、研究结果的综述、对文献的评价与启示。

1. 具体研究背景的介绍

这里的具体研究背景不同于研究论文或学位论文之初的研究背景,而是指对文献综述的背景介绍,是围绕着具体研究变量对以往研究文献的具体研究背景做出的说明。

具体研究背景介绍部分主要围绕相关研究变量阐明文献综述的目的、意义,以及对于围绕研究变量展开科学研究工作的重要性,介绍研究的价值,指明具体的研究领域和研究问题等。研究问题的确立往往依据相对特定的情境,当研究问题与原有理论和客观现实之间出现不吻合的状态时,这样的问题被提出后就可能会产生新的理论,因此这种提出问题的过程也是科学研究越发深刻的过程(卡尔·波普尔,2003)。事实上,所有的研究都是从相关背景中提出问题开始的,这部分的阐述要力求突出重点,简明扼要地介绍以往相关研究的理论与实践背景。

2. 研究概念的界定

概念是事物本质的反映,是对一类事物表征的概括。概念的内涵一般包括变量的具体表现、本质特征等。一般来说,概念是随着研究的不断深入而逐渐得以完善的,所以对概念内涵的界定要与有关概念研究的历史脉络相结合来论述。即便当下对某个研究概念的界定是完善的,研究者也不能舍弃在此之前的观点,因为它们有可能具有一定价值并且对整个定义的解释具有关键作用,也有助于厘清这一概念与相似概念的区别,规范这一概念界定的方向。因此,概念界定的一般思路是:首先了解概念提出之初的研究背景;其次明确首次提出的概念;再次厘清概念不断发展的关键节点;最后解释当下对概念的界定。概念界定应遵循以下基本原则:独特排他,可反推,可理解传递,可操作测量。

布鲁纳等人(Bruner et al.,1956)的"假设检验说"提出了关于概念形成过程的基本观点,即概念的形成是不断提出假设、验证假设的过程。关于概念的结构有两种经典理论,分别是原型理论与特征表理论。原型理论本质上是一种基于范畴研究的理论,立足于人类对客观世界的经验和观察,对范畴的性质进行讨论与研究(潘冬香,2005)。原型理论主张概念外延或者内涵语义的集合论取向,它的边界比较模糊,且同一范畴内有多个要素以及要素之间都具有相似性和共性特征(Rosch,1988)。特征表理论由伯恩等人(Bourne et al.,1979)提出,主张从一类事物具有的共同重要特征来说明概念,概念的形成应当包含两个既互相区别又互相联系的过程,它是由定义特征和概念规则构成的。定义特征是从实例中提取的概念所共同具有的特征,概念规则是指定义概念特征的规则,如肯定、否定、合并等。

准确清晰地界定研究概念不仅对文献综述具有重要意义,也对整体研究的实施及研究结果的分享与交流具有重要意义,因此,关于"概念界定"在下一部分专门进行深入探讨。

3. 研究方法的综述

研究方法是研究的重要组成部分,是一项研究是否取得预期研究成果的关键。研究方法的综述主要阐述以往相关研究的样本选取、研究工具及研究程序等，为新的研究设计提供恰当的研究范式、可行的研究思路及具有操作性的研究工具。研究方法的综述需要根据前人的研究设计，尤其是研究工具的使用，制定更具有说服力和可实施的研究方案。

比如，在教育研究中，量化研究的文献综述关于研究方法的部分主要介绍研究样本的选择、研究工具的选取与设计过程、研究工具的考察以及研究变量的结构维度及选项等。

4. 研究结果的综述

研究结果的呈现应当按照一定逻辑顺序，横向或者纵向展开。纵向从时间发展顺序上来看，要特别指出以往研究的重要研究进展或研究阶段是在什么条件下发生的，其特点和意义如何，以及指出新理论、新方法的引入及其效果。对相关研究结果的历史发展溯源追踪，目的是探讨其发展变化的因果规律性，明确已解决了什么，用什么方法解决，存留下什么问题待解决等。

对研究结果进行文献综述时，应说明前人对这一研究课题的不同看法、论点和结论。对相关研究课题的发展变化应专门介绍，并说明目前达到的研究水平和当前要解决的主要研究问题。研究结果的综述也需要注重横向对比不同国家或地区、不同研究学派、不同理论观点、不同研究方法的发展特点以及取得的研究成果、现有水平、发展方向和仍需解决的问题等。

5. 对文献的评价与启示

评价与启示是对以往研究成果的讨论，并客观评价其优点与不足。这部分综述展开时，应着重阐述同一研究问题的研究结果之间的差异，全面分析差异产生的原因和背景，为明确提出现有研究问题做铺垫。此部分综述主要根据对以往研究背景、研究方法和研究结果的分析、评论及预测，参照国内外研究现状，在考虑到研究问题的实际需要和当前条件的基础上，更具体地提出应采取的研究途径、未来的研究发展方向、进一步研究的可能性等。

概括而言，这部分综述是对研究文献的总结与升华，不仅要对重要启示进行记录和总结，而且应在阅读文献的过程中，考虑研究可能存在哪些研究方法的问题、所提出的对未来研究建议的逻辑性问题等。尤其，实证性的研究论文，需要关注的是研究的逻辑推理、研究方法以及研究结果的产生过程，而不只是最后给出的研究结论（Cone & Foster，1993）。

(三) 文献综述应避免的问题

1. 避免罗列堆砌文献观点

有研究发现，学位论文的文献综述部分普遍存在"为了综述而综述"的倾向，文献综述流于形式，或者"有文献而无综述"，文献阅读往往不够深入，简单罗列，"综"而不"述"（张斌贤，李曙光，2015）。文献综述的目的被误认为是显示对相关研究的了解程度，结果导致所做的文献综述不是以所研究的问题为中心来展开的，而变成了阅读心得清单。

文献综述不应是对已有文献的罗列、重复叠加或一般性介绍，而应是对以往研究的特点、优点、不足和贡献等方面批判性地分析与评论。因此，文献综述具有综合提炼和分析评论的功能，撰写文献综述要重视评判的作用。评判所阅读文献是否为一篇好文献要看其中引用的文献和评论的标准。有学者将判断的标准归纳为：代表性、显著性、相关性、适时性和简捷性（朱浤源，1999）。在阅读研究文献的时候要客观叙述和比较国内外相关学术研究的观点、方法、特点及取得的成效，同时，根据研究的需求，对所阅读的文献进行符合逻辑的、严谨的批判性解读，评价其优点与不足。

2. 避免忽略研究结论的矛盾与差异

文献综述本意是为了寻找研究的切入点和突破点，但是这并不意味着就可以忽略某些研究成果的矛盾。有些研究为了完成研究论文，故意弱化一些研究结果或者放大已有研究的不足，来突出自己研究的价值和意义，这对研究的创新性并无帮助（王琪，2010）。事实上，已有研究结果存在矛盾也正说明了需要花费更多时间进行探讨，而不能够避重就轻，刻意回避冲突。以往研究结果的不一致甚至冲突也是有价值的，应该多加利用，将矛盾与冲突进行整合，才能够使接下来的研究更有解释力。

3. 避免文献综述过于主观

与机械的、大量的文献罗列一样，过于主观性的文献处理也是不恰当的。文献综述要以已有研究文献为依据，对文献进行全面梳理并客观呈现，实事求是地反映相关研究问题的现状，而不能用大量的篇幅呈现研究者个人的观点和研究偏好。客观而言，个人观点在文献综述中往往起到点睛的作用，表明综述内容与想要探究的研究问题之间的联系，体现了对文献综述目的的清晰认知。但是，从整体来说，文献综述的观点必须以原始文献的观点为依据，评议的时候要分清主观与客观，不能混淆，以严谨的学风客观地整合研究观点。

当然，研究者往往会对相关研究领域的问题有着个人理解，并且偏向于认可自己接受的观点。基于个人偏好而形成的观点对研究问题来说有利也有弊。个人偏好可能为推动研究提供必要的热情和奉献精神，但个人偏好也可能让研究者带有主观偏见，可能导致研究路径偏离规范，须加以有效控制（Machi & McEvoy，2008）。另外，对文献的评述也应保持客观的态度，不能盲目相信，应融入更多对文献的思考。例如，在撰写文献综述的过程中，研究者仔细审视作者的发现，自己是否同意作者的结论，以及作者是否对其研究结果进行了充分讨论，或者是否夸大了研究结论及其理论与实践意义（Welman & Kruger，1999）。这也是对文献综述过于主观的一种有效规避。

4. 避免文献引用不充分、不规范

在撰写文献综述的过程中有时会出现文献搜集不全，遗漏重要观点，参考文献数量不充分，研究文献质量有待进一步提升等问题。因此，所参考的研究文献的数量和质量直接影响文献综述的质量，对学术水准也有影响，这与开展文献综述之前的文献检索搜集阶段息息相关。在撰写文献综述之前就应以严谨的态度对待文献的搜集和整理，在前期收集文献的时候，遵循资料覆盖全、内容专深、质量高、时间近等原则，同时还通过引用量、地理区域、是否为开创性文献等指标来评定文献的质量（Van

Wee & Banister，2016)。因此，为了给综述以更优质的文献基础，研究者应尽可能全面搜集文献资料以便能够理顺文献综述的逻辑思路。

研究论文所引用的观点要有明确的出处，并与文末参考文献相对应。参考的文献观点应当有依据，引用要遵循规范。当前，研究所参考的文献主要分为两类：一是参考文献(reference)，二是参考资料(bibliography)。前者主要指在研究论文中有引文的参考文献，在研究中使用较为广泛；而后者主要指在撰写论文过程中阅读过的所有相关研究主题的文献，在文献综述部分可能引用了这些文献，但也可能只是激发了研究者某些思想的火花。参考文献是在学术研究过程中对某些论文或著作的参考和借鉴，其出处等相关文献信息放在论文末尾，与文中引用相对应。另外，脚注也是研究中常用到的注释方式，一般置于页末，对相应内容起到进一步解释或补充说明的作用。

5. 避免语言表述及格式方面的错误

在撰写文献综述的过程中，应注意书面语言表述的规范性。例如，引用外文文献时，在充分理解原文的基础上避免明显的翻译痕迹，而且，所引用的观点应尽量直接引自原文而避免转述，转述可能会失去很多有价值的信息，难以准确表达原文想要表达的含义(Creswell，2003)。

文献综述作为研究论文的一部分，应当遵循基本的学术规范。我国教育部社会科学委员会学风建设委员会组织编写的《高校人文社会科学学术规范指南》(2009)，以及科学技术部科研诚信建设办公室组织编写的《科研活动诚信指南》(2009)，都对科学研究学术规范做了具体说明，因此在撰写文献综述之初就应重视撰写规范。此外，学术道德问题也是近年来比较严重的问题。《高校人文社会科学学术规范指南》列举了学术不端行为，从事科学研究的研究者应当引以为戒(教育部社会科学委员会学风建设委员会，2009)。

撰写良好的文献综述往往需要反复推敲打磨，需要本着认真、客观的科学态度，在广泛的文献阅读和严谨的逻辑思维之下，对研究文献进行综合概括的论述。文献综述是先前研究文献资料的客观展现，也是开展新的研究的重要基础。

【拓展思考】

注释与参考文献有何区别

1. 注释

研究论文中的注释是指对论文中的相关文字表述进行专门解释，而且这一注释出于内容或逻辑等原因不适合直接放在文中表述。通常，注释具体表现为对相关文字的出处、背景、价值等方面所做出的进一步说明，有助于读者进一步了解论文中所表述文字的相关信息。

在研究论文中，注释通常有两种形式：脚注和尾注。脚注是呈现于论文当前页的最下面，对当前页中相关文字的进一步解释，也称本页注。尾注是呈现于论文最后，对文中相关文字的解释说明，也称篇末注。

比如，某篇教育学术论文探讨的是"人的全面发展"，当文中首次出现"全面发展"这一概念时，就加以注释标识，并在论文最后尾注中对"全面发展"一词的不同语言的翻译进行解释，并说明该论文中"全面发展"所对应的是何种外语表达，而这些内容与研究论文本身没有直接关系，不适合在文中直接说明。这种对文中内容做出的"进一步解释说明"就属于注释的范畴。

2. 参考文献

参考文献是研究者在撰写研究论文的过程中所参考过的文献资料，主要涉及期刊学术论文、硕博士论文、图书著作、会议论文等，主要表现为对相关文献资料中的文字或观点的引用，以直接支持对当前的研究观点的论证。简单而言，参考文献是对所引用文献出处的具体说明，而没有"进一步解释"之意。

有的学位论文或研究论文把注释与参考文献相混淆。比如，把论文中引用的参考文献以脚注的形式加以呈现，同时，在论文最后的参考文献中再次呈现。这样既浪费篇幅，也没有在脚注中起到注释的作用。

从以上关于注释与参考文献的解释中我们可以看出，注释不同于参考文献，不是对文献出处的简单说明，而是进一步解释。因此，脚注或尾注都不应呈现参考文献，而应对相关文字做出进一步解释。

四、概念界定

以上对文献综述进行整体介绍，概念界定是文献综述中的重要也是首要的内容，对研究实施具有基础性的作用，因此，为了更清晰地介绍概念界定，这部分专门对概念界定的特点进行说明。

但是，当前有些学位论文先介绍概念界定，再介绍文献综述，把概念界定与文献综述作为并列的两个部分呈现，这样的逻辑关系并不合理。概念界定是属于文献综述的一部分，文献综述包括对所研究变量概念的综述。

对于量化研究而言，研究概念界定就是对研究所涉及变量进行概念界定。[①] 概念界定是文献综述的初始内容，也是文献综述的重要组成部分。文献综述的首要任务就是基于以往研究文献，把所要探讨的变量或概念的内涵界定清晰，这是开展一个量化研究并进行学术交流的基础。这里把概念界定专门作为一部分进行介绍，是为了强调和突出概念界定的重要性。

关于文献综述的其他内容以及所要开展研究的后续内容，都要建立在对研究变量所涉及的概念达成某种共识或对概念存在的问题或矛盾达成某种理解的基础之上。比如，某个研究要探讨教师的幸福感，就一定要界定清晰什么是幸福和幸福感，进而界定教师的幸福感。如果对此概念没有界定清晰，却完成了关于教师幸福感的研究，那么这个研究结果的合理性及其学术交流的价值都是令人质疑的。

试想，记者进行街头采访，向经过的路人提问："你幸福吗?"这种问题是否能得到满意的回答呢？记者头脑中的幸福这一概念与路人头脑中的幸福的内涵是否一致呢？如果在对概念认识与理解并不一致的基础上问答或交流，很可能会使双方相互误

[①] 量化研究所涉及的变量往往就是需要界定的概念，研究变量与研究概念两者在本书中属于同义语。

解，其至导致不必要的争论。

(一) 什么是概念

概念是对事物本质的认识，是一种反映认识对象本质属性或特点的思维形式。人们把所感知事物的共同本质特点抽象出来，加以概括，就成为概念。概念随着社会历史和人类认识的发展而变化，但在特定社会发展时期概念也具有相对的稳定性。一个完整的概念包含两个基本特征：内涵和外延，即其含义和适用范围。

概念的内涵指这个概念的本质含义，即该概念所反映的事物对象所特有的、其他概念所不具备的本质属性或客观实在性。比如，"鸟"这一概念被界定为长羽毛的动物，其中"鸟"的最本质的属性就是"长有羽毛"，而"鸟"是"动物"，不是其本质特征。

概念的外延指这个概念所反映的事物对象的范围或类别。比如，"鸟"这一概念的外延就可以包括不同大小、不同颜色、会飞或不会飞等各种长羽毛的动物，它从范围或类别上反映概念的相关特征。

概念的内涵和外延具有反比关系，即一个概念的内涵越大，外延就越小；内涵越小，外延就越大。比如，"学生"与"优秀学生"两个概念相比，"优秀学生"的内涵比"学生"更大，其外延就相对更小，"优秀学生"从属于"学生"。

概念界定的关键在于对其内涵加以清晰认识。对于教育量化研究而言，所研究的变量需要进行清晰的概念界定。对概念进行清晰界定的过程也充分体现着量化的理念，即清晰准确地解释概念的内涵，并在特定研究领域对这一概念的内涵形成共识，这是开展学术研究的基础。如果对概念内涵没有形成清晰的认识，就难以深入探讨其发展的特点或规律，甚至出现偷换概念或混淆概念的情况而误导研究的有效实施。从这个角度来看，前文所讨论的"量化研究论文的题目是否应明确指出研究对象"也可以得到肯定的回答。比如，在研究题目中，如果能清晰标明"中小学教师"，就不应简单标明"教师"。在研究论文题目中明确标明研究对象，也体现着对概念清晰准确的界定。

【拓展思考】

"偷盗"这一概念如何界定

在《列子·天瑞》中有一个小故事：齐国有一个富人，宋国有一个穷人。宋国的穷人来到齐国，向齐国的富人请教致富之术。齐国的富人告诉他："吾善为盗。始吾为盗也，一年而给，二年而足，三年大穰。"

简单而言，其意思是："我之所以富有，是善于偷盗。"但是，这个宋国人并没有进一步弄明白"偷盗"的真正喻义。于是，他回到宋国之后，就开始如齐国人所言开始偷盗。当然，没过多久，他就因盗窃获罪，受到处罚。后来，他找到这个齐国人，抱怨齐国人欺骗了他。齐国人解释道："我偷盗的是'天地之时利，云雨之滂润，山泽之产育'，从而浇灌禾苗，滋润庄稼，建筑房舍。"

如果这个宋国的穷人最初对"偷盗"这一概念所特指的内涵有所理解，就不会产生后来的误会了。

(二)什么是概念界定

概念界定是依据合理的逻辑关系揭示概念的内涵及外延。一般而言，当前的研究所涉及的概念或变量，在以往研究中已经有了丰富的探讨和研究，因此概念界定就是要把以往研究中对该概念的认识进行梳理，形成某种较为清晰的共识，为后续研究做铺垫。

即使一个教育研究所涉及的核心概念在以往研究中没有进行深入的探讨和研究，这也并不意味着这个概念不可以界定。这就需要研究者创新地提出对该概念的认识和理解，对这个新的概念加以界定，这可能有助于开创一个新的研究领域。当然，概念的创新通常并不是一件容易的事情，往往需要研究者具有丰富的研究经历，对相关研究问题有着深入的探索，形成较高的理论修养和创新思维。

创新性地提出概念，对研究领域及其相关理论的创新，都具有重要的意义。然而，反观当前我国的教育量化研究所探讨的概念或变量，大多来自西方发达国家教育研究领域已有的概念，而缺少本土化的创新概念。

一方面，对教育研究而言，要提出一个新的本土化概念，需要建立在开展大量深入的本土研究的基础之上，需要丰富的、长期的研究积淀，这并不是一件容易的事情；另一方面，在教育研究领域，"拿来主义"似乎更为实用，甚至在一定程度的崇洋媚外的心理作用之下，使得国外教育研究的概念更容易被人们接受和推广，而本土化概念即使被提出来，即便这些概念具有深入探讨的价值，也可能不容易受到人们的关注和重视。

这里并不否定向西方学习和"拿来主义"的价值，教育研究不应排斥已有的研究成果，包括西方教育研究领域的成果，但也不应盲目接受、照抄照搬西方的研究成果，更不应否定本土化的研究成果。向国外优质教育研究成果学习具有重要意义，但是，我国教育研究发展与创新应重视本土化教育概念或变量的提出，基于我国教育现实情况及存在的问题，以科学的精神尊重并积极开展本土化的教育研究，创新地提出本土化的教育研究概念及研究问题，并深入探讨，而不应盲目地追随西方发达国家基于其社会文化背景提出的教育概念及其研究成果。

因此，就我国教育研究发展而言，一方面，要注重培育本土化教育概念提出的土壤，给本土化教育概念及开展相关研究创设良好的发展条件和保障；另一方面，要对当前国外教育研究所探讨的概念加以本土化界定，使之适合我国本土教育情境，生成本土化的教育理论，而不应在对一些研究概念认识模糊的基础上开展不合时宜的、缺乏实质意义的研究。

比如，教师职业倦怠这一概念属于舶来品，国外教育研究者倾向于认为教师职业倦怠包含三个维度的含义：情绪枯竭、去人格化、低自我成就感。我国学者结合我国学校教师发展的特点，对职业倦怠的结构进行深入探讨和验证，在对这三个维度认同的情况下，提出了第四个维度——认知枯竭，进而提出了我国教师职业倦怠的四维度概念。这在一定程度上体现着研究概念的本土化特点。因此，我国教育研究领域应充分鼓励和接纳本土研究概念的提出，并结合本土教育情境开展有效的理论研究，以推动我国教育实践的改进和发展。

当前，我国教育研究的一些领域存在对概念界定重视不够的情况，许多教育概念缺乏明确的或一致的概念界定。比如，对"素质教育""应试""教育公平""教育均衡""师德""全面发展"等一些概念的理解长期存在争议，有必要从概念的内涵和外延进行清晰的界定，既应重视对研究所涉及概念的理论分析，也应重视对研究概念的实证研究，在概念界定的基础上开展相关研究才更具有实质意义。

（三）概念界定的意义

在教育量化研究中，概念界定具有为研究奠基的意义。如果对所研究的概念缺乏清晰的界定，那么围绕相关研究概念展开的学术讨论、争论及调研活动就充满了不确定性。

一方面，清晰的概念界定是研究者共同探讨这一概念及开展相关理论研究的认识基础。即使对这一概念的理解可能还不成熟，但是研究者也需要对概念形成一致的理解。

另一方面，清晰的概念界定有助于避免因概念理解偏差而产生的不必要的误解和争论，从而有助于提高研究的效率。如果概念缺乏明确界定，或者概念界定不一致，那么研究者就难以形成研究合力，甚至可能出现浪费时间和精力的讨论或争论。

比如，前文中所提到的，记者在街头采访路人："你幸福吗？"从量化研究的角度来看，在采访之前，记者和被采访的路人需要对"幸福"这一概念达成较为一致的共识，这样的采访才可能具有实质意义。否则，对于"幸福"的本质内涵，如果记者和接受采访者的理解并不一致，就很难对路人幸福与否做准确的判断。在教育学术研究中，概念界定也有类似的重要意义。研究者有必要在相关研究领域对研究概念做出清晰、准确的界定，这有助于做出合理的研究设计，也有助于取得有价值的研究成果。

【拓展思考】

如何对批评进行概念界定

在基础教育领域，因教师批评学生而导致的教育事件屡见报端，引发社会各界广泛关注，批评也被打上了"问题"的标签（荆素正，吴黛舒，2015）。有些教师担忧批评学生可能会招致非议或引起学生的过激行为，故采取了弱化、放任，甚至不闻不问的态度。

我国教育部颁布的《中小学班主任工作规定》已明确指出，中小学班主任教师在日常教育教学管理中，有采取适当方式对学生进行批评教育的权利。但是，这并未打消教师批评学生的顾虑。如果教师的批评权不能做到操作细化，解决实施的"度"之难题，教师很难在教育实践中真正落实批评权（刘毅玮，龚蓉，2010；李娜，2019）。因此，为了帮助教师行使批评教育权，有必要明确批评的概念内涵。

1. 批评的基本含义

《辞海》对批评的释义为：（1）评论，评判；（2）对书籍、文章加以评点、评注；（3）对缺点和错误提出意见，如开展批评和自我批评。在教育情境中，批评的基本含义是指出学生的缺点和错误。具体而言，批评是指教师对学生的言语、行为问题做出判断，指出学生在发展过程中出现的错误、缺点或不足。事实上，学生作为受教育者，其错误或缺点需要在发展过程中得到教育者不断修正，进而获得良好的教育，因此"批评"符合学校教育的基本目的。

然而,当前"批评"的含义存在被曲解的情况,批评与指责、训斥等一些带有负面或消极含义的概念相混淆,引发人们对"批评"的误解和排斥。事实上,批评作为有效的教育方式与指责、训斥等不良教育方式有着本质的不同。

一方面,从表现形式来看,教师批评学生要持有实事求是、客观冷静的态度和情绪,要摆事实,讲道理,尊重学生人格,出于对学生的关怀和爱护,帮助学生及时改正错误或缺点。而指责、训斥等不良教育方式带有不同程度的消极情绪色彩,即便"爱之深,责之切",也难免有宣泄个人情绪、偏离培养目标、有失教育公允之嫌疑。

另一方面,从行为结果来看,教师批评教育的结果是积极的、正向的,对学生的错误或缺点有所改进,对学生全面发展有所促进。而指责、训斥等不良教育方式容易误导学生产生不良心理与行为反应,引发或激化师生矛盾,甚至可能对学生造成心理伤害,导致一系列严重后果。

当前,批评这一概念存在被"污名化"的情况,甚至一些教师也把指责、训斥等不良教育方式误解为批评,甚至有的教师认为"辱骂学生是对学生的关心爱护"。这显然已经超出批评的基本内涵,也有悖于批评的教育价值。

此外,国外研究文献对"批评"的语义存在不同的解释,使得国内相关研究文献对"批评"这一概念的解读产生偏差。批评一词对应的英文是 criticism,而 criticism 一词的含义不仅含有"批评、评论"的意思,还有"指责、非难"之意。比如,有英文研究把 criticism 区分为建设性的(constructive criticism)和破坏性的(destructive criticism)。前者对学生发展具有积极意义,而后者对学生发展具有消极作用(Baron, 1988; Allred & Chambless, 2018)。然而,中文研究在引用这一概念时往往将它直接翻译并理解为"批评",却忽略了在中文语境下,批评的内涵并不具有"指责、非难"等消极含义。

2. 批评与惩罚/惩戒的概念辨析

批评旨在指出学生不合规范的言行,指出学生的缺点、错误或不足,帮助学生提高认识,而惩罚或惩戒强调对学生不合规范的言行进一步采取处罚措施。可见,惩罚或惩戒是批评的后续教育措施。当学生出现错误或缺点时,教师予以批评。如果学生不及时改正错误,或情节较为严重,则有必要合理合规地对学生进行惩罚或惩戒。因此批评具有更为基础性的教育意义,如果教师不能或不敢批评学生,那么惩罚更无从谈起。

同时,有必要进一步明确惩罚不同于体罚,两者有着本质区别。体罚或变相体罚是一种超出教师权限范围的不良教育方式,与惩罚有助于促进学生发展的理念相悖。而且,体罚或变相体罚不利于学生的身心健康发展,我国相关法制法规对此已明令禁止。因此从教育目的和教育结果来看,体罚、变相体罚是完全不同于惩罚的概念。

3. 批评与表扬的概念辨析

在教育实践中,人们对表扬似乎情有独钟,将表扬视为解决学生问题的"灵丹妙药",而否定批评的重要作用,甚至将批评作为教师给予学生的一种消极的、负面的反馈(孙三迎,2015)。许多学校提倡教师对学生"多表扬,少批评"。

但是,批评与表扬并不是相互对立的关系,正确的批评和表扬都是学生发展过程中不可缺少的教育方法(王世奇,2015)。批评并不是表扬的对立面,表扬作为一种积极的教育方式,其对立面是指责、训斥等消极的教育方式。如果提倡"少批评",教师很少指出学生的错误或缺点,那么这反而可能对学生发展造成不利影响。

五、如何进行概念界定

在教育量化研究中,所探讨的核心概念往往是研究所涉及的核心变量。变量通常在性质、数量上具有发展变化的特征,在对研究变量进行概念界定时,通常需要从概括化、具体化、数量化三个层面对概念做出清晰准确的界定。

(一)概念的概括化

概念的概括化是对研究变量或概念的本质特征进行概括,并对其本质特征形成共识。对研究概念进行概括化的作用在于揭示概念的内涵,并将概念的内涵与其他变量或指标区别开来,因此每一个概念都具有独特性和排他性。

在教育研究过程中,有时对一些概念的内涵的理解并不确定或缺乏一致的理解,这时如何界定概念呢?下面以"教学自主"这一概念为例进行说明。

西方教育研究领域,关于教学自主(teaching autonomy)的研究,强调教学自主是教师控制与支配自己所教课程和教学情境的外在权利特征,而国内研究强调教学自主的本质特征在于其内在心理特征。而且,自主这个概念在不同情境中具有不同含义,关键在于根据理论研究的需要来建构其特定含义(Agich, 1993)。因此,即使对概念的本质内涵的理解不确定或缺乏一致性,也需要对概念的内涵进行界定,可以基于特定研究情境的需要,根据理论研究的需要来建构概念的含义。因此,在我国教育研究中,教师的教学自主被界定为教师对所从事的教学工作自己做主,不受他人约束。进而,教学自主包括两个方面:教学自主性和教学自主权。其中,教学自主性是教师指向内在的自主,即教师作为主体对自身的指导和支配的心理特征,具体表现为教师以积极的态度对待工作,具有教学主动性和进取心,能很好地控制自己的教学情绪和行为方式等;教学自主权是教师指向外在的自主,即教师作为主体对客体的支配的管理特征,表现为外界管理赋予教师权利,教师能够在外部压力和控制中获得独立与自由的教学空间,自己有权决定和支配自己的教育教学方法、情境、过程等。

(二)概念的具体化

概念界定除了揭示其本质,还需要说明概念的范围和类别,以帮助研究者可以具体感知与操作这一概念,使不同的研究者可以理解并准确传递这一概念。因此,在进行概念界定时,以一些例证说明概念的具体表现,这有助于人们更生动地理解概念的含义,有助于人们可以根据具体化的概念界定对概念做出一致准确的理解。事实上,当人们对某一概念缺乏一致认识,或概念不太容易界定时,举几个例子对概念的特征进行描述,这有助于人们对概念的认识达成共识。

举个现实生活中的例子。比如,在一些公共场合经常会看到这样的提示语:"请您保管好自己的财物。"这个提示语就可能存在缺乏具体化的问题。如果这个提示语改为"请把您的财物放在视线范围以内",是不是比前者更具体化一些呢?

量化研究常常使用量表法,通过量表对相关研究变量进行测量。基于对研究变量所涉及的概念进行概括化界定而编制成相应的量表，那么，该量表所包含的每一个题目就是研究概念或变量的具体化体现。事实上，研究变量往往是难以直接测量的潜在变量，因此需要对这一潜在变量进行具体化，即设计一系列能具体反映出变量特征的量表题目，这些题目可以直接测量，因此每个具体的题目就被称为观测变量。

在学位论文中，研究所使用的问卷或量表的具体题目一般会以附录的形式附在学位论文的最后。当然，如果研究问卷涉及版权或隐私，一般也会把问卷的部分题目呈现在附录中，以使读者对研究变量或概念能具体化地理解。

而且，在学术期刊论文中，所使用的研究问卷或量表也会在研究方法部分对问卷的题目进行举例说明。比如，量表的各维度各列举一个题目，这也有助于对研究概念及其维度的具体化理解。

比如，某量化研究探讨的核心变量之一是"教学自主权"，使用了"教学自主权量表"作为研究工具。在介绍研究所使用的问卷或量表时，就列举出了"教学自主权量表"的个别题目，这就是对概念进行具体化的表现。对此，在该量化研究论文中有以下相关表述：

教学自主权量表，包括课程自主权和一般教学自主权两个维度。经修订后其语境更符合我国教育实际，量表结构与原始量表保持一致，保留11个项目。其中，课程自主权维度包含6个题目，样题为"我可以自由地确定课堂教学方法"；一般教学自主权维度包含5个题目，样题为"关于教学，我很少有权选择教什么和怎样教"。

(三) 概念的数量化

关于量化研究，在对核心变量的概念进行概括化和具体化之后，还需要进行数量化，即以数字形式呈现所研究变量的特征，以进一步分析变量的相关或发展趋势。

量化研究中的概念或变量必须要进行数量化（比如，量表的信效度分析、平均数与标准差、变量之间的相关分析和回归分析等），才能以可测量或可度量的方式呈现概念的特征，以便人们更清晰地对研究概念特征做出判断，并对变量的特征及变量间的关系在数量层面上的特点和规律进行分析，以探讨研究概念或事物发展的普遍性。

比如，在关于"教学自主权"的研究论文中，研究者对教学自主权这一概念就进行了数量化的处理，由此展示概念的特征。在该研究论文中对量表信效度分析的相关表述如下：

教学自主权量表采用 Likert-5 点记分方式，从"很不符合"至"很符合"分别记为1至5分。教学自主权及其子维度课程自主权和一般教学自主权的内部一致性 Cronbach's α 系数分别为 0.823、0.748 和 0.734。对一般教学自主权的测量模型进行验证性因子分析，验证性指标分别为 $\chi^2/df=3.706$，TLI(NNFI)=0.973，CFI=0.985，SRMR=0.034，RMSEA=0.051，这说明该问卷的信效度良好。

六、理论基础

量化研究的理论基础是指所做的量化研究所依据的较为成熟的或受广泛认可的理论是什么。这些已形成的理论对当前做的量化研究具有基础性的作用。理论基础有助于一个研究有理有据地确立选题，并为后续研究的实施提供支撑。理论基础是所做研究的重要研究依托，而不一定是这个研究具体探讨的研究问题，也不一定是这个研究的研究假设[①]。

打个比方，当前所做的研究就像是地面上的楼体，那么理论基础就像是地基。对于学位论文或研究论文而言，到底要不要包含理论基础呢？事实上，并不是所有的学位论文都有其理论基础。打个形象的比喻，如果要盖鸡窝，就可能不用建地基，因此有的研究并不需要理论基础。而如果要盖摩天大楼，如果没有地基是不可想象的，这种研究就必须要有理论基础作为前期的研究文献支撑。地基的作用是让建筑更稳固。这里并不是嘲讽鸡窝，如果研究者能把学术的"鸡窝"建得很好，也是成功的学术研究。因此，一个研究需不需要"地基"，需要什么样的"地基"，要看这个研究是什么样的研究。

比如，某个研究探讨的是"教师的教学自主权"，该研究就可以用自我决定理论作为研究的理论基础，以帮助人们从理论研究的角度更好地理解关于教学自主权这一研究概念及研究问题提出的合理性。

简单而言，理论是对研究变量或概念之间关系所形成的稳定的、成体系的认识，而且如果这种认识获得的评价越高，认同越广泛，其理论水平就越高。对新开展的一个教育研究而言，有理论基础的支撑，研究者实施研究就更有底气。

对于有的研究，如果以往该研究领域没有明确的、被认同的理论作为基础，那么这本身并不影响研究的成立。通常，对于准备实施的教育研究而言，做好文献综述，就可以为研究的成立提供依据。简言之，一个研究能否成立，对其论证应做到有理有据，而不论这些"理"和"据"是小的观点，还是大的理论。

另外，有必要明确文献综述与理论基础的关系。严格地讲，理论基础属于文献综述的一部分，作为基础的理论本质上属于要综述的研究文献。即使一个研究缺乏理论，但文献综述本身也可以发挥研究基础的作用。因此，有的学位论文把文献综述与理论基础并列呈现，这也是值得商榷的，在逻辑关系上存在不合理之处，不过，也可能是为了专门呈现理论基础，以强调其重要性。

当然，如果一个准备实施的研究既没有理论基础，也缺乏研究文献的支撑，那么这个研究是否可以做呢？如果能充分寻找其研究的实践价值，这样的研究也可以做，它也许会有助于建立新的研究概念，开创新的研究领域。

【拓展思考】

研究论文主要参考哪些文献

参考文献是学位论文或研究论文中对当前研究具有借鉴或支撑作用的文献。教育量化研究的学位论文或研究论文往往需要参考大量以往的研究文献，尤其在论文的"文献综述"与"分析与讨论"部分需要参考文献的支撑。在很大程度上，一篇研究论文所参考文献的质量反映着研究论文的质量。参考文献的质量越高，研究论文得到的支撑就越有力。那么，开展教育研究及撰写研究论文应参考什么样的文献呢？

在参考文献中，文献的种类及所占数量或比重的排序建议如下。

1. 学术期刊论文

对于量化研究而言，学术期刊论文往往是参考文献的主体，在参考文献中占比最

---

① 这里的研究假设是基于统计学对变量之间关系的假设，不是生活中的预期、假想或假定。

大。一般而言，学术期刊论文的数量至少占据研究论文所引用的参考文献总数的50%，甚至有的量化研究论文的参考文献都是学术期刊论文，占100%。而且，从学术期刊论文的质量来看，在众多学术期刊中，应注重参考水平较高、影响因子较大的学术期刊发表的论文。事实上，为了有效开展量化研究，撰写好研究论文，所阅读的参考文献比重最大的也应该是学术期刊论文。当然，在研究实施的过程中，研究者应尽可能广泛地收集相关学术期刊论文，并阅读和研判，筛选出有价值的期刊论文作为参考文献。

2. 硕博士论文

已完成的、公开的硕博士论文往往反映着相关研究领域内较为前沿、较为创新的学术研究成果，因此对学位论文或研究论文撰写也具有重要的参考价值。研究者需要搜索各种硕博士论文数据库，充分收集硕博士论文来支撑当前的研究。由于电子数据库受版权及时间的限制，有些潜在的高质量的硕博士论文可能并不能查询到，因此研究者需要到各类图书馆(比如，大学图书馆、地方或国家图书馆)现场收集。

3. 学术专著

学术专著往往体现着研究者较深厚的研究积淀和较高的研究水平。相关研究领域的学术专著，尤其是一些探讨相关理论研究的学术专著，对撰写学位论文和研究论文都具有积极的支撑作用。一些高水平的或经典的学术专著本身基于许多具体的学术研究积累汇集而成，作为参考文献对当前的研究具有重要的支撑作用，具有较高的参考价值。

4. 学术会议论文

学术会议是以学术性研究为主题的会议，也是研究者相互交流学术成果、相互学习、相互促进的平台。学术会议论文往往汇集研究者对具体研究问题进行探索的研究论文，体现着研究领域中微观层面上的最新研究成果。尤其有些学术会议以研究者为主要参加者，且具有较高的理论研究水平，收录的相关研究论文也具有较高的参考价值。

5. 其他文献

参考文献的来源多种多样，除了以上文献可以参考之外，还可以参考各种与研究相关的文献，如学术编著、学术论文集、学术论坛成果、相关领域的报刊文章、政策文件、法律法规等。其中，对于法律法规是否可以作为参考文献，学术界可能存在一些争议。不过，从文献的基本含义来看，法律法规是规范性文件，可以属于参考文献的范畴。

总之，从原则上讲，只要所研究的文献(尤其是所引用的观点或相关内容)论述严谨，有理有据，有学术价值，就可以作为当前研究的参考文献。当然，缺乏基本依据的文献资料和信息，如网络流传的信息或某个群体的观点，在缺乏验证之前，不应作为研究的参考文献。另外，所引用的参考文献尽可能直接引用，避免间接引用。

从参考文献的年代来看，一些具有前沿性的研究问题或研究领域，需要重点以近年来最新研究文献作为参考。比如，有的学术期刊明确指出所投稿件的参考文献应以近年来的学术研究成果为主。

七、文献法是研究方法吗

当前，在教育学专业的有些学位论文写作中，研究方法部分强调使用文献法（也称"文献综述法""文献研究法""文献分析法"）。这种研究方法主要表现为在撰写文献综述时，对收集和整理的一些以往相关研究文献进行传统意义上的描述性的分析与概括，并以此作为提出研究问题的基础。在参加论文答辩时，有一些导师或学者对此提出异议。有人指出文献法不是研究方法，而有人则强调它是研究方法，持这两种观点的人甚至会发生激烈的争论。

目前在教育研究领域，有些学者认为文献法是一种研究方法，它被解释为一种收集、鉴别、整理文献，通过对文献的研究而形成对事实的科学认识的方法。文献法主要强调的是基于对文献的收集和整理进行文献综述。但是，文献法是否可以作为一种特定的研究方法提出来，这是值得商榷的。从研究方法的视角来看，文献法能称研究方法吗？对这个问题的澄清，有助于进一步明确研究方法的性质和完善教育研究方法论体系，也有助于提升培养质量。

基于对教育研究范式的分析，从思辨研究范式的视角来看，文献法具有思辨研究的特征，似乎可以视为一种研究方法。但是，从实证研究范式的视角来看，文献法显然不是一种研究方法，因为它不具有实证研究的特征，缺少系统的、规范的、具有操作性的研究方法和工具。

当前，西方教育研究方法体系强烈地表现出实证研究的特征，其背后以实证论作为哲学理念支撑，认为所有知识都源自感官经验，进而生成新的知识（Wiersma & Jurs，2004）。西方教育研究方法在传统上倾向于使用量化研究，随后质性研究的重要性逐渐受到重视，目前更倾向于把量化研究与质性研究相结合而形成的混合研究方法（Cenci，2014）。量化研究、质性研究以及混合研究方法已经成为西方教育研究方法的主流。在许多实证研究者看来，撰写传统意义上的文献综述时采用的所谓文献法或文献综述法并不是一种真正意义上的研究方法。然而，一些思辨研究者并不这样认为。

（一）文献综述与研究方法的关系

1. 关于文献综述

面对一个研究主题或问题，研究者往往从不同研究视角或基于不同理论进行探讨，众多研究之间常常存在着密不可分的联系，从而不断积累着对这一相关研究领域的"真相"的科学认识。经过一定时期的研究积累，相关研究主题必然不断形成一定数量的以往研究文献，这也促使相关研究领域逐渐形成丰富的知识体系，并为后续研究奠定了基础。

因此，每一位研究者在针对一个研究主题或问题开展一项新的研究时，不可避免地要阅读以往研究文献，并以此作为新研究的基础。研究者往往需要收集、整理大量以往研究文献，并分析、综合与新研究相关的信息，据此为提出新研究问题做准备。尤其针对一些有价值的热点研究问题，所形成的以往研究文献更为丰富，文献综述更是不可避免。正如牛顿所言："如果说我看得更远，那是因为我站在巨人的肩膀上。"因此，一篇学位论文的文献综述往往体现着以往众多研究者的努力和成果。

具体而言，文献综述是一种对已取得的研究成果或研究文献进行的"再研究"，属于"元研究"，即"研究之研究"的范畴(李枭鹰，2011)。文献综述是对以往与研究主题有关的研究文献的综合概述，它向人们展示这个研究的进展，从而为提出一个新的研究做准备。文献综述在教育研究中具有重要价值，它是科学研究活动的重要组成部分。综合概括与研究主题有关的以往研究文献，不仅展示出研究者对相关研究主题的文献有良好的认识和掌控，还体现着研究者对相关研究领域的深刻的理解和领会。它有助于研究者充分了解以往研究的进展与不足，在新旧研究之间建立起联系，从而更加科学合理地开展新的研究。一般而言，学习和掌握已有研究成果，有效地撰写文献综述是开启一个新研究的关键。良好的文献综述通过对广泛研究文献的探讨，聚焦到研究者想探讨的研究问题上，讨论和发现新的研究问题，说明为什么要进行新的研究，为明确一个新研究的研究目的和研究方法提供依据(Denney & Tewksbury，2013)。

可见，文献综述往往是教育学学位论文研究的组成部分，但是，它与研究方法属于不同性质的概念，文献综述不能简单地等同于研究方法。如何撰写文献综述，要服从于研究的主题和方法论。虽然从思辨研究的视角来看，文献法或文献综述法具有思辨研究的性质，但是，它是否能被称为一种具体的研究方法，仍值得商榷。

2. 文献法不是研究方法

通过对研究方法的特征分析我们可见，对于教育学学位论文而言，撰写文献综述是学位论文非常重要的基础工作，文献综述是为一个研究使用相应的研究方法做准备或铺垫的，是一个研究的重要环节或重要组成部分。传统意义上描述性的文献综述并不具有研究方法的特征，它本身并不属于具体研究方法的范畴。

即便思辨研究者认为撰写传统意义上的文献综述就是使用了文献综述法或文献法，这种判断本身带有强烈的思辨研究性质，也存在逻辑思辨的误区，即文献综述与研究方法之间建立起来的逻辑关系存在不合理之处。文献综述是学位论文研究框架的基本内容之一，它本身并不涉及具体的研究方法。如果一篇学位论文有文献综述部分，就被称为文献法或文献综述法，这种逻辑显然存在不合理性。

因此，对于教育研究而言，不论从思辨研究的视角，还是实证研究的视角，文献法或文献综述法的说法都是很难成立的。文献综述本身不是研究方法，撰写文献综述时所涉及的具体方法才是研究方法。这种所谓研究方法无论对思辨研究还是对实证研究来说，都不具有特殊性，而且文献法这种说法过于模糊，不够科学严谨。况且，对于一篇学位论文而言，不论作者扛着实证研究的大旗，还是走思辨研究的道路，学位论文的目的往往不仅仅在于撰写文献综述，因此不必强调自己的研究使用了所谓文献法。

当然，如果一篇学位论文采用科学、系统、独特的方法来撰写文献综述，那么这种方法就可以被称为研究方法，这种撰写文献综述的方法就涉及具体的研究方法。比如，在社会研究方法体系中，文献研究作为独立的研究方式主要是利用二手资料进行分析，文献研究的具体方法主要有内容分析法、二次分析法(元分析法)、统计资料分析法等(仇立平，2008)。在教育研究领域，有针对文献综述的研究方法，它探讨以往研究文献的特点，对文献进行科学、系统、独特地分析综合与归纳概括，并服务于研究目的。不过，这种情况下所使用的研究方法并不被称为文献法或文献综述法，而被称为研究整合法。元分析法是研究整合法中最常见的研究方法。

(二)研究整合法：一种文献综述的策略

1. 关于研究整合法

在西方教育研究领域，人们提倡一种更为科学、严谨地综述已有研究文献的方法，即研究整合法(research synthesis methods)。它是对以往研究文献本身进行系统研究的独特方法。

有研究者(Sheble，2014)指出，研究整合法是一种基于文献资料的实证研究方法，对以往的研究报告进行系统分析，以生成新的知识或解释。它包括拟订研究问题，检索相关文献，评价、分析、综合数据资料，并解释研究结果等。研究整合法不同于传统意义上的文献综述，它强调研究要有系统的、明确的文献收集，检索与筛选的方法，这意味着研究者对文献资料的全面收集、组织与管理，影响着研究者对文献资料的需求和期待。

研究整合法对分析、综述已有研究文献具有重要作用。它不仅有助于全面整体地、更为完善地认识已有研究文献，以建立新旧科学知识的联系，而且也有助于拓展已有研究的范围。此外，研究整合法之所以重要，还因为它有助于人们认识已有研究的共识和冲突，尤其针对相同的研究主题，使用类似的研究设计而出现矛盾的研究结果时，研究整合法有助于分析成因(Chan & Arvey，2012)。对于教育科学而言，与人的行为相关的研究情境更为复杂，许多干扰因素难以排除，一些自相矛盾的教育研究结果也备受质疑。而且每个研究在时间、样本、情境方面都具有特殊性，每一个独立的研究难以帮助人们基于研究结果做出决策，这时研究整合法就具有重要意义。这样看来，在教育研究领域提倡研究整合法，有助于整合以往研究结果，并对研究结果的多样性和矛盾之处做出解释(Üstün & Eryılmaz，2014)。

研究整合法强调实证研究的理念和方法，更注重以往研究者的研究事实，而不是研究者的经验或观点。研究整合法受到越来越多的关注和探讨，人们更倾向于认为它是有效的文献综述的研究方法。它更为客观、清晰地呈现研究现状，更能反映相关研究领域的主要问题。研究整合法的不足在于，它需要有充足的时间和文献资源来实施这种方法，需要长期的实证研究及后续分析的积累。此外，一些研究整合法的具体方法(如元分析法)常常被认为在分析技术上过于复杂，因此对研究者和阅读者都可能具有挑战性。

概括而言，研究整合法是运用特定的研究工具或手段对以往研究文献进行系统分析的研究方法。从本质上讲，研究整合法之所以被称为研究方法，是因为它包括一系列科学的、系统的、特殊的研究方法。研究整合法强调发挥方法上的优势，尤其是统计方法的运用，并使用系统分析技术对文献进行整合和综述。在研究整合法的一系列具体研究方法中，元分析法受到非常广泛的关注。

2. 关于元分析法

元分析(meta-analysis)是研究整合法中最有效的一种研究方法，在教育科学研究中受到推崇。一些研究者把元分析界定为一种研究方法，而另一些人更倾向于把它视为一种研究整合法的统计分析方法和技术，也有学者甚至把元分析作为研究整合法的同义语。有研究者(Üstün & Eryılmaz，2014)认为元分析在变量编码等研究环节具有其独特性，它不仅仅是一种统计技术，也是一种研究方法，甚至元分析可以等同于研究整合法，旨在定量地整合相关研究主题的已有研究结果，从而确定这个研究主题的研究现状。

元分析有一套量化的统计方法，可以用来综合大量的研究数据和资料。元分析并不对以往研究结果做预判，而是整体地看待以往研究结果，目的在于得出有意义的推论。格拉斯(Glass，1982)指出，元分析的主要优点在于这种研究方法具有规范或标准，在分析已有研究结果的过程中，能够对以往研究整合的每一步进行清晰的报告，以便公开接受审查和重复验证；而且，元分析可以针对大量研究文献，以一种更有效、更细致的方式对大量以往研究文献进行有组织的分析与概括，从而有助于发现已有研究的效用和相互关系。

罗森塔尔和迪马特奥(Rosenthal & DiMatteo，2001)强调元分析是一种系统的研究整合法，它有着细致的研究步骤，而不仅仅是一种统计分析技术。元分析的基本步骤包括：①明确界定自变量和因变量等相关研究变量；②以系统的方式收集和选取已有研究文献，并仔细阅读每一篇文献；③借助图表或显著性检验(如卡方检验)来考查所获得文献的研究结果及差异，并谨慎解释这些差异；④使用加权平均数等集中趋势统计方法，对所获得的研究文献进行整合；⑤考查集中趋势指标的显著性水平，对所得出的平均效应值的重要性做出评价。概括而言，元分析法的主要步骤是界定研究问题，检索收集文献，对研究结果进行编码，确定共同的测量指标，对已有研究结果进行统计分析等。

(三)对撰写学位论文的建议

1. 提升文献综述的思辨水平

当前教育学专业学位论文的文献综述的撰写方式大多属于思辨研究的范畴，这无可厚非。思辨研究范式与实证研究范式并不冲突，教育研究范式应提倡多元化及各种研究范式的相互支持，共同发展。思辨研究与实证研究基于"应然"与"实然"不同视角来考查研究主题，一些通过思辨研究方法来探讨的问题难以通过实证研究方法来解决，思辨研究方法有助于全面评估实证研究，审视研究方法、概念、理论、反思和观点，教育研究经常需要综合使用实证与思辨的研究方法(Golding，2013)。在教育研究中，实证和思辨两种基本方法是互相渗透的，理论在很大程度上决定观察者的解释(袁征，2014)。教育研究方法既需要基于"应然"对教育现状及其理论发展的严谨思辨，也需要基于"实然"对教育规律及特点开展广泛深入的实证研究。教育研究不仅要充分关注价值判断的取向，也要充分强调事实判断的取向。

当前，我国教育学专业学位论文的文献综述大多以思辨方式撰写，传统意义上的文献综述往往是对以往文献进行逻辑思辨分析。但是，我国教育学专业学位论文中的文献综述质量令人质疑。张斌贤和李曙光(2015)针对我国教育学专业博士研究生学位论文指出，文献综述主要存在的突出问题有：①文献综述流于形式，罗列文献，缺乏实质的综述；②参考的文献数量不够充分，大部分学位论文文献综述在全文中的比例在10%以下，文献来源单一，文献本身的质量或来源缺乏精心选择；③文献综述质量不高，缺乏对文献的深度阅读和分析，难以对相关主题的已有研究状况进行深入分析和总结，因而不能清晰地说明自己的研究与前人研究之间的关系，学位论文难以在前人已有研究的基础上推进，难以形成具有新意的成果；④文献综述结构不合理，写作不够规范。

因此，针对学生的学位论文及其学术素养的培养，应提高撰写文献综述的思辨研究水平，加强对已有文献的逻辑分析与概括的训练。

2. 重视文献综述的实证方法

从当前教育研究论文所使用的研究范式来看，有研究通过分析我国教育学术期刊发表论文情况，指出思辨研究仍然是我国教育研究领域的主要方法，量化研究比例很小，呈现逐年略有上升的趋势(姚计海，王喜雪，2013)。当前在我国教育研究方法体系中，实证研究方法越来越受到关注，处于不断发展壮大中。对于教育学专业的学位论文而言，实证研究及其方法普遍受到重视，更强调通过客观的、可证实的、可重复的实证方法来探讨学位论文所研究的问题。对于文献综述而言，传统描述性的文献综述往往很难消除读者的种种疑问，研究者可能会在主观上为了确保研究逻辑的一致性，突出某种研究结论，而回避既有研究中一些重要文献，进而丢掉科学研究的客观公正性(崔智敏，宁泽逵，2010)。

因此，基于实证研究的理念与方法来撰写文献综述，有助于提升文献综述的质量，也会更令人信服。元分析等研究整合法作为基于实证研究的量化分析方法，对文献综述的发展具有重要意义。如果一篇学位论文要提升对以往研究文献分析的质量，那么采用元分析等研究整合法有助于撰写更为客观、严谨的文献综述。

当然，一篇学位论文是否采用元分析等研究整合法来撰写文献综述，要依据研究的目的。只要一篇基于实证理念的学位论文能够服务于研究目的，作者完全可以以传统的思辨方式来撰写文献综述，进而在此基础上针对相关变量开展实证研究。事实上，一些学位论文的研究主题并不以探讨以往研究文献为目的，文献综述是研究的基础过程，而不是研究的目的，不一定要采用元分析等研究整合法来撰写文献综述。一个研究采用何种研究方法来撰写文献综述，最为关键的是这种方法要服务于研究目的。如果一篇学位论文不以研究整合法或元分析法等实证方式来进行文献分析，就不能实现研究目的，那么使用这种研究方法就不可或缺。

元分析作为一种量化的研究整合法在西方教育研究领域不断流行起来。毛良斌和郑全全(2005)指出，元分析对以往研究文献的数量和质量有一定的基本要求，它需要相关研究领域前期积累大量的研究文献。由于我国某些教育研究领域的实证研究文献积累有限，元分析等研究整合法的应用可能受到限制，因此，我们需要不断努力开展丰富的教育研究来加以突破。

从教育研究方法的发展来看，通过研究整合法(如元分析法)等实证研究方式进行的文献综述，对提升教育学学位论文质量和促进教育研究发展具有重要价值。

第四章 问题提出与研究意义

在教育量化研究论文中，问题提出部分通常是阐明与研究变量紧密相关的具体研究问题是如何提出来的，即是什么因素或原因导致对当前研究问题进行探讨。在撰写问题提出之后，通常进一步会阐释研究意义。研究意义是说明探讨这个研究问题的意义或价值，即这个研究将会给相关领域的理论与实践带来什么。一般而言，研究意义从理论意义和实践意义两个层面论述。

第一节 问题提出

在选定了研究主题或题目，并针对相关研究主题撰写文献综述的基础上，可以更充分地提出当前研究准备解决的问题，即问题提出。问题提出的重点在于回答研究问题是如何提出来的，即这个研究问题从何而来，什么原因导致要探讨当前的研究问题。

在量化研究中，问题提出是论证研究问题是如何确定的，涉及研究问题相关的具体研究变量。问题提出与确定研究题目（选题）有类似之处，但确定选题时所探讨的变量往往较为概括，并不清晰与明确，在选题过程中，有时还会对变量及变量之间的关系进行调整和修改。而问题提出则是对当前研究问题如何提出进行清晰明确的说明。简单而言，问题提出就是说明这个研究为什么要探讨这个变量或这几个变量，说明探讨这些研究变量的依据是什么。

正如爱因斯坦所指出的，提出一个问题往往比解决一个问题更重要，因为解决一个问题也许仅是一个数学上的或是实验上的技能而已，而提出新的问题、新的可能性，从新的角度去看旧的问题，却需要有创造性的想象力，而且标志着科学的真正进步。这一观点强调了提出问题的重要性。当然，解决问题也非常重要。不过，提出问题对开展科学研究而言更具有开创性、基础性的意义。那么，如何提出研究问题？

一、基于理论依据提出问题

不同于前文所指出的，"研究选题来自理论"，这里的"理论"强调提出具体研究变量所涉及的具体理论及相关研究文献。因此，围绕研究变量所展开的文献综述就是问题提出的依据。一个研究的文献综述撰写得越充分，越有助于从理论研究的视角提出问题。

比如，某研究探讨"班主任工作动机"。该研究是出于班主任缺乏工作动机而希望对这一问题进行研究，其背后往往隐含着相关的研究理论。比如，通过对相关理论研究文献的梳理我们发现，提升班主任工作动机对学生及班级管理的有效性有着至关重要的作用，而且还有相关的动机理论明确指出，内在动机对人的行为的有效性和持久性具有重要作用，基于此，探讨班主任工作动机就有了理论依据。

已有相关理论存在不足，或理论之间有冲突，往往会引发人们的认知冲突。比如，某个研究探讨教师领导力，其问题提出的理论依据之一正是关于教师领导力的丰富多样却又充满矛盾的理论研究，而且这些理论研究对教师领导力的内涵缺乏明确又深刻的揭示。于是，在对相关理论研究的论证中找到相关依据，就成为问题提出的理论依据。

具体而言，问题提出的理论依据主要关注以下内容：
(1)基于以往理论研究的不足或不合理之处提出研究问题；
(2)基于以往研究中被忽视的研究内容或研究变量提出研究问题；
(3)基于理论研究与现实中的矛盾冲突而提出研究问题；
(4)基于各种理论研究的观点或结论之间的矛盾之处来提出研究问题；
(5)基于对研究变量的特点、关系和规律进行深入探索的必要性而提出研究问题；
(6)基于对相关学科或研究领域的理论研究的借鉴意义而提出研究问题。

二、基于实践依据提出问题

在前文中关于"研究题目或主题"的探讨，也强调"研究问题来自实践"，那主要是从广义上强调实践对确定研究问题的重要性。与前述不同的是，这里探讨的问题提出的实践依据是从狭义而言强调针对某个具体变量而开展研究时，可以基于具体的实践经验或经历来提出具体的研究问题。

对于教育量化研究而言，涉及具体研究变量的研究问题应有其实践依据，往往来自教育实践活动的现实需要。

比如，某研究探讨"中小学班主任工作动机"，如果研究者曾经有担任过中小学班主任的工作经历，那么他之所以研究班主任的工作动机，很可能是因为在中小学教育实践领域，亲身经历或感受过班主任的工作动机存在的问题。即使研究者没有中小学班主任的工作经历，但是如果研究者在中小学参加相关实践的过程中，在与班主任沟通交流中，发现许多班主任表现出缺乏工作动机的情况，尤其是缺乏从事班主任工作的内在动机，那么这个研究问题就有它具体的实践依据。因此，从实践角度来看，研究者也有相应的现实理由来探讨班主任工作动机的特点，并考查影响班主任工作动机的相关因素，为提升班主任工作动机这一研究问题提供实践依据。

因此，对于有着丰富实践经验的研究者而言，实践依据有助于他们提出研究问题，实践依据是他们开展相关研究的优势。比如，在高校招生体系中主要针对幼儿园、小学及中学的一线教师而招生的专业硕士生和专业博士生(专业学位①)就具有丰富的实践经验，这非常有助于他们基于实践依据而提出相关的研究问题。而学术型硕士生和学术型博士生大多没有实践领域的工作经历，缺乏实践经验，因此，在学位论文中论证问题提出的时候，则更需要充分说明研究的理论依据。

具体而言，问题提出的实践依据主要关注以下内容：
(1)基于亲身经历的实践经验而提出研究问题；

---

① 专业学位(professional degree)与学术型学位(academic degree)相对应。学术型学位以学术研究为导向，偏重理论和学术研究的培养与训练；专业学位(硕士与博士)以专业实践为导向，重视职业实践和应用研究的培养与训练。

(2)基于研究变量在实践领域中的矛盾之处而提出研究问题；

(3)基于实践与理论研究或观点之间的冲突而提出研究问题；

(4)基于改变实际状况或促进现实不断改进所具有的价值或意义而提出研究问题；

(5)基于相关理论运用于实践领域的过程中遇到的困难或理论难以解释实践活动而提出研究问题；

(6)基于现实状况与发展期望或需求之间的矛盾而提出研究问题。

【拓展思考】

先写问题提出，还是先写文献综述

有的量化研究的学位论文把文献综述置于问题提出之后，即先呈现问题提出部分，明确指出探讨相关研究问题的理由，然后再呈现文献综述部分，这种先后呈现的方式是否合理呢？

从整体格式来看，量化研究论文在格式上有着较为严格的规范，但对问题提出与文献综述谁先谁后的问题并没有定论，也没有绝对统一的规定格式。对此，不同研究领域、不同的学科可能有不同的看法。有些研究者认为应先呈现问题提出，再呈现文献综述。

但是，从逻辑关系来看，先呈现文献综述，后呈现问题提出，这样更为合理，即通过对以往研究文献的综述，在以往研究的基础上，才能更好地提出当前准备探讨的研究问题，反之则不然。

第二节 研究意义

研究意义的含义非常丰富，对学术研究而言，研究意义反映着这个研究的作用和价值。换言之，研究意义是对开展这个研究能带来什么积极的成果或效果的预判和期待。人类的各种活动总是追求某种意义，意义体现着人对自身行为及活动合理性的解释，也体现着人对事物发展价值的认识与思考。

开展量化研究，有必要说明其研究意义。研究意义要建立在充分论证的基础上，并能经得起推敲。研究者大量阅读相关研究文献，做好文献综述，有助于发掘研究意义之所在。

而且，研究意义也是对问题提出的回应。研究意义是对问题提出的理论依据与实践依据的进一步阐释。通常在呈现问题提出之后，进一步阐明这个研究的作用和价值。

在实施研究之前，对研究意义进行充分的说明和论证，有助于研究的监督者和指导者理解研究的价值，也有助于研究的参与者和实施者增强研究的信心与动力，进而有助于研究顺利开展并取得积极的研究成果。对教育量化研究的研究意义通常从理论意义与实践意义两个层面阐述。

一、理论意义

理论意义是从理论层面阐述研究的作用和价值。理论意义主要对以下问题做出解释和说明：

(1)通过开展这个研究,能取得什么新的、有价值的研究成果?
(2)这些研究成果将会对研究变量所涉及的研究领域在理论上增添什么新的观点或内容?
(3)这个研究对当前的研究理论能做出什么改进或完善?
(4)这个研究是否能提出新的理论,或对提出新的理论有什么帮助?
(5)这个研究可以对已有的理论做出哪些验证或提出哪些新的证据?

比如,对于"班主任工作动机"的研究而言,其理论意义可以表述为:"班主任工作动机的研究,有助于认识和理解班主任工作动机的一般特点,明确班主任工作动机及其相关变量相互作用的结构关系,进而为建构班主任专业发展相关理论提供支持。"

在相关教育领域开展具体的研究,提出新的研究观点或建立新的研究理论,这是众多研究者所期盼的。但是,一般情况下,仅实施一个研究,很难建立一种新的理论。因此,新的理论的提出往往需要众多研究者的不断努力。随着相关领域的研究不断丰富和深入,就有可能提出新的理论。在这一过程中,每一个研究都有可能为学术理论的"大厦"增砖添瓦,对理论的建立起到或大或小的促进作用。这也是每一个研究的理论意义所在。

二、实践意义

一般而言,教育研究的根本目的在于为教育实践服务,解决教育实践中存在的问题,促进教育实践的进步。实践意义是从实践或现实层面阐述研究的作用和价值。教育研究的实践意义主要对以下问题做出解释和说明:

(1)当前这个研究对认识和理解研究所涉及被试(研究对象)的特点或现状带来哪些帮助?
(2)这个研究在实践层面上对研究对象的个体发展具有什么积极作用或促进作用?
(3)这个研究对研究对象的相关群体发展有可能带来什么积极的帮助或改进?
(4)这个研究给研究对象所在的学校或社区可能带来怎样的社会价值?
(5)这个研究所取得的研究结果在其他相关实践领域具有怎样的推广作用?

比如,对于"班主任工作动机"的研究而言,其研究的实践意义可以表述为:班主任工作动机的研究,有助于学校管理者认识和理解工作动机的特点和规律,了解班主任工作动机的相关影响因素及作用机制,有助于学校管理者不仅重视班主任工作外在动机的培养,更要注重激发班主任工作的内在动机,同时,也有助于班主任重视自身工作动机在学生及班级管理过程中的重要作用,从而提升班级管理效率,有效促进班级建设和学生全面发展。

第五章 研究目的、研究内容与研究假设

在量化研究中，研究设计具有举足轻重的作用。如果说文献综述与问题提出主要回答的是"为什么要做这个研究"，那么研究设计就是主要回答"如何做这个研究"。研究设计要在操作层面上阐明这个研究如何能够顺利实施。

对学位论文而言，在研究设计中，一般首先要对研究目的和研究内容进行明确的概括，其次对研究假设的提出进行论证，最后重点对研究方法做出具体说明。研究方法是研究设计的重要组成部分，主要涉及选取研究对象的取样方法、收集数据的方法（如问卷法或量表法）及分析数据的方法（如相关分析、差异分析、回归分析等）。这一章主要介绍研究目的、研究内容与研究假设。

第一节 研究目的

一、宏观研究目的

宏观而言，教育量化研究是为了探讨教育现象的一般特点及发展规律。教育研究的目的一般为了实现四个层次，这也反映着教育研究的四种水平：描述、解释、预测、控制与改进。

（一）描述

教育研究的基本目的是描述教育现象的特点、现状及存在的问题。在量化研究中，研究者常常使用平均数（M）与标准差（SD）等统计指标来描述研究变量的集中趋势与离散趋势等基本特征，使用相关系数（r）来描述不同的研究变量之间是否存在显著的关系。

有时，量化研究使用百分数（%）就可以清晰地描述变量的特征。比如，某个研究考查大学生对学校图书馆的满意度。研究通过问卷调查发现：51%表示"满意"，49%表示"不满意"，那么这个百分数就非常有助于研究者描述大学生对图书馆的满意度现状，而且通过对百分数进行卡方检验，可以进一步描述满意与不满意的比例是否存在显著差异。

如果对满意的期待值或理论值假设为90%，即有90%的研究对象认为满意，才可以认为图书馆是令人满意的，那么调查发现的百分数51%"满意"与49%"不满意"就很可能存在统计意义上极为显著的差异，这就意味着大学生对图书馆不满意。

（二）解释

解释比描述难度可能要大一些。解释是对教育现象如何产生、为什么产生的探索和说明。对量化研究而言，解释往往是说明变量与变量之间相互作用的因果关系，通常要确定自变量与因变量，反映什么原因导致变量可能会影响结果变量，并有可能形

成相关的研究观点或理论。

比如，研究发现二氧化碳排放与地球变暖之间密切相关，但是两者的因果关系有待进一步研究探索。目前，主流观点认为二氧化碳排放是地球变暖的原因变量。基于这种理论，世界各国就应努力减少二氧化碳排放。但也有观点认为地球变暖才是二氧化碳排放的原因变量。基于这种理论，就不一定要减少二氧化碳排放，而需要继续探索地球变暖的真正原因，进一步深入研究两者的因果关系。

真正解释变量之间的因果关系往往需要通过纵向追踪的因果研究。对教育量化研究而言，纵向研究的实施难度较大，因此在横向研究中往往把研究变量人为地设定为自变量和因变量，采用回归分析来试图解释自变量与因变量之间的因果关系，但是这种对因果关系的解释往往值得商榷，有待进一步验证。

(三) 预测

预测比解释更具有研究难度。如果说解释反映的是变量之间因果关系的可能性，那么预测则反映这种因果关系的现实性。预测往往建立在对事物描述和解释的基础之上，是通过开展研究对未来发展的事情的预见或预判。比如，对某种病毒产生及其影响机制的研究就属于解释性研究，而为防治这种病毒进行的疫苗实验就属于预测性研究。

在量化研究中，确定变量之间的因果关系，才有助于基于这种理论对变量的发展进行预测。对教育量化研究而言，由于研究情境和研究对象的复杂性，预测往往具有较高的难度。因此，教育研究应注重对变量之间因果关系的探讨，加强对因果研究设计的重视，努力提升研究的预测性。比如，如果能通过全国范围的纵向追踪的实验研究证明中小学的小班额(如每班20人)教学是促进学生全面发展的重要影响因素或真正原因，即只要开展小班额教学，学生就一定能全面发展(当然，这里假定学生"全面发展"所涉及的具体指标或变量是明确的，可监测的)，那么就可以在全国范围推广小班额教学。

(四) 控制与改进

研究的终极目的在于认识和改造事物，促进事物更好地发展。控制与改进往往是研究最终希望实现的目的，通过研究改变现实情境中的相关变量。比如，针对相关的病毒进行疫苗实验属于预测性研究，那么当疫苗研制成功进入疫苗接种阶段，这时开展相关研究以考查这种疫苗对接种人群的有效性，就是为了实现研究的控制与改进这一目的。如果研究发现疫苗的有效性很高，则有助于疫苗进一步推广，而如果研究发现疫苗接种存在问题或不足，就要即时调控和修正。

对于教育量化研究而言，通过研究以控制与改进教育现状往往是研究者共同的追求。这需要教育领域关注实证研究，不断提高研究水平，做好对相关变量的描述、解释与预测性的研究，从而为控制与改进奠定基础。

以上说明的是教育研究宏观层面的目的。然而，对于一个具体的教育研究而言，其研究目的往往表现于微观层面，即当前研究将围绕所研究的变量达到的结果状态。当然，这一微观层面的研究目的也可归属于宏观层面的研究目的。因此，从微观层面而言，不同的研究有着不同的研究目的。这种微观层面的研究目的需要在学位论文或研究论文中明确阐述。

二、微观研究目的

微观研究目的是指围绕相关变量开展某个具体研究的研究目的。通常，一个研究的目的往往最简洁地体现于研究题目中，但是，研究题目受字数限制，其表述往往是对研究目的和研究内容的高度概括，需要在研究设计中对研究目的充分说明。相对于研究题目而言，研究目的更为具体化，可以理解为研究目的是对研究题目的具体表述。反过来，研究题目可以理解为是对研究目的更为概括的表述。

研究目的是研究者针对研究内容或研究问题探讨之后期待达到的目标状态，即概括说明这个研究要实现什么。换言之，研究目的要概括地说明研究希望达到怎样的结果状态。量化研究论文要阐述研究目的，主要是对所提出的研究问题及变量之间的关系的研究假设进行概括而简洁的说明，以使研究者自身围绕研究目的开展研究，也有助于读者明确理解研究目的。

在学位论文与期刊论文中，研究目的表述有所不同。在学位论文中，研究目的通常在研究设计部分明确呈现。在期刊论文中，由于论文篇幅和版面的限制，研究目的通常在论文之初的文献综述与问题提出部分呈现。[①]

三、研究目的的特点

(一)研究目的表明研究的方式、方法

对于具体的量化研究而言，研究目的对研究所使用的方式、方法有所体现，并概括说明。比如，一篇学位论文的题目是《中学教师职业倦怠与离职倾向的关系研究》，其研究目的可以陈述为："本研究基于实证研究相关理论，通过问卷调研，分析中学教师职业倦怠与离职倾向之间的相关关系，探讨教师职业倦怠对其离职倾向的预测作用。"可以看出，这一研究目的体现着该研究的量化研究的理念与方法，而且可以看出该研究不仅考查变量之间的相关关系，也考查变量之间的回归关系。

而且，有些研究目的可以通过说明分析数据的方法，使读者理解其研究范式或方式，因此在上面的举例中，其研究目的也可以不点明实证研究，通过相关分析与回归分析的说明，人们也可以清晰地了解这是一个实证研究，也可以更具体地了解这是一个量化研究。

(二)研究目的点明研究所涉及的变量

对于量化研究而言，研究变量通常直接呈现于研究题目中。但是，有些量化研究所涉及的变量较多，很难在研究题目中都呈现，因此就需要在研究目的中具体呈现所有研究变量，以使读者对当前研究的目的有更清晰的了解。

比如，一篇学位论文的题目是《中学教师职业倦怠与离职倾向的关系：一个中介与调节的模型》，显然这个研究题目没有清晰呈现中介变量与调节变量是什么。因此，

---

① 学术期刊发表的量化研究论文最初部分标题往往简称为问题提出，它实际上包含了文献综述、问题提出、研究目的、研究内容及研究假设等内容，在英文论文中这部分有不同的表述，有的被称为引论(Introduction)，也有的被称为理论与假设(Theory and Hopithesis)等。

其研究目的可以陈述为："本研究分析中学教师职业倦怠与离职倾向之间的相关关系，探讨教师职业倦怠对其离职倾向的预测作用，进一步考查教师工作满意度在职业倦怠与离职倾向之间的中介作用，并考查领导风格在职业倦怠与离职倾向之间的调节作用。"该研究目的对研究题目中所高度概括的中介作用与调节作用所涉及的变量都进行了具体说明，明确指出该研究探讨职业倦怠与离职倾向的关系，还涉及两个重要变量：工作满意度和领导风格。

(三)研究目的明确指出研究对象

在量化研究论文中，有时研究题目的字数不能过多，由于研究题目字数的限制，有的研究题目就省略了研究对象。在这种情况下，就需要在研究目的中明确说明研究所涉及的具体研究对象。比如，一篇学位论文为了保持研究题目的高度概括性，而省略了"中小学"，研究题目是《教师职业倦怠与离职倾向的关系：工作满意度的中介作用与领导风格的调节作用》。其中省略的"中小学"就应在研究目的中进行陈述，明确指出本研究中的"教师"指的是"中小学教师"，并具体说明研究问题，以帮助读者更好地理解研究目的。

从表 5-1 研究题目与研究目的对比中，我们可以看出研究目的中重点说明的内容。

表 5-1 研究题目与研究目的对比

序号	研究论文的题目	研究目的中重点说明的内容
1	中小学教师职业倦怠与离职倾向的关系研究	"实证研究""问卷调研""相关关系""预测作用"
2	中小学教师职业倦怠与离职倾向的关系：一个中介与调节的模型	1."实证研究""问卷调研""相关关系""预测作用" 2."教师工作满意度的中介作用""领导风格的调节作用"
3	教师职业倦怠与离职倾向的关系：工作满意度的中介作用与领导风格的调节作用	1."实证研究""问卷调研""相关关系""预测作用" 2."教师工作满意度的中介作用""领导风格的调节作用" 3."中小学"

值得注意的是，有的学位论文涉及多个子研究，因此，不仅需要明确介绍总的研究目的，而且需要进一步介绍每个子研究的研究目的。

第二节 研究内容

一、什么是研究内容

研究内容是对研究目的进一步详细具体的说明，主要说明围绕研究目的将开展哪些具体的研究，解决哪些研究问题。简单而言，研究内容反映出研究针对相关变量所探讨的各种具体组成部分及关系的总和。

具体来看，研究内容从不同研究对象、不同研究活动、不同时间进展及不同研究阶段等层面对研究目的进行细化和具体化，以更清晰地呈现这个研究具体要探讨什么。

二、研究内容的特点

研究内容是对研究目的的扩展，并服务于研究目的。比如，某个量化研究的题目是《教师职业倦怠与离职倾向的关系：工作满意度的中介作用与领导风格的调节作用》。其研究内容可以具体表述如下。

(1) 基于相关理论，结合中小学教师专业发展的实际情况，对职业倦怠、离职倾向、工作满意度和领导风格等相关研究变量所涉及的量表进行修订，并进行信度与效度检验。

(2) 考查教师职业倦怠与其离职倾向之间的相关关系，分析教师职业倦怠对其离职倾向的预测作用。

(3) 建立四个变量研究假设，通过结构方程模型，探讨教师工作满意度在职业倦怠与离职倾向之间的中介作用，并探讨领导风格在教师职业倦怠与离职倾向之间的调节作用。

不过，对于一些较为简单的研究问题，其研究目的和研究内容的表述也可以较为简洁。在这种情况下，研究内容可以整合于研究目的之中，在研究论文中只明确呈现研究目的。当然，随着教育量化研究水平的不断提升，学位论文所探讨的变量越来越多，相应的研究设计也越发复杂，因此，在研究设计中，研究目的与研究内容往往需要分别陈述。

第三节 研究假设

一、什么是研究假设

在量化研究中，研究假设是一个具有特定含义的概念。研究假设不同于生活中人们头脑中对事物的假定、猜测、设想等，这些概念虽然都与假设这一概念有相似之处，但是研究假设不是语言逻辑层面的概念，而是统计学意义上的概念。

研究假设(research hypothesis)是与虚无假设或零假设(null hypothesis)相对应的概念。在进行统计推论时，往往通过推翻一个虚无假设，证明虚无假设不成立，而反过来意味着研究假设是成立的。从逻辑上看，对研究假设的论证是一种反证法。正如统计学家费舍尔(R. A. Fisher)所指出的，每一个实验的存在，仅仅是为了给事实一个反驳虚无假设的机会。事实上这种反证法正是科学研究的一个重要特点(张厚粲，徐建平，2009)。

在量化研究中，研究假设是与统计学意义上的虚无假设或零假设相对的概念，它意味着对变量的数据要进行显著性检验或假设检验，以验证研究假设是否成立。因此，如果一个研究不存在虚无假设，就不会有相应的研究假设。

具体而言，在统计学意义上，研究假设这一概念来自假设检验，即考查样本统计量与总体参数之间是否存在显著性差异，或考查样本统计量之间在相应的统计指标上是否存在显著性差异。研究假设是专指使用统计学术语对总体参数的假定性说明(白玉，2019)。

比如，某个研究希望证实变量的样本统计值与总体参数之间达到了显著差异水平，这就需要针对变量之间的关系建立研究假设。如果有多个研究假设，可标记为

H_1、H_2、H_3 等。然而，在统计学中通常难以对研究假设（H_1）的真实性进行直接验证，因此需要建立与之对立的虚无假设，也称零假设或原假设（H_0）。运用统计方法，如果能证明 H_0 为真，则意味着 H_1 为假；反之，如果能证明 H_0 为假，则意味着 H_1 为真。因此，H_1 与 H_0 是相互对立的，H_1 也被称为对立假设或备择假设（alternative hypothesis）。

在一个研究中，研究假设 H_1 通常是研究希望证实的假设。比如，某量化研究探讨"中学生自我概念与心理健康的关系"，其研究假设往往证明"自我概念"与"心理健康"相关研究变量在统计上存在显著差异，而虚无假设 H_0 则意味着这些变量在统计上没有显著差异。虚无假设常常作为统计推论的出发点，在假设检验的过程中，通过拒绝或接受虚无假设 H_0，对研究假设 H_1 做出判断。

从以下典型的一个中介作用的研究假设模型中，我们可以进一步了解研究假设的特征。这个中介作用假设模型涉及三个变量：X 是自变量，Y 是因变量，M 是中介变量，包括三个具体的研究假设。研究假设（与虚无假设对立）是为了考查或分析 X、Y、M 变量之间平均数差异、相关关系或回归系数等方面的显著性而做出的推测性假设。这种统计意义上的显著性特征往往是研究假设希望证实的。

如图 5-1 所示，研究假设反映出变量之间存在关联的显著性及变量之间显著作用的方向。在整个中介模型研究假设中，具体而言包括如下三个研究假设。

H_1：X（自变量）对 Y（因变量）具有显著的相关性和预测作用；

H_2：X（自变量）对 M（中介变量）具有显著的相关性和预测作用（在这个 H_2 研究假设中，M 变量也作为因变量，受 X 变量的影响）；

H_3：M（中介变量）对 Y（因变量）具有显著的相关性和预测作用（在这个 H_3 研究假设中，M 变量也作为自变量作用于 Y 变量）。

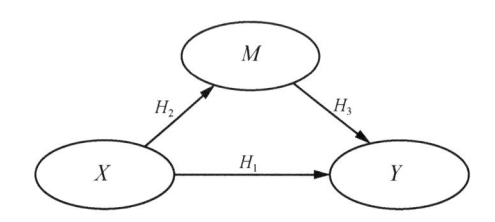

图 5-1　中介作用的研究假设模型

对于教育研究而言，并不是所有的研究类型都需要建立研究假设。比如，基于理论思辨或经验思辨开展的研究就不需要研究假设，并且描述性研究通常也不需要建立研究假设。但是，量化研究往往需要建立理论模型，通过差异检验、相关分析、回归分析、结构方程模型等统计分析方法探讨各变量之间的关联程度，从而达到验证理论模型的目的，因此，这类研究往往需要建立研究假设。

研究假设这一概念更像是量化研究的"专利"。但是，是不是所有的量化研究一定都有研究假设呢？

量化研究的基本特征在于对事物或变量的普遍性或一般发展规律的探讨，而并不是所有量化研究所探讨的一般性或普遍性都需要进行显著性检验或假设检验，以通过否定虚无假设来验证研究假设。

比如，有些量化研究基于随机取样考查相关变量，仅仅通过百分比或平均数这类简单的描述统计方式就可以反映事物发展的一般特征。这样的量化研究在数据分析上并不涉及显著性验证或假设检验，也不存在虚无假设一说，就不需要建立研究假设。因此，概括而言，不是所有的量化研究都需要建立研究假设。

当然，目前随着教育研究水平的不断提升，量化研究所涉及的研究变量、研究内容和研究方法等越来越复杂。从学术期刊论文来看，以往量化研究论文可以只针对一个或两个变量进行简单描述分析，而近年来的量化研究论文所涉及的变量的数量更多，针对研究变量所涉及的结构与层次更为多样，相应的数据收集与统计分析的方法也更为复杂，因此，大多数量化研究都会涉及变量数据分析的显著性检验，就自然需要建立相应的研究假设。

这种研究变量与研究方法越发复杂的趋势在一定程度上反映出量化研究的方法体系在不断进步，研究者对相应的研究领域的探讨也在不断深入。从期刊论文发表的角度看，探讨多变量之间复杂结构关系的量化研究更受关注。但是，在现实中，事物或变量之间不仅存在复杂的关系，也存在简单的关系。比如，单纯地存在两个变量之间简单的相关作用。因此，在量化研究领域，研究者仅探讨变量之间的简单关系，也可能具有重要的研究价值。

就研究目的而言，量化研究并不追求研究变量多么繁多，统计方法多么复杂，而追求的是能否取得普遍性的、有价值的研究结果。因此，从这个意义上来看，量化研究中的统计分析是使用最简单的统计方法，如百分数，还是使用较为复杂的统计方法，如结构方程模型（structural equation model，SEM），都可能具有研究价值。

当然，从研究的难度来看，一个使用多变量、复杂统计的量化研究往往比使用较少变量、简单统计的量化研究更具有研究难度。也许是由于研究难度更大而表现为更有研究价值，使得一些量化研究更倾向于采用越来越多的变量，并采用越来越复杂的统计分析方法。

【拓展思考】

质性研究是否有研究假设

一些研究范式（如质性研究、个案研究等）不探讨研究变量的普遍性或一般规律，这样的研究就难以提出也不必要提出研究假设。由于量化研究的研究假设是针对统计学的虚无假设而提出的，研究假设与虚无假设是相互对立存在的。质性研究并不存在虚无假设这一说法，也就不存在研究假设以及对研究假设的验证。因此，质性研究不必在其研究方法部分介绍研究假设。

如果有研究者一定要针对质性研究提出研究假设，那么可以将它理解为在逻辑推理或思维意义上的预设、假想或假定等，这与量化研究所提出的研究假设不是一回事，两者有着本质的不同。当然，为了研究的规范性，如果研究中的所谓研究假设不涉及通过差异检验而否定虚无假设，那么不应称研究假设，以免与统计意义上的研究假设相混淆。

比如，某个研究的题目是《师生关系改善小学生网络成瘾的作用：一个质性研究》，主要研究对象是某个小学的某个班级的三个网络成瘾的小学生，该研究探讨的是班主任通过与三个小学生建立平等和谐的师生关系，以此考查对小学生网络成瘾的积极影响。但该质性研究提出了研究假设："如果班主任与网络成瘾的三个学生建立起良好的师生关系，将会有效地改进这些学生的网络成瘾问题，进而有助于这些学生获得良好的发展。"这只是研究者在逻辑思维层面的设想或期待。这样的质性研究并不存在统计学意义上的研究假设。

二、建立研究假设的依据

(一)基于理论研究视角，提出研究假设

对以往大量研究文献进行文献综述有助于科学合理地提出研究假设。围绕研究问题所收集的文献资料和相关理论，以及针对研究变量的以往研究结果，都可以作为提出研究假设的重要依据。比如，在某个针对两个变量进行的量化研究中，为了确定其中两个变量（A 变量与 B 变量）之间可能的关系，就需要对以往大量研究文献进行梳理。如果发现以往研究针对不同研究对象、不同年代或不同样本数量等方面，通过相关分析发现两者显著相关，并通过回归分析发现 A 变量对 B 变量具有显著的预测作用，那么，在当前的研究中，就有更为充分的理由提出 A 变量将显著预测 B 变量的研究假设。

(二)基于实践经验视角，提出研究假设

对于当前要开展的量化研究，如果缺乏以往理论研究文献的支持来提出研究假设，那么可以考虑从实践的视角对变量之间的显著性关系做出判断。比如，根据研究者自身的工作经历、对研究对象的访谈信息、实地观察或现场参与等获得的实践经验都可以作为提出研究假设的依据。尤其对一些具有创新性的、涉及新的变量的研究，基于实践经验提出研究假设更具有重要意义。实践经验有助于激发研究者的想象力和创造力，从而提出有价值的、合理的研究假设。

三、研究假设的作用

研究假设对研究的顺利开展发挥着重要的作用。研究假设往往掺杂着研究者对相关研究问题或变量的认识、理解与思考，具有一定的推测性。当然，量化研究所提出的研究假设并不是空穴来风，研究假设的提出必须有合理的依据，从理论或实践层面提供支撑。而且，研究假设对研究变量之间相互作用特点和趋势的表述要逻辑严谨，关系明确。

(一)研究假设有助于明确研究目的和研究内容

在量化研究中，研究假设往往体现着研究目的与研究内容。研究假设服务于研究目的的实现，通过明确研究变量之间的关系，建立合理的研究假设，有助于研究目的更加具体化，也有助于研究内容更加明确。

(二)研究假设有助于明确变量之间的关系

研究假设有助于研究者基于以往相关研究及已形成的理论研究来进一步明确研究思路，坚定研究立场，明确研究变量之间的相互关系及相互作用的方向，并积极寻求各种途径验证研究假设。这样，对研究变量的探讨就可以紧密围绕着研究假设进行，

以判定研究结果及变量之间的关系是否验证了研究假设,并分析其中可能存在的问题或不足。

(三)研究假设有助于明确研究的方式与方法

研究假设对变量的关系及显著性情况有明确的说明,使研究者能根据研究假设的思路和方向来设计具体的研究方法与研究工具,以确定研究数据收集与分析的方法策略,进而有助于验证研究假设。比如,因果性的研究假设就很可能意味着研究要采用严密的实验法进行检验,而对于相关性的研究假设,则采用相关分析方法的显著性检验进行验证。因此,研究假设有助于人们理解研究的范式或方式。

四、研究假设的类型

教育量化研究所探讨的变量关系往往有三种:相关关系、预测关系和因果关系,因此,相对应的研究假设也主要有以下三种类型。

(一)相关性研究假设

相关性研究假设主要反映变量之间存在统计学意义上的显著相关关系,具体表现为显著的正相关或显著的负相关。这种研究假设通常通过相关分析并考查相关的显著性来进行验证。比如,某量化研究涉及两个研究变量"自我概念"和"师生关系",那么其研究假设可以具体表述为:"学生自我概念与师生关系存在显著的正相关,学生自我概念的提升伴随着师生关系的改善。"

(二)预测性研究假设

预测性研究假设主要反映变量之间存在统计学意义上的预测关系,即一个变量的变化很可能意味着另一个变量的变化。这种研究假设通常进行回归分析,把研究变量假定为自变量和因变量,考查其回归系数并验证显著性。比如,涉及"学生自我概念"和"师生关系"的预测性研究假设可以具体表述为:"如果学生的自我概念提升,那么师生关系也可能相应获得显著改善。学生的自我概念对其师生关系具有显著的正向预测作用。"

(三)因果性研究假设

因果性研究假设主要反映变量之间真正存在因果关系,即一个变量的变化是另一个变量变化的影响因素。这种研究假设通常需要通过设定实验组与控制组的实验研究,并对变量发展变化的显著性进行验证。比如,对涉及"学生自我概念"和"师生关系"的因果性研究假设可以具体表述为:"学生自我概念显著影响师生关系,提高学生的自我概念将导致师生关系改善。"

【拓展思考】

研究假设没有被验证怎么办

研究假设往往是研究者希望获得的研究结果。研究假设的提出具有一定的合理性,也有一定的推测性,它需要通过数据分析来验证。然而,研究所提出的假设是否得到验证是未知的,后续的研究有可能验证研究假设,也可能没有验证研究假设。如果出现研究假设没有被验证的情况,该如何处理呢?

有时，研究假设没有如研究者所愿被得以验证，这在研究过程中是很正常的情况。试想，如果所提出的研究假设都一定能被后续研究加以验证，研究假设的验证结果都在研究者的掌控之中，那么这样的研究对未知事物探讨的价值就令人质疑。

因此，研究假设如果没有被验证（假定研究设计合理，而且数据分析并不存在错误之处），那么最简单的处理方式就是在研究论文中如实报告。

比如，研究假设认为"A变量与B变量存在显著的差异"或"A变量对B变量有显著的影响作用"，但是研究结果发现，两个变量之间不存在显著差异或显著影响。这时，研究论文的"研究结果"部分对此数据分析应实事求是地报告，并在"分析与讨论"部分对此进行考证，探寻研究假设没有得到验证的原因，对研究假设没有被验证的情况进行解释，并尝试提出新的研究假设或研究问题。如果发现研究在文献综述及问题提出阶段存在不足，应客观描述，力求在后续的研究中弥补或完善。

再比如，如果研究假设认为A变量对B变量有显著影响，而研究结果发现A变量对B变量没有显著影响，而相反发现B变量对A变量有显著影响，对此原定的研究假设没有提出。如果研究结果出现这种没有验证研究假设的情况，也应实事求是地报告。至于是否探讨B变量对A变量的显著影响，要看它是否符合研究的需要。从原则上讲，新发现的B变量对A变量的显著影响并不是研究计划探讨的问题，因此，如果要探讨新发现的研究变量的关系，就需要重新确定新的研究目的，进行新的文献综述，从而建立新的研究假设，并对研究假设进行新的论证。

第六章 取样方法

研究方法是量化研究设计中最重要的内容之一。这里的研究方法指的是具体的研究方法，主要涉及取样方法、研究工具及数据分析方法等。研究方法从操作层面说明如何开展当前的研究。

确定合理的样本选取方法是研究得以顺利实施的基本前提。对量化研究而言，样本选取遵循随机取样的基本原则。随机性的基本含义是研究总体中的每一个个体都有同等的机会成为该研究的样本或被试。这种样本选取的随机性构成了以样本来推论总体的合理性。下面首先澄清几个关于样本选取的基本概念。

第一节 取样的基本概念

一、总体

总体（population）是指一个调查研究所针对的全部事物或整个群体对象，是研究所涉及所有成员或元素的集合，通常用 N 表示总体数量。一般而言，由于人力和物力等客观条件的限制，很少有研究所涉及的研究对象会包括总体的每一个成员。教育量化研究往往考查的是教育领域相关群体的一般特点或规律，所涉及的群体往往较大，通常很难针对研究所涉及的整个群体进行研究。比如，某教育研究针对的群体是中小学教师，如果研究希望反映全国、一个地区或一个城市的中小学教师群体的一般特征，那么所涉及的教师群体的人数都非常巨大，很难让所有教师都成为研究对象。因此，该研究就需要从整个教师群体中选取一部分教师作为研究样本，以部分样本反映整个群体的特点。

比如，一个量化研究拟采用问卷法探讨中国大学生的学习动机，那么中国大学生就是总体，在现实中这个研究很难对全国的大学生都进行问卷调查，需要选取合适数量的大学生作为样本来探讨中国大学生的学习动机，即通过样本对总体做出推论。

样本如何能客观推论总体的特点呢？这就需要所选取的样本具有代表性。样本如何能做到具有代表性呢？这就需要在选取样本时做到随机取样。

当然，也有特殊情况。如果一个研究的目的就是要探讨总体中的每一个成员的特征，就不能在总体中选取样本来推论总体。比如，全国人口普查就是一个特例。其研究对象就是总体，因为人口普查的调研目的就是要了解全国人口这一总体的基本情况，因此它必须直接对总体进行调研。换言之，人口普查所选取的样本就是总体。

一般而言，一个探索普遍规律的教育量化研究很难选取总体中的每一个成员都参与其中，这就需要在总体范围内，选取一定数量的、具有代表性的成员作为样本来进行研究。

二、样本

样本(sample)是从总体中按一定规则或方式抽取出来的一部分元素或成员的集合,通常用 n 表示样本的数量。可以说,样本是总体这一总集合的一个子集。抽样(sampling)即从总体中抽取样本的过程。

在抽样过程中,一般要考虑抽样单位(sampling unit)和抽样框(sampling frame)。抽样单位是一次直接抽样所使用的基本单位。抽样框,也称抽样框架,是指一次直接抽样时,总体所有抽样单位的名单或排序编号。比如,从全校 1000 名学生总数中直接抽取 100 名学生构成样本,那么学生个体就是抽样单位,全校 1000 名学生名册就是抽样框。

三、总体值与样本值

总体值,也称参数值,是反映总体 N 个元素或成员所涉及变量特征的综合数量统计指标,如总体的平均数(δ)、标准差(μ)、相关系数(ρ)等。

样本值,也称统计值,是根据从总体中抽取出来的样本计算出来的关于变量特征的数量统计指标,如样本的平均数(M 或 X)、标准差(SD)、相关系数(r)等。

在教育量化研究中,总体值时常较难获得,于是通过对总体进行取样来获得样本,从样本来推断总体的特征。

第二节 取样的作用

抽取样本的基本作用在于可以从部分认识整体。科学合理地抽取样本是获得科学研究结论的关键环节,其科学合理性的关键在于样本要具有代表性。选取有代表性的样本可以使研究做到以部分特征来较为客观地反映出整体特征,具有"一叶知秋"的作用,而不是以偏概全,不是以片面的样本得出偏颇的整体推论。

样本选取的重要作用主要体现在以下几个方面。

一、取样增强研究的可行性

教育现象在社会发展过程中具有普遍意义。教育研究中的各种变量往往涉及广泛的群体或总体,而不是少数人。比如,学校开展全面发展教育不可能是个别学生的事情,教师绩效工资改革不可能是个别教师的事情,想了解家长对当前学校教育的满意度也不可能是个别家长的事情,等等。在探讨各种教育现象、研究各种教育问题时,如果难以对总体人群进行全面调查,就可以选取部分样本。从总体中选取有代表性的、部分数量的样本,从时间、人力、物力等方面来讲,针对这些样本的调研是可以实施的,这就使得研究具有可行性。

二、取样便于推断总体特征

研究所选取的样本通常包括如下基本信息:样本来源、取样程序、样本的数量,以及主要人口学变量特征(如性别、年龄、学生的年级、教师的学历等)。在总体中选取部分样本,通过对样本所涉及信息的分析,基于描述统计的基本原理,可以了解样本的平均数、标准差等基本特征,而且,基于推论统计的基本原理,可以对样本所涉及的变量进行差异检验、回归分析等统计推论,并且通过样本特征对总体特征进行推论或判断。

三、取样随机性保障样本代表性

从严格意义上讲，量化研究的科学合理性在于其样本选取的随机性。量化研究所选取的样本，基于随机性原则选取样本，可以避免研究者主观愿意的影响。取样的随机性保证了总体中的每一个成员都有机会成为实际参与研究的样本，或者说总体中的每一个成员有同等的成为样本或不成为样本的概率。总体中的每一个成员都有同等的可能性，即机会均等。这样选取的样本就更倾向于与总体具有相同的结构或性质，样本对总体就具有代表性。

不过，对于教育研究而言，随机取样是一大难点，许多研究的确难以遵循随机性原则。尽管如此，教育研究者应看到随机性原则对量化研究的重要意义，努力创设条件和机会争取做到随机取样。

第三节 随机取样

一、什么是随机取样

举个实例，有一位研究者针对"大学生的价值观"进行了量化研究设计，并撰写了研究报告。在该研究报告的方法论证部分强调取样方法为随机取样，拟选取六所高校的一些大学生作为研究对象。具体取样方法做出这样的说明："研究人员等候在六所高校的门口，在每所高校随机选取 200 名出入校门的大学生作为研究样本，共计随机选取 1200 名大学生。邀请这些大学生填写问卷，并随机抽取部分大学生进行访谈。"但是，这种取样方法是随机取样吗？

随机取样的本质是一种概率取样。所谓随机，就是指研究所涉及的总体中的每一个元素或成员，都有机会成为研究的样本，而且总体中每一个元素或成员都要有相对均等的机会或概率入选样本。当然，如果总体不明确，或没有确定相应的总体，那么就难以进行随机取样而选取样本。

从理论上讲，随机性是量化研究的基础，也是样本随机选取的基本特性。总体由每一个成员组成，每一个成员都在不同程度上具有代表总体特征的潜质或可能性，因此总体中每一个成员都应有机会成为研究样本。比如，某个研究探讨的是中小学教师的幸福感，那么幸福感这一变量的总体特征就是每一位教师个体的具体特征汇集而成的。从相应的中小学教师总体中随机选取有代表性的样本，就可以反映出教师幸福感的特点或规律。

有必要说明的是，在各种研究范式中，并不是所有研究在获取样本时都要遵循随机原则。在量化研究之外，有的研究范式并不需要随机取样。比如，某个研究想探讨某一位特殊教师的专业成长经历，那么就可以直接以这位教师作为研究对象。这样的研究就可以采用个案研究或质性研究的研究范式，这种研究范式往往采用目的取样、方便取样等样本选取方式，而不存在随机取样。随机取样是一种选取有代表性的样本的方式，适合探讨具有普遍意义的研究变量。

随机性是量化研究最基本的取样原则。虽然样本选取也可能存在取样误差，但是通过提高样本的代表性可以努力使取样误差控制到最小，进而提升研究的有效性。

在教育研究中，很多情况下，研究者难以做到对研究所涉及的总体都进行全面调查，而且教育研究往往以人为研究对象，很难针对总体人群（如教师、学生、家长、教育管理人员等）开展调研。但是，可以通过选取部分样本使研究得以完成，因而取样调查在教育量化研究中受到广泛应用。

比如，某个量化研究探讨的是我国中学教师职业倦怠的特点或规律，那么这个研究的总体所包含的"我国中小学教师"人数非常巨大，针对这样的"总体"开展教育研究，从时间、人力、物力等方面来讲都是难以实施的。即使范围缩小一些，研究只针对某一个城市的中小学教师进行研究，而一个城市的中小学教师总体数量也是非常可观的。这就需要科学合理地选取总体中的部分成员作为研究样本。

因此，对于前面列举的实例"在高校门口随机取样"而言，研究者等候在六所高校的门口，选取出入校门的大学生作为研究样本，这种取样方法是随机取样吗？取样方法是否合理呢？

对此可以做出明确回答：这种取样方法不合理，也不是随机取样。该研究的总体包括六所高校的全体大学生，而研究者等候在每所高校门口，无法保证每个学生都出入校门口，也就难以保证该高校的每个学生个体都有机会成为样本。因此，这样选取的样本不具有随机取样的性质，也就不具有代表性。研究者在大学校门口所谓"随机"地选取大学生作为样本，看似是"随机取样"，实质上是相反的非随机取样。所有从校门经过的大学生，既不是相应大学生的总体，也不能代表该校的大学生总体。这种取样可以被称为方便取样、便利取样或随便取样，它选取的样本并没有遵循随机性原则。

在生活中，有时随机与随便存在混用的情况，随便被理解为随机的意思。比如，在学校调研时，研究者请班主任帮忙，在每个班随机选取 5 名学生参与研究。事后，研究者发现班主任所选的 5 名学生都是班干部。而这些学生是教师在班级中"随机"挑选的。可见，随机取样不是随便取样，也不能与方便取样、便利取样等混为一谈。

量化研究取样方法的随机性的基本含义是研究对象或研究总体中的每一个成员都有同等的机会成为该研究的样本，这样选取的样本才具有代表性，才具有以样本特征推论总体特征的基础。随机取样本质上是一种概率取样，而方便取样、便利取样及目的取样等并不是随机取样，属于非概率取样。非概率取样是依据研究者的主观意愿、判断，或样本选取是否方便，以及样本偶然出现等因素来选取样本的方法。

当然，随机取样在教育研究领域也存在一些问题。在教育量化研究的实际情境中，教育研究往往以人为研究对象，随机取样往往是教育研究的"硬伤"。研究者时常很难真正做到严格意义上的随机取样，经常会遇到各种各样的困难。比如，随机选取样本的地理位置分布范围太广或现实条件有限，研究者缺乏人力和时间真正实施对选取样本的调研；随机选取的教育研究对象或组织（如学校）拒绝参与研究；随机选取的被试或样本不愿意配合研究或应付研究，等等。

教育研究往往需要被研究者有合作意愿，但是量化研究以随机性原则选取样本，在避免受研究者主观意愿影响的同时，可能忽视被研究者的合作意愿。这是教育量化研究取样需要特别关注的。如果随机选取样本或被研究者不愿意合作，那么这个研究效果也可能会受到影响。因此，如何引导随机选取的被试或研究对象愿意合作，是教育量化研究必须认真考虑的问题。一方面，研究者需要向被试或研究对象充分表达诚意，通常要告知研究目的，宣传研究带来的益处，并给予相应的报酬或奖励；另一方面，如果被试或研究对象真的不愿意参与该研究，那么也要预先制定好研究样本的替代方案，以使研究得以有效实施。

尽管在教育研究中随机取样有种种难处，但是随机取样无论如何都是量化研究者的追求。虽然真正做到随机存在很大难度，但教育量化研究的随机取样应力求在程序上做到"合法"。所谓"程序合法"，即研究者在选取被试或样本时，尽可能严格按照随机性质的要求来选取研究样本，并对实际遇到的各种取样难以遵循随机性原则的困难，以及所选取样本的实际情况进行客观的、具体的描述。

【拓展思考】

便利取样的研究是量化研究吗

有一些在中文社会科学引文索引（Chinese Social Sciences Citation Index，CSSCI）或社会科学引文索引（Social Sciences Citation Index，SSCI）来源期刊上发表的学术论文，在研究方法部分明确指出选取了数百上千个样本作为研究被试，并采用量化研究理念和方法探讨变量之间的关系，进而得出具有较为普遍性的研究结论或观点。从研究变量和研究设计来看，这样的研究应该是基于实证研究范式的量化研究。但是，在其取样方法中却明确指出所采取的是便利取样（convenience sampling），那么这样的研究是量化研究吗？

量化研究或遵循量化研究理念开展的研究和撰写的论文，其目的在于探讨事物（变量）发展的普遍规律或一般特点，因此其取样方法从根本上讲应遵循随机原则，属于随机取样。样本呈现出的随机性是量化研究探讨事物普遍性或一般性的研究基本依据。如果一个研究不是通过随机取样获取样本，那么这个研究的样本就不一定具有代表性，或很难证明这个研究的样本具有代表性。在取样的代表性不明确的基础上开展研究，这样的研究就难以对事物发展的普遍性或一般性特点进行充分论证。

而便利取样是研究者以自己方便或容易为原则来选取样本作为研究被试，这种取样方法属于非随机取样。因此基于便利取样开展的研究其样本往往不具有代表性，因此严格地讲，基于便利取样的研究很难被称为量化研究。

然而，有一些观点认为研究虽然采用便利取样，但选取样本数量比较多，就可以弥补其代表性。事实并非如此。即使一个便利取样的研究选取了很多样本，也难以证明它们具有代表性，即"样本数量多"不是样本具有代表性的本质特征。一个有偏差的样本也可以数量众多，但它并不具有代表性。比如，如果研究目的是探讨中国中小学教师的特征，那么只选取某一个城市的教师为样本，即使这个样本数量达到数千，它也是一个有偏差的样本，难以反映总体的特征。从研究方法来看，这样的研究即使样本数量再多，也不能被称为量化研究。

二、随机取样的类型

为了有效开展教育量化研究，应恰当选择随机取样的类型。下面介绍几种随机取样的类型。

(一)简单随机取样

简单随机取样指总体中每个个体被抽取成为样本的机会是完全均等的,而且每个个体具有独立性,可以独立成为一个样本的个体。简单随机取样通常采用以下几种方法。

(1)抽签:当总体元素较少时,抽签随机选取样本较为简单。

(2)随机投骰子:通过设置骰子的数量,产生随机数字,根据数字选定样本。

(3)计算机随机数:通过计算机生成统计学意义上的随机数。

(4)随机数目表:随机数目表中数字的次数与顺序都随机生成,抽取样本的每个个体具有同等概率。

简单随机取样是最基本的抽样形式,其他各种随机取样方式都是基于简单随机取样的原理而形成的。简单随机取样的优势在于抽样简便易行,每个个体成为样本的机会完全平等,有助于通过样本的数据指标推断总体的特征。简单随机取样的不足在于,如果总体的变异或分散程度较大,简单随机取样有可能受到取样误差的干扰,而影响其代表性。因此,简单随机取样往往适用于总体容量不太庞大,并且总体分布比较均匀的调查对象。

(二)系统随机取样

系统随机取样,也称机械取样,是把总体中的所有个体按一定顺序编号或编码,然后按照固定的间距选取个体以形成样本。间距的大小根据所需样本容量与总体数目的比率而定。系统随机取样比简单随机取样更能抽取到在总体中分布较均匀的个体。

具体而言,系统随机取样可以按照如下程序实施。

(1)将总体的所有个体按一定顺序或规则进行编号。

(2)确定抽样间距:K(间距)$=N$(总体的数量)$/n$(样本的数量)。

(3)在第一个间距的每个个体中随机确定起点(A)。比如,$K=10$,就从 1~10 号中随机选定一个编码作为起点。

(4)从起点开始,每隔 K 个个体抽取一个所选定相应编码的个体,形成样本。

比如,按照以上程序进行系统随机取样时,在每一个间距中选取第 6 个编码的个体作为样本,那么所选取的样本就是表 6-1 中有标记的个体,详见表 6-1。

表 6-1 系统随机取样

1	11	21	31	……
2	12	22	32	……
3	13	23	33	……
4	14	24	34	……
5	15	25	35	……
6 ✓	16 ✓	26 ✓	36 ✓	…… ✓
7	17	27	37	……
8	18	28	38	……
9	19	29	39	……
10	20	30	40	……

比如，某研究针对全市小区的居民进行调研，通过系统随机取样来选取样本，首先就需要对各个小区进行抽样，然后按照顺序登记所有的小区住户，再根据住房名录按照一定的间距，以随机的方式确定某个编码的住户（比如，每10户或5户选取一个）进入样本。

按照一定间距进行系统随机取样，相对于简单随机取样方式，其优势在于具有一定经济性，节省人力、物力，但其不足在于总体单位的排列较为复杂。尤其当总体的排列具有某种固有的规律或特征时，这样选取的样本就有可能存在偏差。比如，某个学校共有60个班级，每个班级有40名学生，而且每个班级的学生名录都是以考试成绩从高至低排列的。假定在每个班级选取一名学生，共抽取60名学生作为样本，而恰好每个班级确定的取样编码是第1个，即每个班级考试成绩最高的学生，那么所选取的样本就是全校考试成绩最高的60人，这样的样本就可能存在很大的偏差。

(三) 分层随机取样

当研究取样的总体具有不同的层次或类别特征时，为了选取样本能更全面地分布于各层次或类别中，就需要先把总体划分为不同层次或类别，再针对各层次或类别中的个体进行简单或系统随机取样。

比如，某研究探讨农村地区小学生的发展特点，小学生所涉及的总体包括1000所农村小学，拟从中选取100所小学作为样本学校。这些小学主要分为五种类型：乡镇中心小学、完全小学、村小学、教学点、九年一贯制学校。如果直接通过简单随机取样，那么五种小学类型就可能有所遗漏。因此，选取样本学校时，先把100所小学根据五种类型进行划分，然后根据各种类型小学所占的比例，在各种类型小学中随机选取相应比例的学校数量。

分层随机取样的优势在于充分考虑到总体的层次或类别的特征，尤其当这种特征较为明显时，分层取样有助于提高样本的代表性，从而有助于提高由样本推断总体的准确性。而且，当研究目的涉及探讨各个层次或类别的特征时，分层取样就更有助于推断各个子层次或子群体的特征。当然，分层随机取样比简单随机取样在程序上要复杂一些，而且分层取样需要研究者对总体的特征有充分了解，根据实际情况进行恰当的分层。图6-1为分层随机取样图示。

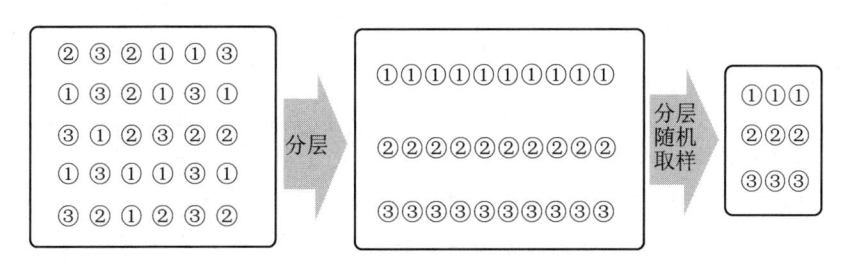

图 6-1 分层随机取样图示

(四) 整群随机取样

研究取样时，将总体按某种标准划分为各个子群体，每个子群体为一个抽样单位，其中包含着丰富多样的个体。从各个子群体中随机选取若干数量的子群体，这些子群体中的所有个体就构成研究所需要的样本。因此，从总体中抽取样本不是以个体为单位进行取样，而是以整群为单位进行取样。

比如，某量化研究探讨中小学教师的发展特点，而中小学教师的范围和类别特征多种多样，仅从人口学变量而言就具有年龄、教龄、职称、收入、任教学科、是否担任班主任等特征。在这种情况下，就可以通过整群随机取样，以不同的中学和小学作为子群体，选取若干数量的中学和小学，然后，针对所选取中小学校的全体教师进行研究，就可以涵盖各种特征的教师。如果以简单或系统随机取样，所选取的样本可能难以覆盖中小学教师的基本特征。图 6-2 为整群随机取样图示。

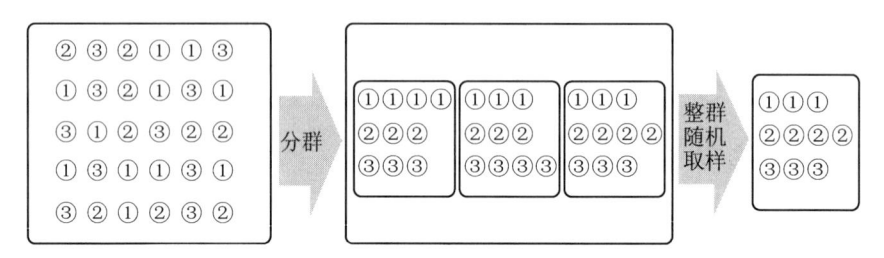

图 6-2　整群随机取样图示

整群随机取样的优势在于简化了样本选取的过程，更容易取得抽取框架，相对地降低了研究成本，因此有助于扩大取样的规模。不过，整群随机取样的样本分布面可能因不同群体的情况受影响，有可能降低样本的代表性。尤其当各个子群体之间的异质性较强时，对样本代表性的影响更明显。比如，对中学和小学进行整群随机取样，所选取的学校有可能都是特殊的中学或小学。因此，在这种情况下，就需要考虑结合其他取样方法。比如，与分层取样相结合，先对总体所涉及的中小学进行分层，再在不同层次或类别中按照一定比例进行整体随机取样。

【拓展思考】

研究难以随机取样，就不是量化研究吗

在教育学领域开展量化研究时，关于样本选取往往存在一个难题：虽然研究目的在于探讨事物的普遍规律或一般特点，但是在样本选取时经常很难做到随机取样。那么这样的研究如何体现其量化研究的性质呢？一个研究没有明确表明采用随机取样，就不是量化研究吗？

的确，一些科学研究领域以物为研究对象，其样本选取的随机性更鲜明，更有保障。而教育研究常常以人为研究对象，其研究情境复杂多样，充满伦理与人性色彩，而且影响研究取样的因素也非常繁杂，时常难以做到随机取样，但是，研究取样的随机性仍然是量化研究应努力追求的方向。在样本选取时，研究者应客观地、实事求是地描述取样过程，努力争取获得更为广泛且具有代表性的样本。比如，以教师为研究对象，整群选取不同类型学校的教师作为样本，增加样本的异质性，尽可能地提升样本的代表性。

这种努力体现样本代表性的研究虽然没有严格遵循随机性的取样原则，不能随机取样，但这种研究努力获得更广泛的样本，努力提升样本的代表性，并实事求是地描

述样本的特征，这与之前提到的有些研究在取样部分强调"本研究采用便利取样"有着根本的不同：后者明确否定了研究取样的随机性，并违背了研究的量化研究性质；而前者并没有否定研究的随机性，取样并不图"方便"或"容易"，而是希望样本更具有代表性。

因此，教育量化研究应努力体现取样的代表性，虽然它时常难以遵循样本选取的随机性，但是它对随机取样是一种"欣然向往之"的努力与追求的研究取向。而如果研究的取样方法直接表明是"便利取样"，这就像是与量化研究划清的界限，这样的研究就不能称量化研究。如果一个研究不以探讨普遍规律或特点的量化研究为研究取向，那么这样的研究是否属于量化研究范式就令人质疑，也值得商榷。

第四节　随机误差与系统误差

一、随机误差

在量化研究过程中，样本选取受到随机偶然因素的影响，不可避免地会导致所选取的样本出现误差。比如，从同一个总体中随机选取一定数量的个体作为样本，如果这种取样重复若干次，就出现若干个样本，各样本的平均数与标准差等统计指标就会存在差异。这种样本之间的差异反映着样本从总体中选取时出现的差异，这种统计上出现的样本统计值与总体参与之间的差异就是取样误差。

取样误差往往具有随机性，随机性导致的取样误差主要来源于总体中个体的随机变异性，这种变异性往往不是人为可以控制的，因此取样误差也是难以完全避免的。对量化研究而言，取样误差影响着研究的有效性。取样误差主要受样本的大小和取样方法等因素的影响。因此，研究者可以通过扩大样本的范围，增加样本的数量，以改进样本选取的方法来降低取样误差。

二、系统误差

随机误差是随机的、偶然的、不可避免的，而与之相对的系统误差却往往是必然的、可以控制的。量化研究的系统误差是一种非随机误差，是由于系统本身的错误或失误导致样本统计值不能很好地反映总体值而出现的误差。在量化研究中，与样本选取相关的系统误差主要有以下几种。

(一)理论误差

理论误差是由于测量所依据的理论本身的近似性，或研究条件不能达到理论所规定的要求，或者是研究方法本身不完善所带来的误差。

比如，某个研究错误地把"教师职业道德"界定为"教师专业素养"，并在研究过程中选取教师样本主要考查教师的教育理念、教学知识和教学能力，并以此来反映"教师职业道德"。这种在理论上对所研究的核心变量错误界定而进行的研究，无论怎样随机选取样本，都与要探讨的真正的"教师职业道德"之间存在严重的误差，这种系统上存在的误差就属于理论误差。

(二)研究方法或工具误差

这是由于研究方法或工具本身具有缺陷，或使用的研究工具本身不合格，或没有按规定条件使用研究工具而造成的系统误差。比如，如果研究者使用访谈法来研究学生的智商，在访谈中提出："你觉得自己聪明吗？"所获得的研究结果与学生的真实智商就可能存在误差，这种误差就是错误使用研究方法带来的。再比如，如果研究者使用问卷法来考查学生的创造力，在问卷中通过诸如"我能创新地解决生活中的各种问题"之类的题目，请学生对自身的创造力做出自我评价，那么这种题目可能难以正确反映出学生的创造力，由此产生的误差就属于研究工具误差。就好像有的不法商贩在对售卖的货物称重时使用不合格的"九两称"，导致货物缺斤少两，这就类似于不合格的研究方法或工具造成的误差。

（三）个人误差

个人误差是由于个人的感知觉、态度、情绪等心理原因而造成的研究或测量系统误差。个人误差主要表现为作为研究者的主试误差和作为研究对象的被试或样本误差。主试误差是由主试个人主观原因导致的误差。比如，在量化研究实施问卷调研的过程中，主试宣读问卷指导语不规范，主试暗示或误导被试对问卷题目的填写，主试的态度消极干扰被试填答等，从而导致样本统计值出现误差。被试误差是由被试个人主观原因导致的误差。比如，作为研究样本的被试在身体状况不佳的情况下参加调研，被试被迫参加调研而态度消极，被试对调研问卷内容有抵触情绪，被试缺乏责任心而应付调研等，也有可能导致样本统计值出现误差。

由于系统误差具有一定的可控制性，因此研究者在调研过程中应努力避免系统误差，通过选择恰当的研究理论，完善研究方法和工具，提高主试与被试的配合度等，来提高研究的有效性。

第七章　问卷法

这里的研究方法是指具体的研究方法，即针对所研究的变量收集相关数据信息与资料的方法。在量化研究中，最为常用的具体的研究方法是问卷法。当然，量化研究中的研究方法不仅只有问卷法，也包括其他一些研究方法，如访谈法、观察法、实验法等。相对而言，最为常用的量化研究工具就是问卷，而最为常用的问卷就是量表。这一章主要介绍问卷法的特点、量表编制、量表的信效度等内容。

第一节　关于问卷法

一、什么是问卷法

问卷法(questionnaire method)也称问卷调查法，是通过以书面提问的方式设计一组或一系列与研究变量紧密相关的问题，结合相关研究目的和研究内容对研究对象或样本展开调查研究，从而收集数据资料的方法。

美国心理学家霍尔(G. S. Hall)在研究方法上较早广泛地使用了问卷法。霍尔使用问卷法主要对青少年的心理与行为进行研究，比较注重对问卷题目进行系统编制，重视对教师、学生家长等研究对象进行问卷填写的培训，并采用一些统计方法对问卷调研所获取的数据进行分析。

对于量化研究而言，问卷法的优势在于可以短时间内获得大量样本的数据信息，数据收集与分析较为便利，而且问卷匿名填写有助于被试客观真实地回答。相较于访谈法而言，问卷法更节省人力、物力和时间，而且，问卷调研的主试对被试的主观干扰作用相对较小。不过问卷法也存在一些不足。比如，问卷题目缺乏灵活性，问卷题目对研究变量揭示的深刻性可能不够，而且，主试对被试的指导性也有可能比较低。

二、问卷法的类型

(一)开放式问卷与封闭式问卷

按照题目的开放程度，问卷可以分为开放式问卷与封闭式问卷。

1. 开放式问卷

开放式问卷，也称无结构问卷，这种问卷中的题目一般没有固定的答案，允许问卷填写者根据对问卷题目的理解自由填答。比如，有个关于学校满意度的问卷调研，向学生发放的问卷中有这样的题目："你喜欢你的学校吗？请说明一下原因。"这种题目就属于开放式题目，以这种题目编制而成的问卷就是开放式问卷。

再比如，2020年新冠肺炎疫情期间许多大学都把现场教学转变为网络教学，因此有研究就采用问卷法征求教师和学生的意见。其中一个题目就是："现场教学与网络教学相比，你更接受哪一种？请说明理由。"这也属于开放式问卷题目。

对各种研究范式而言，开放式问卷不仅适用于量化研究，也适用于质性研究、个案研究等其他一些研究范式。量化研究的本质特点是通过选取具有代表性的样本来探讨事物或变量的一般特点或普遍规律。因此，量化研究中的开放式问卷也往往需要通过具有代表性的样本或被试来回答。

比如，关于"您是否接受网络教学"的问卷调研，研究者采用了随机原则来选取样本，在某个地区随机选取10 000名大学教师，通过邮寄问卷(可以是邮寄纸质问卷，也可以用电子邮件发送问卷)的方式，获得了5000份自愿填写并邮寄返回的问卷(问卷回收率为50％)，通过对回收问卷中的数据进行统计，了解大学教师更接受网络教学还是更接受现场教学。这一问卷调研结果就可能有助于引导学校教学管理与决策。

2. 封闭式问卷

封闭式问卷，也称结构化问卷。这种问卷中的题目一般有固定的格式和各种备选的答案，问卷填写者往往只需要对各个题目相应的选项做出选择即可，不需要发挥个人理解自由填写。

比如，关于学生对学校满意度的问卷调研，就可以设计为封闭式题目。比如，其中有一个题目是"我对学校的图书馆很满意"，每个题目设计有7个选项，从"赞同"至"不赞同"，问卷填写者只需要根据自己的情况勾选相应的选项即可。

赞同　　　　　　　　　　　不赞同
1——2——3——4——5——6——7

以上这种记分方式的封闭式题目所组成的问卷也可称量表。量表是按照较为规范的记分规则考查变量特征的测量工具。当前，量表作为一种封闭式问卷，在教育量化研究中受到广泛应用。

封闭式问卷的优点在于问卷格式规范，被试填写问卷花费的时间相对较少，问卷回收率相对较高，数据结果也便于统计分析。不过封闭式问卷也存在一些不足。比如，有时研究者难以判断被试是否根据自己的真实情况填写问卷，被试难以深入又全面地对题目进行作答，问卷题目中设计的多种选项可能干扰被试做出客观的选择等。

(二) 事实性问卷与态度性问卷

根据题目的性质内容，问卷可分为事实性问卷与态度性问卷。

1. 事实性问卷

事实性问卷主要考查事实性的题目。比如，常规的人口学变量相关的题目：性别、年龄、文化程度、职业、婚姻状况等人口学资料，以及与研究内容相关的题目，如教师每周的课时数、任教的学科、批改作业量等。

2. 态度性问卷

态度性题目主要考查的是被试的意见、情感、动机、观念、价值观、人格等带有主观倾向和价值判断的题目。比如，学校态度问卷就通过若干个题目考查作为研究被试的学生对学校"喜欢"或"不喜欢"的程度。

(三) 现场问卷与非现场问卷

根据问卷实施的途径，问卷可分为现场问卷和非现场问卷。比如，邮寄问卷、网络问卷等就属于非现场问卷。

1. 现场问卷

现场问卷是在主试指导下，由被试现场填写问卷，填写之前主试宣读指导语，并在被试填写问卷的过程中给予指导和反馈。现场问卷对研究对象或样本的控制与选择较好，而且回收率也比较高，但调查时间与费用相对较高，投入人力也较大。

2. 非现场问卷

非现场问卷主要是通过邮寄或网络等途径填写的问卷。其中，邮寄问卷是通过邮局或相关途径把问卷寄送给被试，并说明问卷填写之后返回的地址，通常也附加上相应邮资；网络问卷以问卷的电子形式发送给被试，由被试通过网络直接填写。网络问卷的电子形式通常有电子邮件、微信、问卷调查专业网站（如问卷星）等。

在当前网络时代，网络问卷非常快捷，易于操作，而且数据回收整理也省时省力，受到广大研究者的喜爱和应用，而且，一些专门用于网络问卷调研服务的网站使得网络问卷的实施更加高效。但是，网络问卷也时常受到研究者的质疑，如网络问卷填写是否真实，网络问卷的填写过程如何监控等。

【拓展思考】

人口学变量在问卷中如何呈现

问卷在对研究变量进行考查的同时，往往需要收集被试的人口学变量信息。人口学变量常常作为分类变量或等级变量对探讨研究变量的特点具有积极的辅助作用。在问卷中，人口学变量通常以封闭式问题的形式呈现，以便于被试填写。下面以"民族"这一人口学变量为例展开讨论。

有的研究问卷，将"民族"设计为开放式的题目，比如：

"您的民族：_____"

这种问卷题目的设计需要调研对象填写文字。这相对于填写数字或勾选数字而言，增加了调研对象填写问卷的负担，可能导致部分调研对象对这一题目填答的缺失。更为关键的是，这个问卷题目设计有不合理之处，容易造成调研对象对题目理解的歧义。比如，对以上问卷题目，如果调研对象在横线上填写"中华"，是不是也可以呢？

因此，这类题目可以考虑设计为封闭式的题目，比如：

"您的民族：（1）汉族（2）少数民族"

或"您的民族：（1）汉族（2）壮族（3）回族（4）藏族……"

对于以上题目，研究对象可以勾选相应的编号数字，更简便易行。当然，选项内容和格式是多样的，可以根据研究的具体情况来确定。比如，某个研究针对少数民族地区的问卷调研，需要准确了解研究对象的民族特征，于是问卷中的人口学变量的"民族"这一题目就列出了10多个选项，把研究对象所涉及的少数民族都列为选项。

三、问卷、量表与测验的关系

在量化研究中，问卷法或问卷调研所使用的问卷经常与量表、测验关系密切。问卷是一个比较宽泛的概念，所包含的范围与类别较广。比如，在量化研究论文中经常可以在研究方法部分强调"本研究采用问卷法"，而在介绍研究工具时强调"本研究使用若干个量表"。可见，问卷往往包含量表，量表属于问卷的一种类型。量表比普通的问卷更为复杂，往往以更标准化的、精确客观的测度来反映变量的特征。在教育研究领域，量化研究所使用的问卷大多数指的就是量表。比如，某研究使用"教师心理授权问卷"，其中的问卷即量表。

目前，教育量化研究中所使用的量表多为李克特量表（Likert scale）。李克特量表是评分总加式量表中最常用的一种，由美国社会心理学家李克特于1932年在原有的总加式量表的基础上改进而成。总加式量表（summated rating scale）也称总和量表，即被试对各题目上的分数相加，反映研究变量的特征。而李克特量表在总加式量表的基础上将填写与记分规则更加细化和视觉化。

李克特量表通常由一组陈述性的题目组成，每一个题目有多种等级的选项，通常使用5个等级选项，比如，"非常不同意""不同意""一般""同意""非常同意"五个选项，分别为1，2，3，4，5，五等级记分形成的量表被称为五点量表。在相关变量上每个被试的表现就是他们对各题目回答所得分数的总和或平均分，这一总和或平均分可以说明被试在相关变量上的不同状态。在实际研究中，有的研究者把李克特量表的5点记分扩展为6点、7点记分等。

有时教育研究也使用更为复杂的方法，即测验（test）。比如，通过一些心理与教育测验来考查变量的特征，这种针对心理特征而进行的测验也往往属于问卷的范畴，而测验不同于简单的问卷。比如，有的智力测验、创造力测验也往往采用问卷的形式，但与量表又有所不同。如果要考查被试的创造力，需要以反映创造力的测验题目，而不能通过"你有创造力吗"之类的题目来反映被试的创造力，同样，也很难通过"你聪明吗"这样的题目来考查研究对象的智力。测验往往需要被试进行实际操作、难题解答或实验来反映相关研究变量的特点，因此测验往往在考查能力、创新力及人格特质等方面更能客观反映变量的特点。比如，在考查能力变量时，研究工具通常使用"能力测验"或"能力测验量表"，而不称"能力问卷"。能力很难通过普通意义上的问卷来测量。

此外，量表与测验也存在一定的联系。在教育量化研究中，量表与测验都常常用于考查人的观念、态度、个性及行为特征。有的测验也具有量表的特征，被称为测验量表（test scaling）。比如，在心理与教育领域使用较广的明尼苏达人格测验（Minnesota Multiphasic Personality Inventory，MMPI）就包含多个分量表，并按照规范的记分方式对量表得分进行处理，因此这种人格测验也可称人格量表或人格调查表。再比如，一些为了解公众态度或意愿而实施的民意测验也具有量表的特征。

对问卷、量表与测验的关系的理解如图7-1所示。关于问卷、量表与测验的关系，也许从不同视角对此有着不同的理解。不过，在量化研究中，研究工具主要使用的是量表，因此下一部分重点介绍量表。

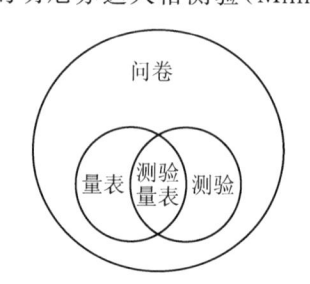

图7-1　教育量化研究中问卷、量表与测验的关系

第二节 量表及其编制

一、量表的特点

量表是研究者按照标准严格设计的一系列题目，以收集研究对象的心理和行为特征的数据资料。量表具有较高的标准化程度，具体表现为，量表有严谨设计的结构，量表的题目是细心选择和编制的，题目及选项有统一的格式，量表有规范的填写与记分方式，测量结果有规范的处理和分析，量表及题目具有信度和效度。

量表是教育量化研究中常用的一种测量工具，它最鲜明的优点在于能在较短时间内收集大量与研究变量紧密相关的数据信息，它最大的不足在于被试回答量表题目比较容易产生主观性和社会赞许性。

量化研究所使用的量表往往需要有一定的理论研究作为基础，量表所涉及的变量或概念也应清晰地界定。比如，教师职业倦怠量表的编制，就是基于研究领域对职业倦怠这一概念进行充分的理论探讨，国外一些相关研究将其内涵界定为在工作重压下产生的情绪耗竭与身心疲惫的状态，具体表现为职业情绪情感极度疲劳和枯竭，即情绪枯竭；回避和忽视工作，对待工作对象和环境态度冷漠，敷衍了事，即去人格化；消极评价自己，工作能力体验和成就体验降低，即低个人成就感。因此，职业倦怠量表正是在这样的研究基础上编制而成的，职业倦怠量表的结构就形成了三个维度：情绪枯竭、去人格化和低个人成就感。

量表的编制往往经历标准化的过程，一般在明确相关理论或理论构想的基础上，经过对编制的量表进行试测、初测、正式测试等环节，如果量表具有良好的信度和效度，就意味着它具有科学研究工具的特性。

在量化研究中，问卷法主要是指使用标准化的问卷进行的研究数据收集方法。这类问卷可以被称为量表，量表通常经过规范的编制与修订。

二、量表的编制

简单而言，量表一般由指导语、题目及选项构成。指导语是说明量表如何填写的，题目及选项是量表的主体。

(一) 量表的指导语

指导语是对量表的填写规则、注意事项、可能出现的问题的说明和解释。指导语通常有两种。一种是给主试的指导语。如果研究的规模比较大，需要有多个主试来实施量表，给主试的指导语是为了提醒主试问卷实施、填写及回收过程中的注意事项，可以规范主试的研究行为。另一种是给被试的指导语。一般研究使用的量表都设计给被试的指导语，以便被试对量表的结构、特征、填写注意事项等有所了解。比如，说明研究的学术目的，量表填写的匿名性，题目回答没有对错之分等。被试按照指导语规范填写量表，有助于提升量表填写的有效性。

通常，在填写量表之前主试应向被试宣读指导语。如果没有条件宣读指导语，也应提醒被试在填写量表之前阅读指导语。因此，量表的指导语的基本要求是言简意赅，有利于读者阅读。以下是一项关于中小学教师专业发展的相关研究量表给被试的指导语，可以作为参考。

> 指导语
> 尊敬的老师，您好！
> 　1. 本问卷是某市"教师专业发展研究课题调研"的一部分。
> 　2. 问卷主要考查的是教师专业发展的基本特点，问卷中的题目没有对错之分，恳请您根据自己的实际情况填写。
> 　3. 在您填写好之后，我们将现场回收，由研究人员直接带回。
> 　4. 为了表达对您的谢意，我们将赠送给每位老师一份小礼物，感谢您对本次调研的支持。

以上给被试的指导语，主要向被试说明问卷调研的目的，提前消除教师填写问卷可能有的顾虑，向被试说明问卷填写的注意事项，并表示谢意。当然，在具体研究过程中，量表的指导语也可能会根据具体情况进行调整。比如，有的研究内容较为敏感，研究者不希望被试了解研究目的，那么在指导语中就不需要说明研究目的。再比如，指导语中是否明确表明对被试的填写"承诺保密"，也可以根据具体研究情境加以取舍。

另外，对一些特殊情况应有所预判，并在指导语中进行说明。比如，如果被试在填写量表时遇到不能确定答案的情况，应预先向被试说明如何应对这种情况；再比如，如果量表中有的题目的填写方式难以用文字解释清楚，就可以在指导语中列举图示或举例说明如何填写。在量表实施过程中，被试是否理解量表的内容、是否配合量表填写，以及主试是否干扰或误导被试填写量表等，都可能会影响量表的有效性，因此，在量表实施之前，研究者应对此有所预判和调控。

(二)量表的题目与选项

1. 量表的题目

量表往往是对相关研究变量的测量。在量化研究中，相关研究变量往往无法直接测量，因为量化研究所探讨的变量往往属于潜在变量。比如，某研究考查教师的"主观幸福感"这一变量，研究者很难直接请被试对"我感到很幸福"这一题目做出"是"与"否"的选择，或做出更多级选项的选择，而是需要对"主观幸福感"这一变量结合教师的职业特征加以细化或具体化，把这一潜在变量转化为量表中的一系列题目。这些题目就是一系列观测变量，它反映着"主观幸福感"各种具体表现，每一个观测变量可以直接测量。因此，研究之初需要对"主观幸福感"的概念内涵进行界定，并依据相关理论来编制幸福感量表。比如，有研究把"主观幸福感"的内涵解释为"生活满意度""积极情绪""消极情绪"三个维度，并为此编制相应的题目形成量表(Diener, Emmons, Larsen & Griffin, 1985)。比如，在该量表中，"生活满意度"就编制有这样的题目："目前为止，我得到了生活中想要的重要东西。"这种题目就是观测变量，更加具体化，有助于被试回答。

因此，针对变量而设计的题目内容要能充分反映变量的内涵与外延特征。一般而言，量表应根据研究变量的维度或结构来编制，各维度之间应存在并列的关系，而且量表所编制的题目可以归属于相应的维度或结构。通常量表中的每个维度至少应包含三个合格的题目，以有效测量出维度的含义。因此，新编制的量表往往需要多编制一些题目，以便在后续量表的结构验证过程中可能会删去一些不合格的题目。

量表中包含的题目在内容上要符合变量及其维度的内涵，而且，在形式上量表题目的编写要符合以下基本要求：

(1)题目语言简洁，易于理解，不使用过于学术化的词语；
(2)题目表达具体，逻辑清晰，不使用含糊不清或有双重含义的词语；
(3)题目陈述客观、中性，不使用带有主观倾向性、引导性、暗示性的词语，不问敏感的问题；
(4)题目不使用过长的句子，题目的长度大致相等，与主题联系密切；
(5)题目中的信息避免给被试提供选择或排除某种选项的线索；
(6)题目避免用假设句、反问句或双重否定句，避免使用"绝对""完全""决不"之类的极端词语；
(7)整个量表题目的排列方式可以根据具体情况采用时间顺序、内容顺序或随机顺序。

量表是否有效与量表题目设计是否科学合理有着密切的关系。比如，量表的题目是否易于理解，内容理解是否有偏差，选项设计是否合理，指导语表述是否规范，题目数量是否适当等，都直接影响着量表的有效性。

2. 题目的选项设置

目前，教育量化研究使用的量表多为李克特量表，该量表的选项为5个等级。从理论上讲，量表题目相应选项的数量越多，越有助于细化所考查的题目及变量的特征。但是，选项数量过多，并不利于被试对量表的阅读和填写，甚至会有碍于量表填写，反而影响量表的信效度。因此，量表的选项等级数量一般设置为4~7个等级，既可以细化题目及变量的特征，又便于被试填写。

量表题目的不同选项等级的差别关键在于选项的奇数项与偶数项的差异。如果量表的选项是奇数，选项就存在中间选项，这意味着量表允许被试做出"中立"的选择。比如，以下5点记分的选项存在中间选项"一般"，这种题目的选项允许被试表达中立的态度。

很不赞同　较不赞同　一般　　较赞同　　很赞同
1————2————3————4————5

如果量表的选项是偶数，选项就没有中间选项，这意味着量表题目不允许被试做出"中立"的选择，因此，这种情况的选项设置方法也被称为"迫选法"，即迫使被试做出的选择要么向"左"，要么向"右"。有的研究为了明确获得被试的态度或心理倾向，就可以采用这种"迫选法"。比如，以下4点记分的选项就不存在"一般"的选择，对相应的题目而言，被试要么倾向于"不赞同"，要么倾向于"赞同"。

很不赞同　较不赞同　较赞同　很赞同
1————2————3————4

【拓展思考】

李克特量表的中间选项是"不确定"吗

李克特量表通常采用 5 点记分，从"非常不同意"到"非常同意"分别记为 1~5 分，那么这种奇数选项就存在中间选项。在一些量化研究所使用的量表中，经常可以看到中间选项设定为"不确定"，类似的说法还有"不一定""不知道""不清楚"。相应的 5 点记分的选项分别是：1＝"非常不同意"，2＝"不同意"，3＝"不确定"，4＝"同意"，5＝"非常同意"。这种选项设置是否合理呢？

从逻辑上讲，中间选项的记分为 3，如果该选项是"不确定"，又怎么能确定是 3 分呢？因此，中间选项应明确标为"中等""一般"等，从而明确中间选项的特征。而且，这种把中间选项标为"不确定"的记分方式，也可能对量表的测量结果造成系统误差。正如一把尺子如果不标准，那么用它测量的长度就会不准确，这就是系统误差的表现。

如果一个量表的确需要设置"不确定"选项，这样的量表记分该如何设置呢？

比如，在对论文评审时，期刊请审稿人填写一份问卷，以对论文做出评价。其中相关的题目及"不确定"选项的设置列举如下，其中"不确定"单列呈现。

请在每一行勾选相应的选项：

问卷题目	是	否	不确定
研究问题呈现是否清晰明确？	○	○	○
研究方法是否合理？	○	○	○
针对研究结果的论述是否充分？	○	○	○

再比如，在一项关于图书馆的满意度问卷调查中，满意度问卷的选项设置如下。

请在每一行勾选相应的选项：

	很不满意	不满意	中等	满意	很满意	不确定
馆藏图书的数量	○	○	○	○	○	○
期刊文献的数量	○	○	○	○	○	○
电子资料的数量	○	○	○	○	○	○

(三)量表编制举例

以下以一个多项选择题转化为李克特量表为例，对量表的编制进行具体形象的说明。比如，在传统问卷法中经常有这样的多项选择题，如下所示。

以下有关学校的相关方面，您最满意的是：(可多选)

（　　）A. 图书馆

（　　）B. 教室

（　　）C. 食堂

（　　）D. 宿舍

但是，以上这类多项选择题不容易进行数据统计，而且所调查的信息量也较为有限。比如，如果同时选了 A 和 B，那么难以考查这两个选项孰轻孰重。因此，可以将以上多选题转化为量表，即将以上题目中的 4 个选项转化为如下量表中的 4 个题目，比如：

以下有关学校的相关内容，请在右边选项选择您认为的满意程度：

	很不满意	较不满意	中等	较满意	很满意
A. 图书馆	1	2	3	4	5
B. 教室	1	2	3	4	5
C. 食堂	1	2	3	4	5
D. 宿舍	1	2	3	4	5

以上就是一个简易的关于学校满意度的李克特量表，其中"图书馆""教室""食堂""宿舍"在多选题中的 4 个选项就成为这个量表的 4 个题目。然而，每一个题目所涉及的学校的满意程度，往往也很难用一个题目测量。比如，以"图书馆"为例，图书馆往往也涉及不同范围、不同层面的内容，需要通过多个题目加以测量。因此，可以把"图书馆"这个作为潜在变量的题目进一步转化为量表的一个"维度"，并编制多个作为观测变量的题目以反映这个维度的特征。以下只列了 4 个题目作为举例。

以下关于学校图书馆的相关内容，请您选择满意程度：

	很不满意	较不满意	中等	较满意	很满意
图书馆的藏书量	1	2	3	4	5
图书馆人员的服务	1	2	3	4	5
图书馆的桌椅设施	1	2	3	4	5
图书馆的学习氛围	1	2	3	4	5

从以上量表编制过程我们可以看出，"学校满意度"这一变量如何从一个"潜在变量"转化为多个具体的"观测变量"的过程。量表编制就是把研究变量（潜在变量）恰当合理地转化为多个题目（观测变量），从而对变量的特征进行全面测量，如图 7-2 所示。当然，量表的实际编制过程往往较为复杂，这里举例更像是一种类比，希望简单形象地说明量表编制的过程。

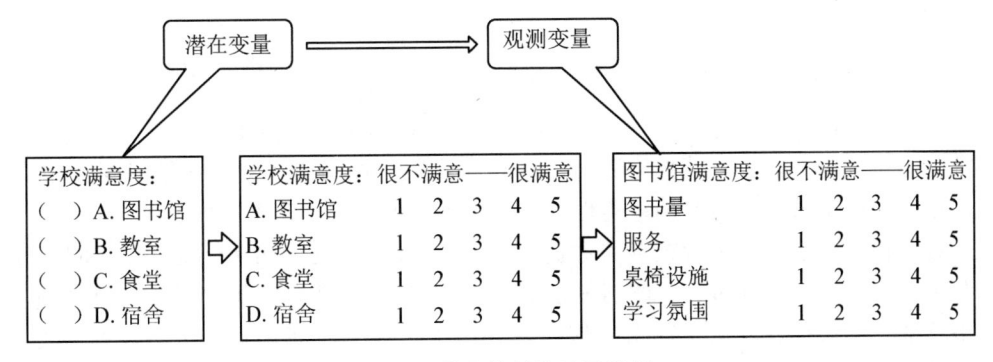

图 7-2 量表编制的过程举例

【拓展思考】

如何修订国外量表

目前，教育量化研究所涉及的变量有许多来自国外研究，属于舶来品。其中，一些量表具有很好的借鉴价值。以下是对某量表进行修订的过程，供研究者参考。

(1)中国专家(两名以上)翻译原始英文量表；

(2)对比专家的翻译稿，确定量表的中文稿；

(3)请两名英语专业人员将翻译成的中文量表初稿回译成英文；

(4)对照比较翻译差异大的题目，对个别词语进行分析、讨论及修改，主要考虑文化差异等因素，再次确定中文稿；

(5)再经两名以上专家对翻译的中文稿做出评定，综合考虑中文表达习惯和文化因素，对量表进一步做出适当调整和修订，形成初测中文量表。如有必要可以考虑增加或删减个别题目。

第三节 量表的信度与效度

一、信度

(一)什么是信度

信度(reliability)是指量表测量结果的可靠性或一致性。在量表实施的过程中，由于系统误差对量表的影响往往是稳定的，因此信度主要考查的是随机的、偶然的因素造成的误差。比如，被试样本选取、量表实施条件、被试的心理状态及参与意愿等。

真分数模型有助于对信度的理解。经典测量的真分数模型来源于物理测量，用公式表示为：$X=T+E_1+E_2$。其中，X 表示测量分数，T 表示真分数，E_1 表示系统误差，E_2 表示随机误差。信度就是对其中随机误差的反映。

量表的信度通常以相关系数(r)来表示，两组或多组数据的信度越高，越意味着它们倾向于具有一致的或稳定的趋势。

(二)信度的类型

1. 重测信度

重测信度(test-retest reliability)是用同样的量表对同一组被试或被调查者间隔一定时间重复施测，分析两次施测结果的相关系数。如果前后测量的结果相关很高，就意味着这个量表具有良好的稳定性，因此重测信度也称稳定性系数。

重测信度特别适用于考查事实式题目的稳定性，如性别、年龄等变量在两次重复施测中不应有差异。同时，重测信度也适用于考查一些在短时间内不会有较大变化的人格特征，如兴趣、动机、观念或信念等。如果量表受时间影响较大或重测易受第一次测量的影响，重测信度就不适合这样的量表。

重测信度考查的是量表跨时间的一致性或稳定性，因此重测信度要把握好两次施测的时间间隔。如果时间间隔过短，被试对量表的题目记忆犹新，可能造成假的高相关。如果时间间隔过长,测量结果可能会受被试身心特征的改变而使相关系数降低。一般而言,重测信度的时间间隔在 1~6 个月。

2. 复本信度

在量表施测过程中,被试或被调查者填答两份在长度、类型、结构上是一致的而内容有所不同的量表,所获得的两份量表的相关系数就是复本信度(alternate-form reliability)。复本信度越高,意味着所使用的两份量表越具有等值性,可以相互替代,因此复本信度也被称为等值或等价系数。

在教育量化研究中,由于对量表的复本设计具有一定难度,因此研究者对此往往使用较为谨慎。在学校教育现实中,最常见的复本信度就是某些学科考试时使用的"AB卷":在同一教室中,随机或按照学生座位间隔发放 A 试卷与 B 试卷,两个试卷具有等值性。

为了提高量表的复本信度,应尽量避免两份量表在题目内容选取上的误差,即确保两份不同的量表内容具有等值性。如果同一批被试填写互为复本的两个量表,应尽量避免被试对量表题目的记忆效应和练习效应。

3. 内部一致性信度

内部一致性(internal consistency)信度,也称内部一致性系数,是指测量同一个变量所涉及的多个指标的一致性程度。它主要反映量表的题目之间的相关关系,即各题目是否具有一致或相似的特质。内部一致性信度反映的是量表的题目之间的一致性或稳定性。

教育量化研究通常使用克隆巴赫阿尔法(Cronbach's alpha)系数来考查量表的内部一致性信度。一般而言,量表相关测量的内部一致性系数应大于 0.70。

比如,某个量表包含 4 个题目,4 个题目的克隆巴赫阿尔法相关系数假定为 0.85,就意味着参与量表填写的被试对这 5 个题目的回答具有较高的内部一致性或一致趋势,可以形象地理解为这 5 个题目是"一伙儿的"。于是,以此为依据就可以说这个量表是可信的或可靠的。

此外,分半信度(split half)也属于内部一致性信度,是将量表的题目分为两半,比如,按照随机的方式将题目分为两半,或按照题目的奇数项与偶数项分为两半,计算同一批被试在两半题目上得分的相关系数,考查两半题目的一致性程度,以反映量表的一致性信度。分半信度往往作为一种简便的方式来反映量表的内部一致性,不过,分半方式的不同可能使分半信度的精确性受到影响。

(三)影响量表信度的因素

量表用于测量研究变量的特征。量表的信度考查的是量表所包含的题目是否一致地、稳定地反映研究变量的特征。影响信度的一致性或稳定性的因素主要有以下几方面。

1. 样本的特征

在教育研究中,量表往往由研究对象或样本成员来填写,样本的特征是影响量表信度的一个重要因素。当研究的总体分布越具有异质性时,选取样本的分布范围越大，就越有助于提升量表的可信度。换言之，不同样本的一致性越高，越意味着量表是可信的。相反，如果样本的分布差异减小，就可能降低量表的信度。比如，某研究针对中小学教师的工作满意度进行研究，样本选取涉及教师的不同学科、不同年龄、不同职称、不同地区等各种差异，如果这样的样本对量表的反映具有一致性，就更能说明工作动机量表是可信的。

2. 量表本身的特征

从理论上讲，量表的题目数量越好，越有助于说明量表的信度。题目数量越多，越有助于消减被试在填写量表题目时可能产生的随机误差。不过，实际情况是，编制量表的题目不可能太多，而希望以较少的题目来反映量表的信度。通常，量表的每个维度的题目数量如果少于3个，就难以保证该维度的可信性。

二、效度

(一)什么是效度

量表的信度考查的是题目的一致性和稳定性，而量表的效度(validity)则反映的是题目是否真正能反映出研究变量的特征，即量表测量到所要测量的变量的有效程度。打个形象的比方：如果用体重仪来测体重，而且这个体重仪很标准，那么测得的结果才能真实有效地反映人的体重。当然，如果这个体重仪出故障了，那么对体重测量的有效性就会降低。这个体重仪就类似于量表。比如，如果幸福感量表真正测量的是幸福感，那么这个量表就是有效的。

(二)效度的类型

1. 内容效度

内容效度的确定往往没有复杂的数量化指标，而更多是一种推理和判断的过程，因此内容效度也称逻辑效度，即从逻辑上或理论上证明量表所测量的内容是它应该测量的，证明量表所包含的题目及维度能准确反映所研究的变量。

考查内容效度常用的方法是专家评判法，即邀请相关研究领域的专家对量表的题目及维度是否反映所研究的变量做出判断。可以考查专家评分之间相关系数或一致性系数。如果专家评分缺乏相关性，就意味着量表效度很可能存在问题，需要重新讨论和修改；如果专家评分具有高相关，就意味着这个量表很可能是有效的。当然，如果专家都判断失误，也可能导致对内容效度的误判。

因此，在量表编制的初期或正式测量之前，可以结合专家评分来考查量表的内容效度，先从理论上分析量表编制的合理性，为后续进一步深入考查其有效性做准备。

2. 效标效度

效标效度，也称效标关联效度，主要考查量表的测量结果与相应的效标之间的关系。效标，也称效度标准，是衡量量表有效性的参照标准。这个标准往往在先前的研究中已经证明它可信和有效。量表测量分数与效标之间的相关系数表示两者的相关程度，两者之间达到一定程度的相关就意味着当前的量表是有效的。

比如，某研究新编制了教学反思量表，为了验证这一量表的有效性，研究者就使用了效标效度加以考查。该研究结合之前已经验证具有良好信效度的教学自主性问卷，从中选取一个维度，如教学自省性，作为效标进行验证。教学自省性与教学反思在概念上具有较高的相似性。因此，可以考查教学反思量表的各个维度与教学自省性之间的相关系数，如果两者之间具有较为显著的正相关，就很可能意味着教学反思量表具有良好的效标效度。

3. 结构效度

结构效度，也称构想效度，指一个量表对所探讨的变量的结构或特质实际测量出来的程度。换言之，量表在理论上或统计上符合某种结构，量表能有效地反映出变量的结构。

进行结构效度验证需要针对所研究的变量建立相应的理论框架，根据理论框架，推断出量表的结构与题目，并通过逻辑和实证的方法来验证假设。结构效度适合在理论上存在某种结构的研究变量的测量。

因子分析（factor analysis）是常用的验证量表结构效度的方法。因子分析的基本原理是将错综复杂的题目（观测变量）归属于少数几个因素或因子的多元统计方法。具体而言，因子分析根据量表题目的相关性大小对题目（观察变量）分组，使同组内题目之间的相关性较高，不同组之间的相关性较低，所假设的每组公共因素或因子代表一个基本结构。对量表的结构效度的因子分析主要有两种：探索性因子分析和验证性因子分析。对此本书将在第十三章具体介绍。

(三) 影响效度的因素

效度考查的是量表的有效性，一些干扰因素会影响量表的效度。

1. 量表的信度

信度是效度的前提条件。如果量表的信度指标不好，即量表本身缺乏一般性或稳定性，那么其效度往往难以保证。因此，在编制量表时，最基本的是要保证量表及题目是可信的。

2. 量表本身质量

效度反映的是量表所要真实测量的内容，因此，如果量表本身质量存在问题，量表编制的题目内容与形式不合理，题目不符合量表所考查变量的特质，量表的指导语不清晰等，这些都可能会直接影响量表的有效性。

3. 量表实施过程因素

量表实施过程中如果存在一些干扰因素，比如，研究对象或样本选取不合理，被试或主试的身心状态不好，量表填写环境不理想，量表记分出现错误等，都可能降低量表的效度。

4. 效标的性质

就效标效度而言，如果使用的效标缺乏实质的有效性，或研究者选择了不良的效标，都可能降低量表的效度，误导对量表的验证。因此，只有选择经过反复验证有效的、能经得起考验的效标，才能有效地反映出量表的效度。

三、信度与效度的关系

试想,用体重仪来测量身高,如果得到的结果很稳定,很一致,就意味着测量具有良好的信度,但如果这种测量测不出身高,它就是无效的。因此,量表具有良好的信度,并不意味着也一定具有良好的效度。信度是效度的必要非充分条件。

比如,打靶时命中靶的中心区域为有效,量表的题目就像是每一次打靶,如图7-3所示。第一种情况,如果每次打靶都很集中,就说明它具有信度(稳定性、一致性),但由于没有命中中心区域,就没有效度。第二种情况,如果每次打靶既不集中,也没有命中靶心,就意味着它既没有信度,也没有效度。第三种情况,如果每次打靶都很集中,也都命中靶心,就表明它既有信度,又有效度。

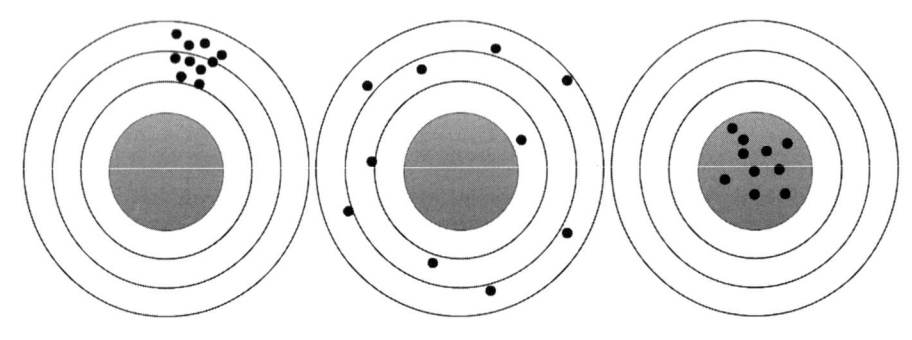

(1) 有信度,但没有效度　　(2) 既没有信度,也没有效度　　(3) 既有信度,也有效度

图 7-3　信度与效度的关系

四、量表的信效度与研究的信效度

量表的信度与效度的本质在于考查量表题目的稳定性与有效性。对量表信效度的验证的实质在于从不同题目、不同样本、不同情境等来证明量表是稳定的与有效的。换言之,如果发现量表的题目都能稳定地反映量表所涉及变量的特征,而且所反映变量的特征是该变量的真实特征,那么这个信度就是可信的和有效的。简单而言,对所要研究的变量进行多角度、多层面的验证,以证明量表的信效度。

对于研究的信效度而言,要反映研究是可信的和有效的,不需要像量表的信效度那样对题目的内部一致性、因子分析等进行考查,但也需要从不同角度来对研究的信效度加以验证。因此,研究的信效度往往通过不同的研究范式、不同的研究方法/工具、不同研究角度来论证,通过不同的论据以相互佐证研究的有效性。

对于研究的有效性,这里举例说明。比如,在杂志《科学》(*Science*)中,有一个研究探讨有偿生态系统服务对减少森林砍伐的影响(Jayachandran et al., 2017)。为了证明这个研究的有效性,研究者主要通过三种研究途径进行验证:一是通过访谈法(interviews)考查向村民提供补偿之后是否减少了森林砍伐;二是通过现场调查(site inspections),研究者深入相应生态服务的实地进行观察和调研;三是通过卫星图片(satellite images),考查提供有偿生态服务地区的森林面积的变化趋势。这三种研究途径相互印证,体现着研究的有效性。这与量表的信度和效度有些类似,从多角度、多层面对研究的稳定性和有效性进行验证。

【拓展思考】

量表数据不好怎么办

量化研究通过量表回收数据资料之后,如果发现针对量表的数据分析结果并不如意,比如,量表的信度和效度指标不好,这将直接影响后续分析数据及验证研究假设。那么,这种情况如何处理?

由于测量的随机误差往往是研究者难以控制的,因此,对数据的清理与完善主要依靠减少测量的系统误差来改善和提升量表的信度与效度。

1. 清理不合格的被试数据

如果量表获得的数据本身不合格,就会直接影响量表的信度与效度。在量表测试的过程中,有的被试出于不愿意或持有抵触情绪来参与量表填写,就可能干扰测量数据。

这就需要删去这类不合适的被试数据。比如,被试所填答的数据缺失过多,或被试对所有题目只填写了某一个数字。这样的被试数据很可能降低数据信息的真实性,难以反映被试对量表题目选项的真实选择,因此很可能会干扰对信度与效度以及后续数据分析的结果。这类不合格的被试数据会造成测量的系统误差,像是测量的"硬伤"。不过,这种误差在一定程度上还是可以控制的,可以通过目测或统计软件将其甄选出来并删去。

2. 清理不合格的量表题目

被试数据清理之后,如果量表的信度与效度指标还不合格或不理想,那么需要考虑量表本身是否存在问题,即量表的题目及结构可能存在不合格之处。这也是造成测量系统误差的原因之一。

这就需要尝试把个别不合格的题目删去。比如,在对量表数据进行因子分析的过程中,可以通过因素载荷(题目与维度的相关系数)的大小来判断量表的题目与相应的维度之间相关是否紧密。通常量表题目的因素载荷如果小于0.40,就意味着这个题目很可能不属于相应的维度,就要考虑将它删去或调整至其他维度之下,然后再考虑调整后的数据指标是否合格。

如何判断量表数据分析不合格的问题是被试的原因,还是量表本身的原因呢?

可以在研究设计及量表施测过程中,在各种研究变量整合而成的量表中加入一个与当前研究没有直接关联的参照量表,以作为研究量表数据分析的参照。这个参照量表需要在以往的研究中具有稳定的、优秀的信度与效度,并且题目数量或篇幅不应过多,以避免对研究变量的干扰。

如果这个简短而有效的参照量表在当前的研究中可以取得良好的信度与效度结果,而某个研究变量的量表数据分析的信度与效度不合理,那么就很难把这其中的问题归咎于"被试不配合"或"被试没有好好填写"等被试造成的测量系统误差,而应认真考查研究所涉及量表的题目和结构本身是否存在不合理之处。

因此,研究者在选择已有的量表时,要选择那些经过信度与效度良好验证的量表。如果编制一个新的量表,也要确定合理的理论支撑,并且紧密结合实践情况,设计好量表的结构维度,编制好量表的题目,以尽可能地减少测量的系统误差,提高量表的信度和效度。

第八章　统计方法概述与数据初步整理

在量化研究中，研究者完成收集研究数据、初步整理数据的步骤之后，就需要按照研究目的选取合适的统计方法对数据进行深入分析，从而验证研究假设、解决研究问题。其中，统计方法的正确选择会对研究结果产生很大的影响。比如，定类变量（也称类别变量）和定距变量（也称等距变量）有不同的统计方法。如果研究者使用针对定距变量的统计方法分析定类变量，很可能会导致研究结果产生较大误差。

选择正确的统计方法是数据分析前的重要步骤。在此之前，为了统计分析的顺利进行，研究者还需对数据进行初步整理从而提升数据质量，如定义变量名称，处理缺失值，确定测量尺度等，然后才能选择下一步的统计方法。

第一节　统计方法概述

数据是统计的语言，指标是统计的手段，准确是统计的生命，应用是统计的灵魂（王德青，2008）。数据分析反映着研究变量的特征或规律，服务于研究变量的理论与实践。鉴于研究中统计数据的重要作用与统计方法的重要意义，研究者需要通过多种途径保障统计分析的准确性与提升研究结果的应用价值。

从根本上说，统计学原理和方法是一种科学的思想方法，客观存在的事物总会有一定的数量表现，可以通过特定的方法进行测量（王孝玲，赵必华，2008），也可以通过相应的统计方法进行分析。概括来说，量化研究的统计方法通常包括描述统计和推论统计。

一、描述统计

描述统计用于归纳数据的分布特征，主要反映出数据的集中趋势和离散趋势，这两种数据的趋势相结合才能完整地反映出一组数据的分布特征。集中趋势主要涉及数据的平均数、中位数和众数。目前量化研究中的平均数（M）通常指算术平均数，即某一组数据的总和除以总频次所得的商。中位数（Md）是指一组数据按照大小顺序排列之后，位于中间位置的某一数值，而当个案数为偶数时，中位数则是位于中间位置的两个数值的算术平均数。众数（Mo）是指一组数据中出现频次最多的数值，有时不止一个众数。这三个统计指标是目前反映数据集中趋势的主要指标。本书第九章的"集中趋势"部分会对这一内容进行详细介绍。

离散趋势主要包含数据的极差、四分位距、平均差、方差和标准差。极差是指一组数据的最大值减去最小值所得的差。四分位距（QR）是指一组数据按大小顺序排列之后，研究者按照频数平均分成四段，若从小到大排列，该数据组中的四分位距即第三个四分位数与第一个四分位数的差除以2所得的值。平均差（MD）是指一组数据中各数值与平均数差的绝对值之和除以总频数所得的商。方差（σ^2）与标准差（SD）密切联系。因为方差是标准差的平方，标准差是方差的开方，两者是反映数据离散趋势最常见的指标。其中方差是指数据组中某一数值与平均数差的平方和除以总频数所得的商。本书第九章的"离散趋势"部分会对这一内容进行详细介绍。

相关分析主要用于分析变量间的关联方向和关联程度。相关分析较为特殊，很多量化研究将它列为单独的数据分析方法，认为它既不属于描述统计也不属于推论统计，本书也将它归为单独的一章。此外，研究者在选择相关分析方法时，也需要综合考虑数据的分布形态。比如，正态分布的定距变量可采用皮尔逊（Pearson）积差相关，非正态分布的定距变量可以使用斯皮尔曼（Spearman）相关等。本书第十章会详细阐述这一内容。

二、推论统计

相比于描述统计，推论统计主要用于分析数据的客观规律，用于揭示一个变量对另一个变量的作用，如 t 检验、方差分析、非参数检验、卡方检验、回归分析等。t 检验、方差分析、非参数检验和卡方检验常用于数据的差异性检验，前两者均基于数据的正态分布形态，而非参数检验基于数据的非正态分布形态，研究者需要根据数据特点进一步选择更具体的分析策略。不论是 t 检验、方差分析还是非参数检验，统计分析的前提都是多列数据组中的因变量数据组是定距变量（也称连续变量或等距变量）或高测度的定序变量（也称顺序变量）。而当数据组的自变量和因变量都是定类变量或低测度的定序变量时，研究者可以利用基于交叉表的卡方检验进行差异性检验。比如，比较不同专业学生的语文成绩是否存在差异，当专业为两个因素，语文成绩为正态分布时，采用独立样本 t 检验；当专业多于两个因素，语文成绩为正态分布时，采用单因素方差分析；当语文成绩为非正态分布时，采用独立样本的非参数检验。当需要比较不同性别学生的专业是否有差异时，研究者可采用基于交叉表的卡方检验。具体要求见表 8-1。

此外，回归分析用于分析两个存在相关关系的变量，一个变量对另一个变量的预测作用，即一个变量随另一个变量变化的程度。不同分布形态的数据具体的回归分析方法也有所不同。量化研究中最常使用的回归方法是线性回归，在线性回归中除了二元回归以外，还会使用多元回归、多元分层回归等方法。本书第十二章会介绍部分方法和相应的操作。

表 8-1　差异性检验统计方法

数据特点		定距变量	正态分布	高测度	对应关系	其他
t 检验	配对样本	2	√	√	√	
	独立样本	2	√	√	×	
方差分析	单因素	1	√	√	×	因变量为定类或定序变量
	多因素	1	√	√	×	因变量为定类或定序变量
	协方差	1	√	√	×	因变量为定类或定序变量，协变量为定距或高测度定序变量

续表

数据特点		定距变量	正态分布	高测度	对应关系	其他
非参数检验	2 关联样本	2	×	√	√	
	K 关联样本	≥2	×	√	√	
	2 独立样本	2	×	√	×	
	K 独立样本	1	×	√	×	因变量为定类或定序变量
卡方检验						至少两个数据组，一组为期望变量，另一组为分析变量
基于交叉表的卡方检验						两组低测度定类或定序变量

注：数据的"正态分布""高测度""对应关系"形态均基于多个数据组中存在定距变量数据组。其中，"对应关系"是指两对或多对数据组间存在一对一的对应关系，如语文成绩与数学成绩均为定距变量数据组，共同对应一名学生的成绩，存在对应关系，但性别与成绩之间不存在对应关系，性别为二分变量，成绩为定距变量，二者不存在一对一的关系。

第二节 数据的初步整理

研究者收集研究数据之后，需要对数据进行初步整理才能进行下一步的统计分析，否则难以得出真实可靠的数据分析结果。数据的初步整理可以在 Excel 和 SPSS 两个软件中进行，但由于 SPSS 是量化研究较常使用的统计分析工具，比 Excel 具有更高效、更便于操作的特点，因此本书主要利用 SPSS 介绍如何进行数据的初步整理。

数据的初步整理主要利用 SPSS 中的数据视图和变量视图两个数据界面以及数据工具栏进行操作，包括编辑与处理变量名称、变量标签、变量值、缺失值、变量类型、测量尺度、清洗数据、归纳维度等内容。

一、数据文件与数据界面

(一) 数据文件

数据处理的第一步就是研究者需要利用相应的数据分析软件打开或导入数据。就 SPSS 来说，导入数据的方法主要有两种：第一种是当数据已经保存为 SPSS 的输出格式".sav"时，研究者通过"文件"—"打开"—"数据"窗口，选择相应的数据文件打开即可；第二种是当数据保存为其他的文件格式时，如 Excel、文本数据等格式，研究者则需要利用"文件"—"导入数据"窗口进行操作。

如果选择第二种打开方式，为了保证数据导入 SPSS 时不会发生数据乱码，研究者还需要在导入数据前在相应的文件中对数据进行梳理，特别需要关注横纵坐标和变量名称。以 Excel 举例，由于 Excel 没有单独的标题行，通常数据表的第一行被默认为标题行。因此，如果研究者已经提前整理了 Excel 数据表第一行的变量名称，在导入 SPSS 时就可以选择"从第一行数据中读取变量名称"，然后在预览窗口检查导入结果。操作步骤如下。

第八章 统计方法概述与数据初步整理

第一种方法，直接打开数据（见图 8-1）。

> 如果数据文件是 .sav 格式，可以通过"文件"—"打开"—"数据"直接打开相应文件夹中的数据文件。

图 8-1 直接打开数据

第二种方法，间接导入数据（见图 8-2）。

> 步骤一：如果数据文件是其他格式，可以通过"数据"—"导入数据"—"Excel"或其他格式导入数据。

(1)

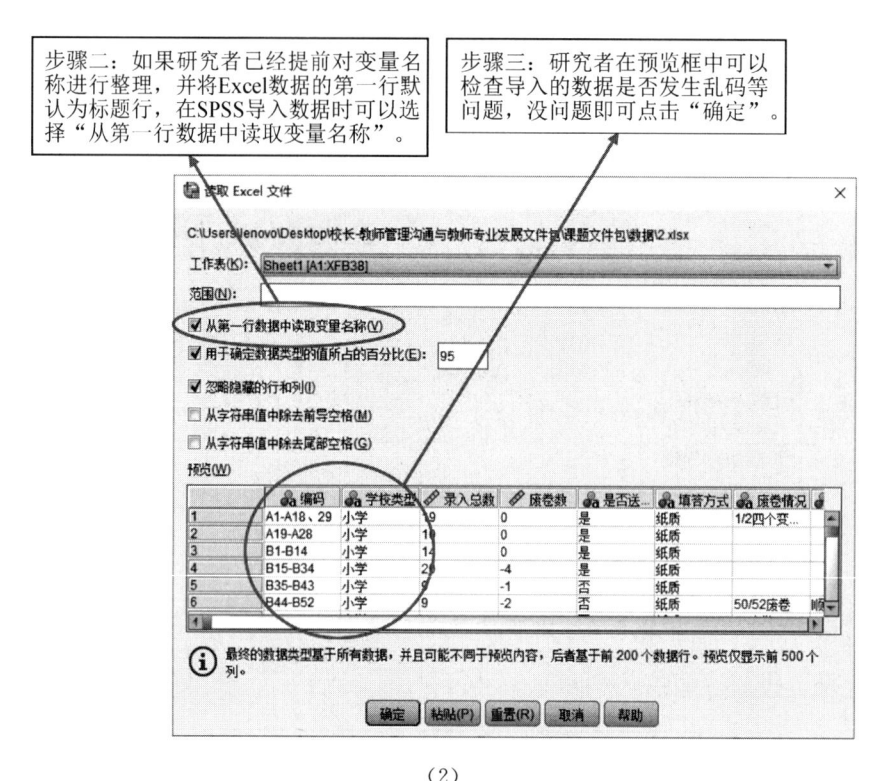

（2）

图 8-2 间接打开数据

(二)数据界面

打开和导入数据后，研究者需要全面了解 SPSS 这个数据分析软件的操作界面。SPSS 有两大操作界面：数据视图与变量视图。数据视图呈现所有的研究数据，即全部的变量或个案，横坐标为各变量名称，纵坐标为个案序号，该视图用于查看数据内容及其变化（见图 8-3）。变量视图呈现所有的变量设置指标，横坐标为设置参数，如"变量名称""变量类型"等，纵坐标为各变量及序号，数据的初步整理主要在该视图中进行（见图 8-4）。

SPSS 还有一个重要的任务工具栏，位于数据视图和变量视图的抬头位置，即所有操作界面的上方，包括"数据""转换""分析"等命令窗口。研究者需要通过该任务栏中的各个命令窗口选择相应的统计分析方法，从而进行数据的初步整理以及之后深入的统计分析。

此外，除了操作界面外，SPSS 还有一个重要的结果输出界面，即"输出查看器"。研究者在进行重要的数据操作或统计分析后，该查看器会显示所有的操作过程和相应的统计分析结果。查看器的界面分为左右两部分，右侧区域是主要结果界面，用于记录统计分析过程和分析结果，左侧区域是右侧区域中结果的内容目录，即对右侧区域内容的归纳整理，便于研究者快速查找需要的内容（见图 8-5）。

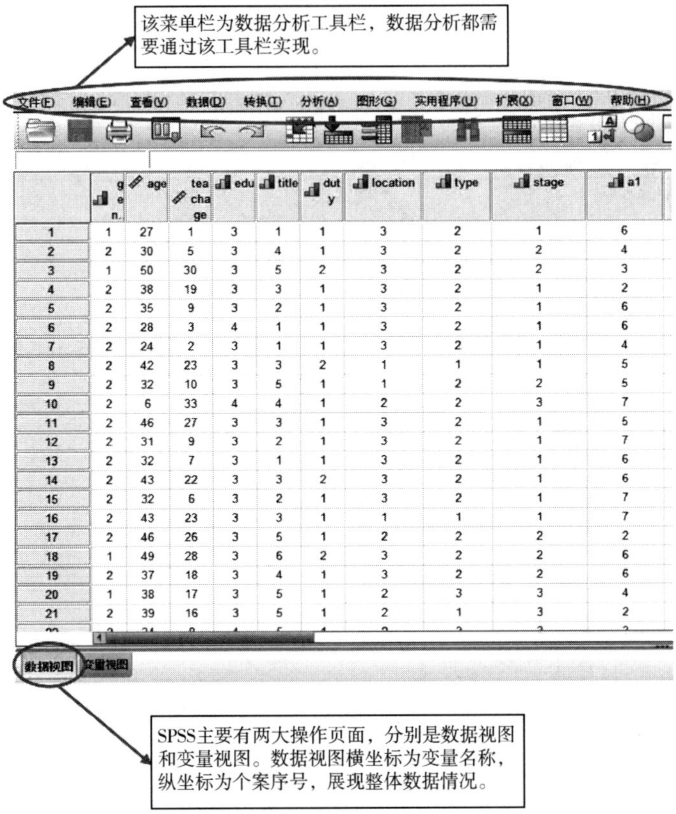

图 8-3　数据视图界面

图 8-4　变量视图界面

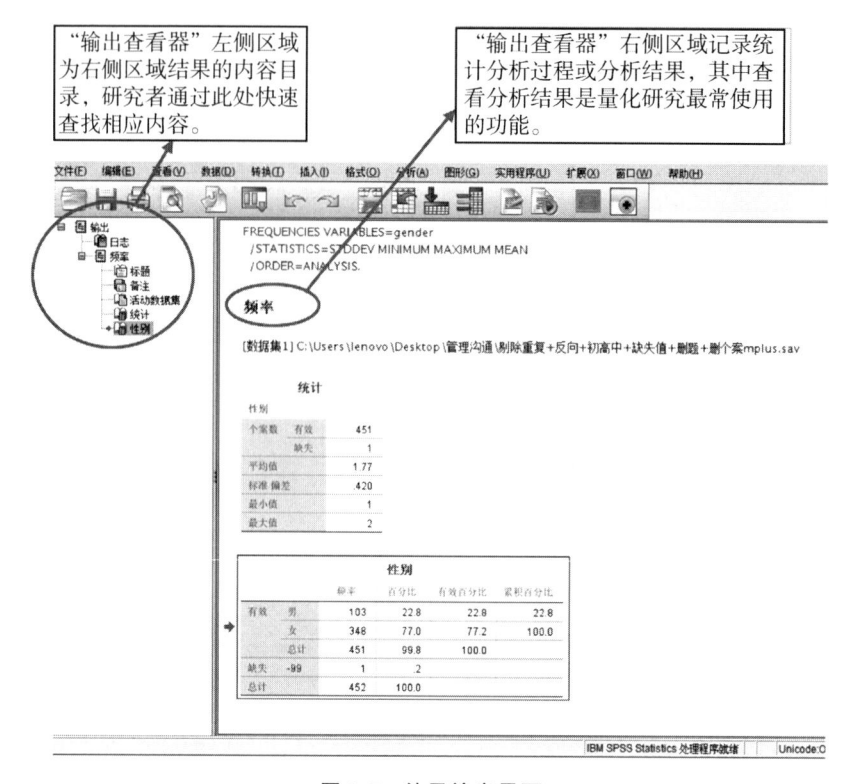

图 8-5 结果输出界面

二、变量视图

数据的初步整理主要在 SPSS 的变量视图中进行，操作如下。

(一)变量名称与变量标签

研究者需要在变量视图中设置基本的变量名称和变量标签，这会决定数据处理或结果输出界面的变量呈现方式。简单来说，变量名称就是数据处理界面和结果输出界面的数据名字，准确简要的变量名称在便于统计分析的同时也能清晰展现出数据符号背后的实际意义。此外，准确的变量名称能帮助研究者快速识别数据和相应的结果，并顺利转换不同的数据分析软件，减少后续不必要的工作。如果后续的数据分析主要在 SPSS 中进行操作，变量名称可以设置为中文或英文；但如果后续还需要利用 Mplus、AMOS、Stata 等数据分析软件进行操作，由于部分软件只能识别英文和数字，此时变量名称建议设置成英文。

与变量名称对应的操作是添加变量标签。变量标签是对变量的相关注释，如对变量英文名称的中文解释、题目相应的维度标注等。研究者可以根据研究需要选择是否添加标签以及添加什么样的标签。如果添加了标签，SPSS 的结果输出界面会优先使用变量标签而不是变量名称，但不会影响其他操作软件对变量名称的使用，而且研究者也可以对输出界面进行设置和修改。

比如，研究者可以将"性别"变量命名为"gender"或其他英文名称，并在变量标签中标注"性别"，在后续的 SPSS 操作中，数据分析的输出结果会显示中文标签，而不是英文名称。而且，在 Mplus 或其他分析软件中英文名称仍旧可以运行。操作页面如图 8-6 所示。

图 8-6 添加变量标签

(二)变量值

研究者根据研究需要选择是否对变量内容进行值编码，即对变量下的数据内容进行归纳整理。比如，"性别"变量下有"男""女"两个水平因素，如果不编码，变量则为字符类型，如果编码为"0""1""2"等数值，变量则由字符转换为数字类型。研究者根据研究需要选择字符类别。本章"变量类型"部分会对这一内容详细说明。

根据研究目的和变量类型，研究者需要对部分变量进行值编码，以便 SPSS 计算程序更好地识别与分析。比如，"性别"变量可以被编码为"1=男""2=女"，"1""2"用于数据分析，"男""女"是数据的真实含义。表 8-2 是针对教师性别的频率分布统计，展现了男教师和女教师的数量及占比，虽然数据是"1""2"，但是由于提前进行了值编码，最后数据结果的输出界面仍然显示"男""女"。如果不对数值进行编码或者编码错误，可能会导致统计结果输出界面的不准确，最终影响整个研究结果。具体步骤如下。

(1)操作步骤与图示(见图 8-7)。

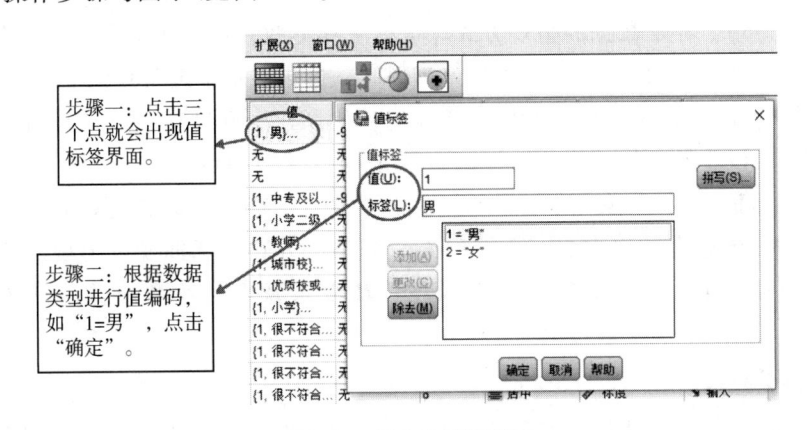

图 8-7 操作步骤与图示

(2)结果输出(表8-2)。

表 8-2 性别频率分布

		频率	百分比	有效百分比	累积百分比
有效	男	103	22.8	22.8	22.8
	女	348	77.0	77.2	100.0
	总计	451	99.8	100.0	
缺失	−99	1	0.2		
总计		452	100.0		

此外,量化研究中的调查问卷经常使用李克特式量表,此时值编码显得格外重要。比如,"a1"是"校长—教师"管理沟通量表(以下简称管理沟通量表)的第1题,它使用了Likert-7点量表,1~7的数值有大小顺序和具体含义。此时,变量值就需要按照量表的选项顺序依次编码,从1到7依次编码为"很不符合"到"很符合"(图8-8)。其中值编码不仅发挥归纳数据类别的作用,更存在对数据大小进行排序的作用,这与测量尺度密切联系,本章的"测量尺度"部分会对这一内容详细说明。

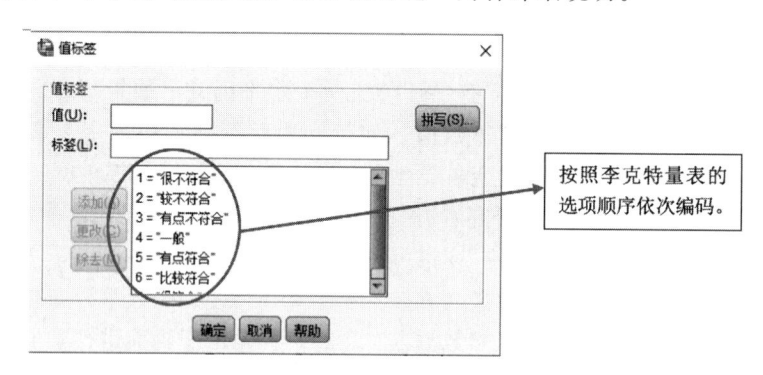

图 8-8 值编码

(三)变量类型

变量类型用于界定数据的呈现方式,也称字符类型。数据变量有多种类型,针对不同的变量类型,SPSS内部有不同的计算程序。量化研究中最常见的变量类型为"数字"和"字符串"两种,主要根据数据种类界定。比如,当性别变量已经被编码为"1=男""2=女",该变量下的数据为"1""2",则该变量类型为数字;而当性别变量没有被编码,数据仍是"男""女"两类,则该变量类型为字符串。简言之,研究者需要根据研究目的对数据进行整理、赋值,判断数据呈现方式并选择变量类型。然后,研究者需要根据变量类型和数字或字符长度修改变量宽度与小数位数。具体步骤如图8-9所示。

(四)测量尺度

测量尺度的确定是数据分析前的重要工作。数据性质决定测量尺度,测量尺度的

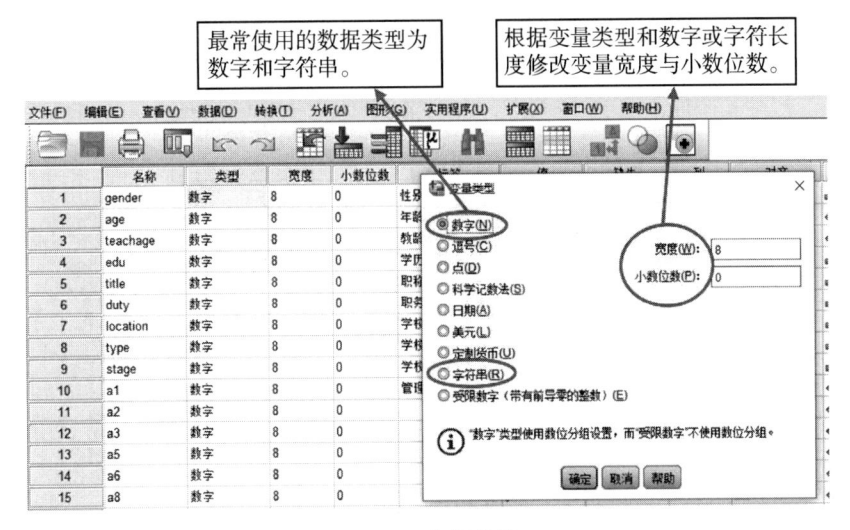

图 8-9　变量类型

选择决定量化研究的质量。统计学者史蒂文斯(Stevens，1951)根据测量方法的数学特征，将测量尺度分为名义、有序、等距和比率四种尺度(邱皓政，2013)。当前，SPSS 中变量视图中的测量尺度主要有名义尺度、有序尺度和等距尺度三类，研究者根据数据性质判断其种类并赋以数值(图 8-10)。

名义尺度(nominal scale)，也称名称尺度，用于测量定类变量，因此也被称为名称变量。该变量的数值及大小没有实际意义，只用于分类，相应地，名义尺度也具备分类功能。比如，性别(1＝男，2＝女)，学科(1＝语文，2＝数学，3＝英语，4＝其他)，地点(1＝北京，2＝湖北，3＝其他)，都是定类变量，数值大小没有特定意义，只是用于标注数据类别。

有序尺度(ordinal sale)，也称等级尺度，用于测量定序或等级变量，除了具有分类功能外，数据的数值大小和顺序也具有实际等级意义。有序尺度用于测量数据之间的大小顺序关系，如最常见的 Likert-5 点量表(1＝很不符合，2＝不符合，3＝一般，4＝符合，5＝很符合)数值顺序存在递进关系，数值大小具有实际意义，此时的测量尺度为有序尺度，该测量尺度在问卷调查法中最为常见。在这里需要注意的是，某些名称或定类变量的转换，如学校类型(1＝薄弱校，2＝普通校，3＝优质校)和教师职称(1＝初级教师，2＝中级教师，3＝高级教师)，数值大小顺序也具有一定意义，可以标注为定序或等级变量。

等距尺度(interval sale)用于测量定距变量，这样的变量也称等距变量。该数据的数值大小可以反映数据的差距或间距大小，除了具有分类和大小顺序意义，还具有差距意义，即数据之间的差距大小也具有实际含义。最常见的定距变量为考试分数，分数之间的差距小至 0.1 分也具有实际意义，此时的测量尺度为等距尺度。此外，第四种比率尺度(ratio sale)其实是具有真正零点的等距尺度，数值除了间距具有实际含义外，数值的比率也具有意义(邱皓政，2013)。比如，教师教龄(年)、教师工资

(元)等，都具有真正零点，不同教师工资的比率反映了某位教师工资是另一位教师的几倍或几分之几，但目前在 SPSS 中无法直接选择该测量尺度。

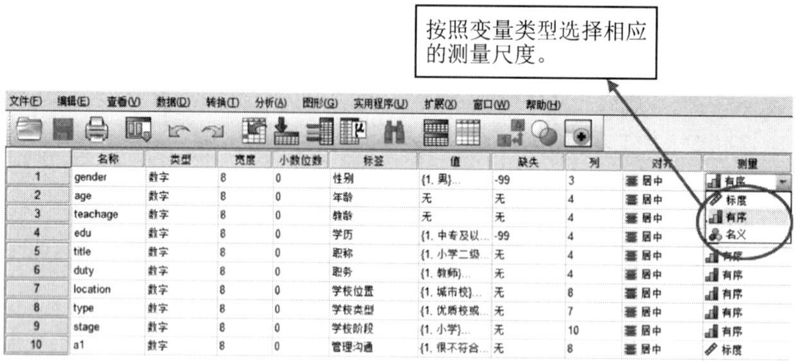

图 8-10 测量尺度

(五) 缺失值

量化研究会因为各种原因出现数据缺失的情况，即缺失值(missing data)的存在，缺失值是量化研究中经常出现且会对研究结果造成干扰的重要问题。目前缺失值的处理方法主要有三种：第一种是删除法，即删除所有存在缺失值的样本，但在保留有效样本的同时可能会删除过多数量的样本；第二种是编码法，即对缺失值进行编码，系统分析时自动排除存在缺失值的样本数据，只针对有效样本分析而不会删除过多样本，但可能会导致不同变量分析时样本数不同；第三种是替换法，即将缺失值用变量的平均数或中位数等集中趋势数值代替，但会影响数据样本的真实性。三种方法各有利弊，研究者需要根据研究权衡选择。

第一种删除法，在操作上有两种途径。一是可以利用描述分析筛选出相应变量的缺失值数量，并利用查找功能删除相应的个案样本，但工作量较大，且可能会删除过多原始数据。比如，根据描述统计中的频率分析能得出性别变量存在多少缺失值，然后返回数据视图性别一列中查找出全部的缺失值并删除相应个案，但较为耗时耗力。二是利用统计分析一键删除存在缺失值的数据，不会改变原始数据，只会发生在某次统计分析中。比如，研究者需要对管理沟通量表进行探索性因子分析，则可以在操作完因子分析相应步骤后(本节不详细介绍因子分析)，选择"选项"窗口"成列排除缺失值个案"，完全排除缺失数据进行降维分析，使降维结果更加准确，具体步骤如图 8-11 所示。

第二种编码法，为了最大限度地保留样本和原始数据，当前编码法是量化研究最常采用的缺失值处理方法，即对缺失值进行编码。如果缺失数据是空缺数据，即没有任何数据的空白单元格，此时研究者不对缺失值进行任何编码或标注，SPSS 也会自动将空缺数据视为缺失值，排除之后再进行统计分析。但如果缺失数据是"−2""−3"等其他实际数值，SPSS 不会自动识别排除，而是将它们纳入统计数据中，此时研究者就需要对它们进行编码。如果后续还需要利用 Mplus 等软件进行分析，研究者需

(1)

(2)

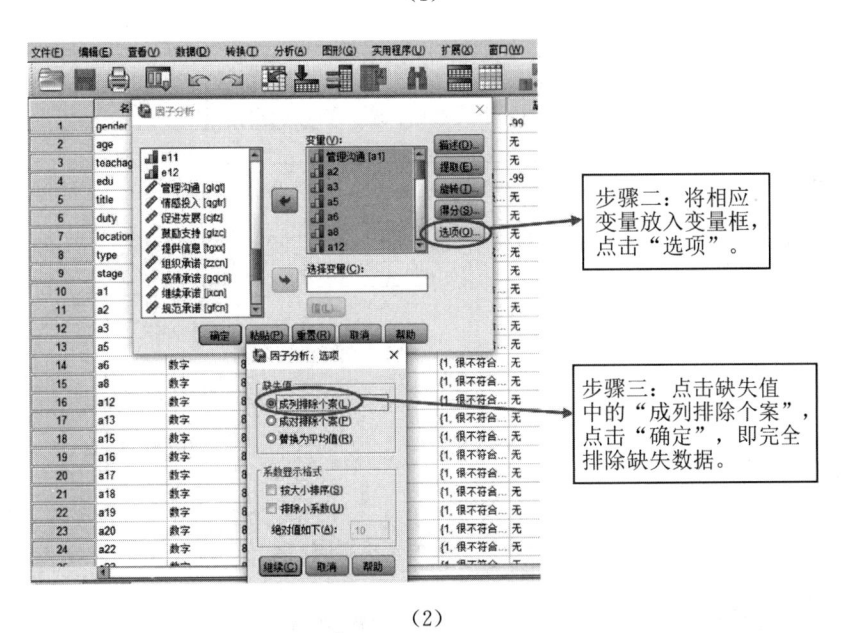

图 8-11 删除法步骤图

要对缺失值进行编码，如将空缺数据编码为离散缺失值"-99"或"-999"等值，此处需要注意缺失数值不能与原有数据的数值重合。如果缺失数据是连续数值，如"考试分数"，需要编码连续范围的缺失值，则点击第三类编码连续缺失值，且还可以增加一个离散缺失值。具体操作步骤如图 8-12 所示。

第三种替换法，即将缺失值替换为该变量下的其他集中趋势数据，如平均数、中位数等，研究者可以利用"转换"—"替换缺失值"一键替换。该方法可以生成替换数据的新变量，研究者可以根据研究需要，在命名输出变量名称时，选择生成新变量或替换原有变量，而不会与删除法一样，只能选择改变原始数据。操作步骤如图 8-13 所示。

(1)

步骤一：点击右侧三个点。

(2)

步骤二：选择缺失值编码种类，离散缺失值用于独立的缺失数据；范围缺失值用于连续范围的缺失数据，输入数值后点击"确定"。

图 8-12　编码法步骤图

(1)

步骤一：选择"转换"—"替换缺失值"。

(2)

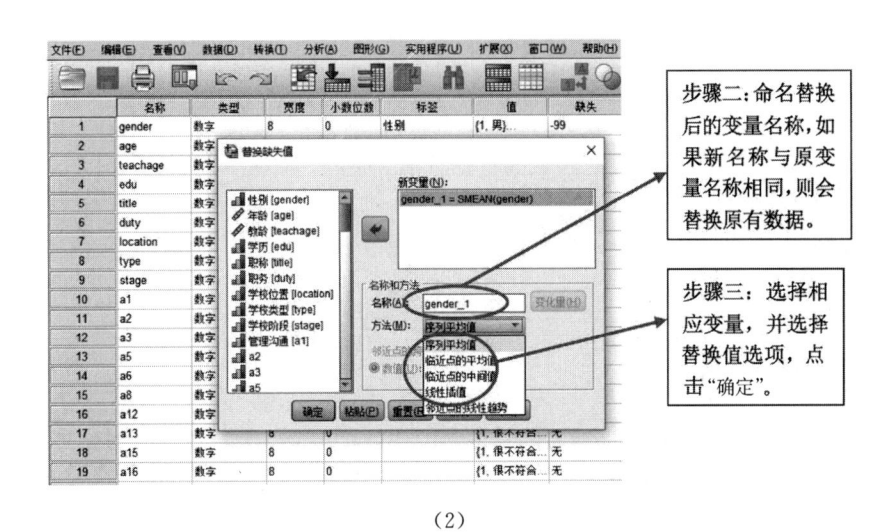

图 8-13　替换法步骤图

三、数据视图

除变量视图之外，数据初步整理的部分操作还需要利用数据视图。

(一) 离散值

量化研究的统计分析经常涉及对离散数据的虚拟化处理，即将定距变量转换为定序变量或定类变量等观察变量。如果研究涉及对离散值的虚拟化处理，研究者首先需要对离散值的缺失值进行编码（方法详见"缺失值"部分），然后才能进行后续操作。研究者通过转换离散数据，可以使其数据类型和测量尺度与其他定序变量或定类变量处于同一维度，以便后续的统计分析。以教师的"教龄"为例，如果在回归分析中它需要与性别（1＝女，2＝男）或学段（1＝小学，2＝初中，3＝高中）等已经被编码的定类变量或定序变量共同作为控制变量进行操作时，研究者就需要对它进行虚拟化处理。根据研究者自定的标准（如 1＝5 年及以下，2＝6～10 年，3＝11～15 年等），连续的"教龄"变量就可以被转换为"1""2"等虚拟数值。SPSS 主要通过"转换"窗口进行操作，具体操作步骤如图 8-14 所示。

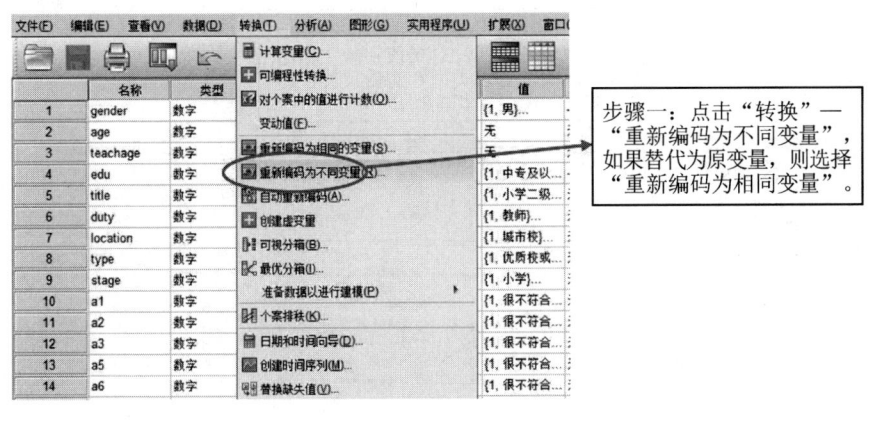

(1)

114 | 教育量化研究：理念与方法

步骤二：从左侧变量窗格中双击选择需要转换的变量值至转换窗格。

步骤三：在输出变量下输入新变量的名称和标签，与变量名称和变量标签的原理一致，然后一定要点击"变化量"。

步骤四：点击"旧值和新值"。

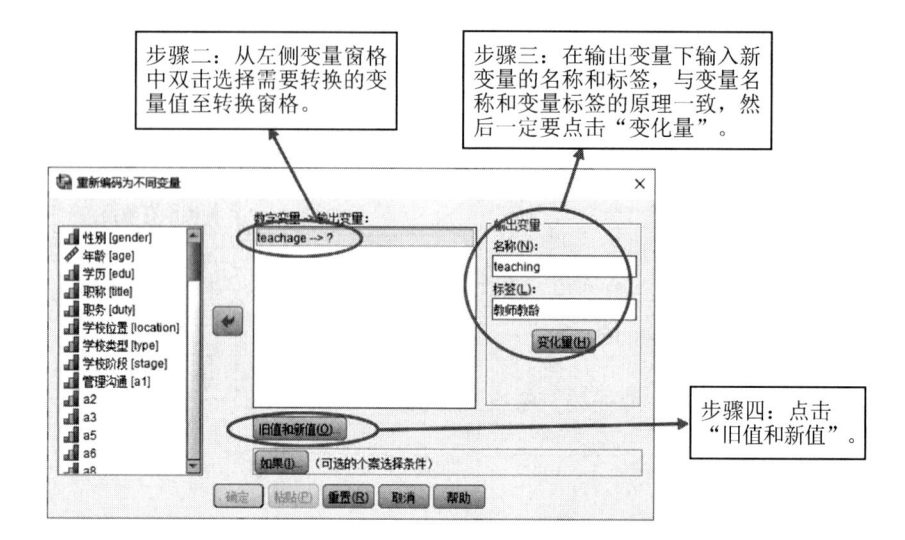

（2）

步骤五：由于是离散数据，所以编码为范围编码，左侧为旧值窗口，右侧为新值窗口。以5年教龄间距为例，"最低～5年=1""5～10年=2"等依次类推，最后转换的值在右下角数据框内显示，检查无误后点击"继续"—"确定"即可。

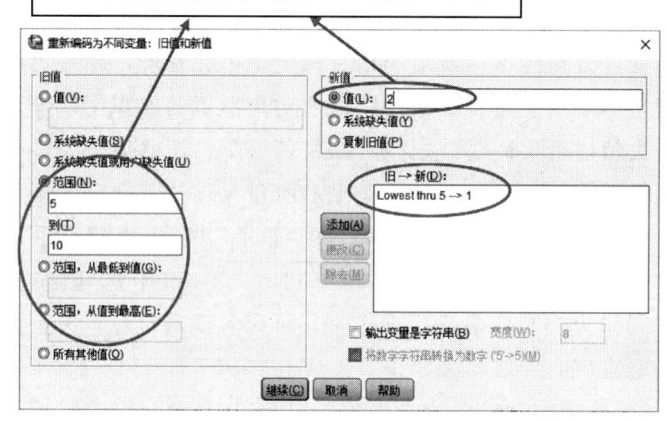

（3）

步骤六：返回到"变量视图"中检查变量名称和变量标签，对其值和缺失值进行编码，确定变量类型和测量尺度，即重复变量视图中的相关操作。

（4）

图 8-14　对离散值的虚拟化处理

(二)清洗数据

清洗数据主要是指研究者针对收集的数据样本，采用多种方法排除无效数据，筛选重复个案或回答一致的数据等，从而提升统计数据的有效性。在数据收集过程中，研究者无法完全保证被试回答的真实程度，为了最大限度地保证数据结果的真实性和可靠性，往往需要排除在统计意义上不可靠的数据。SPSS 可以利用"标识重复个案""计算方差"等方法排除回答一致的个案和数据。其中，"标识重复个案"适用于排除多个个案间的重复性，简单来说，就是比较是否有个案的数据是完全一致的，此类数据可能存在被试重复填写、代填等现象，需要排除。具体的操作步骤如图 8-15 所示。

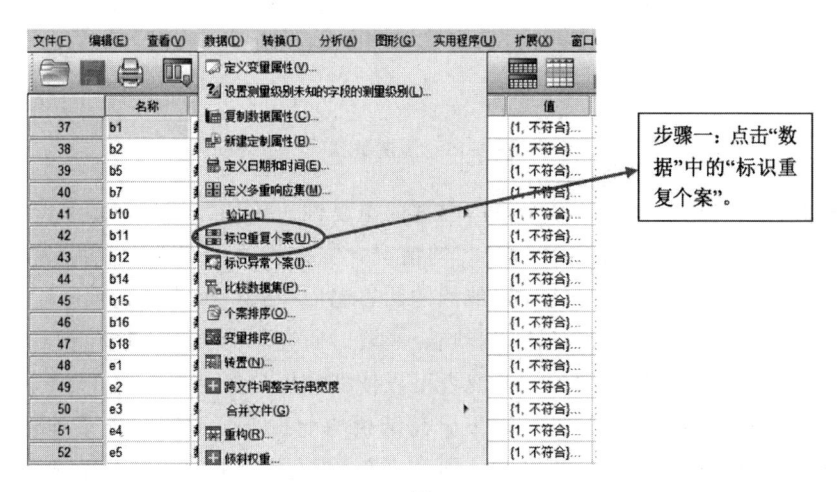

（1）

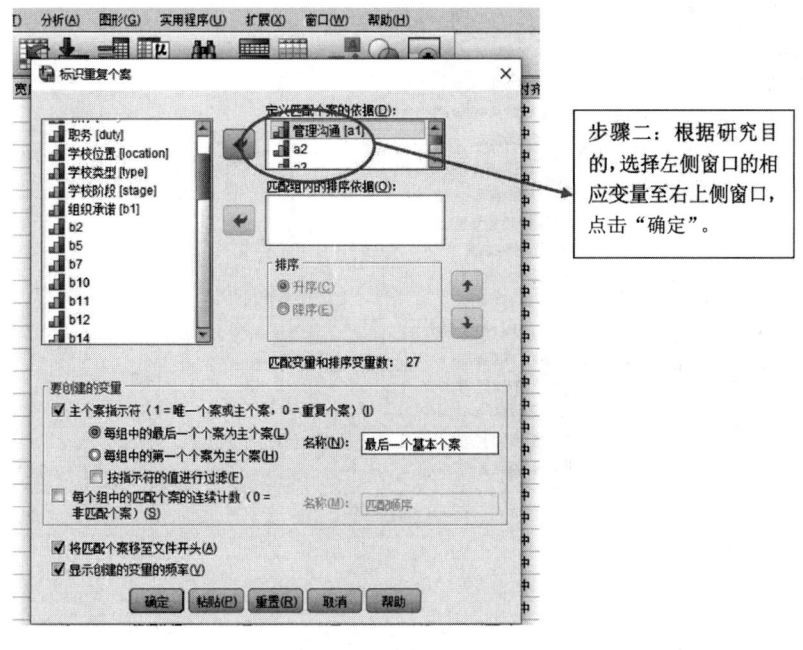

步骤一：点击"数据"中的"标识重复个案"。

（2）

步骤二：根据研究目的，选择左侧窗口的相应变量至右上侧窗口，点击"确定"。

(3)

图 8-15 清洗数据

计算方差主要用于排除单个个案内数据的重复性。比如，被试在填答李克特量表时，经常存在所有题项都选择"1"或"3"的情况，方差计算结果为 0 即代表答案完全一致。虽然被试的真实情况可能导致他们的回答趋向一致，但为了最大限度地保证数据的可靠性，避免对研究结果的不利影响，必要时研究者需要考虑排除相对不可靠的数据。但如果整体数据样本较少，研究者可以依据数据分析结果，基于方差结果逐步调整和排除重复数据。也就是说，在不研究结果的前提下可以尽可能多地保留样本，但如果异常数据对结果产生消极影响，研究者就需要逐步排除质量低下的数据样本。具体的操作步骤如图 8-16 所示。

(1)

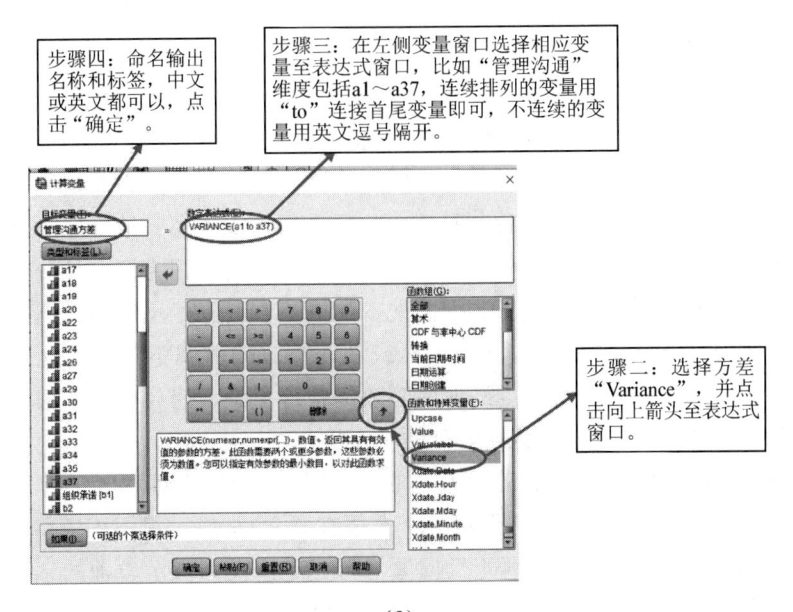

(2)

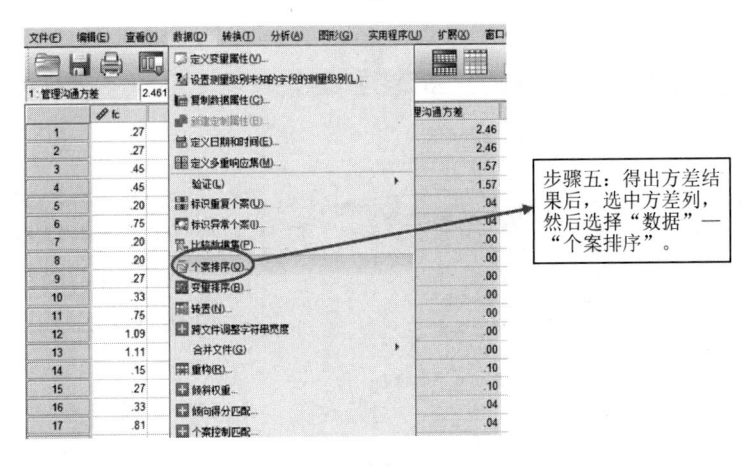

(3)

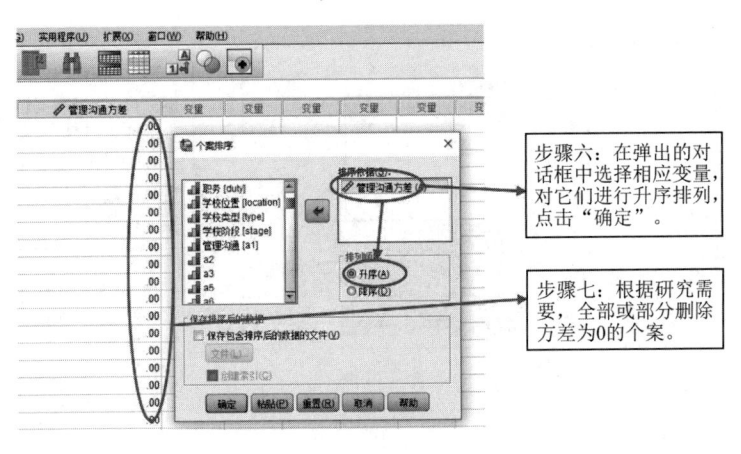

(4)

图 8-16　排除质量低下的数据的步骤

(三)反向计分

为了保证问卷的信效度和被试回答的质量,调查问卷或量表中有时会设置反向题,即在李克特量表中,分值越高代表该问题正向得分越低,区别于其他正向回答的题项。此时,在数据分析之前,研究者需要转换反向题,使它们与其他题项的计分方向一致,否则会严重影响研究结果。而且,此项步骤建议放在归纳维度步骤之前,否则会影响各维度的计算,并且建议放在清洗数据步骤之后。因为反向计分前的数据能更好地反映被试的回答情况,利于数据清洗。如果问卷设置了反向题,但被试在回答时所有的题项仍都选择一个数值,如"4",或者回答方向体现不出反向题意义,此时反向题就可以成为筛选项。为了更好地保障数据整理质量,建议研究者根据研究需要在反向计分步骤之后再进行一次数据清洗。

就反向题举例,教师组织承诺量表中的第 10 题"b10"(我对这所学校缺乏情感依恋)和第 16 题"b16"(在这所学校工作对我个人很有意义)都属于组织感情承诺维度,都采用 Likert-5 点量表。但是"b10"属于反向题,得分越高反而表示教师的感情承诺水平越低。在统计分析时,研究者就需要对它进行反向计分。具体的操作步骤如图 8-17 所示。

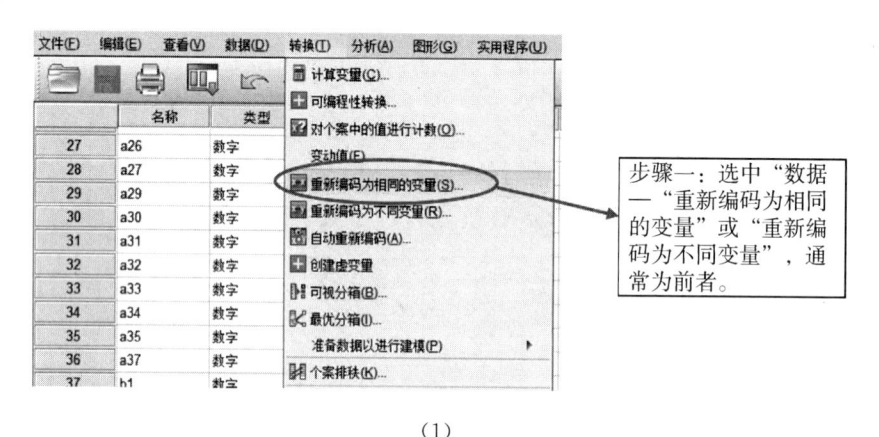

(1)

(2)

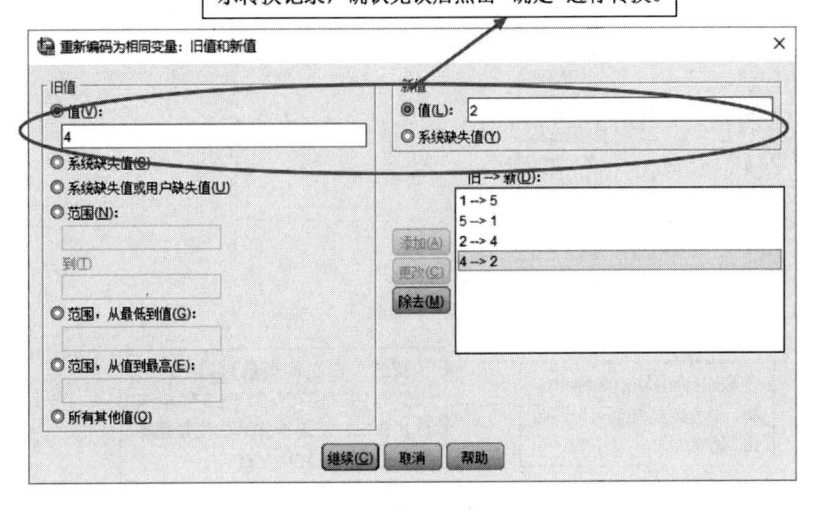

（3）

图 8-17　反向计分操作步骤

(四)归纳维度

量化研究进行描述统计、相关分析、回归分析等数据分析时，除了直接利用单个变量或单个题项进行计算外，还可以利用子维度进行分析，特别是量表题可能会涉及多个子维度。举例来说，管理沟通原量表包括情感投入（16 题）、促进发展（8 题）、鼓励支持（6 题）和提供信息（8 题）四个维度，共 38 个题项，依次命名为"a1"到"a38"。总维度就是直接利用 38 个题项的数据进行分析得出的管理沟通维度平均数，而各维度之间的分析则需要利用各维度下的题项进行分析。当前不论是直接利用总维度还是间接使用子维度进行分析，通常都是通过计算相应维度的数值平均数进行统计分析。

因此，在数据的初步整理阶段，研究者可以利用 SPSS 计算出变量总维度和各个子维度的平均数，便于下一步描述统计、相关分析、回归分析等更深入的统计分析。比如，管理沟通量表一共包括四个维度，除了需要计算总维度平均数外，还需要计算各子维度单独的平均数。例如，鼓励支持维度在修正之后包括"a3""a19""a27""a31""a37"5 题，此时研究者需要通过计算这 5 题的平均数得出该维度的平均数，此处的平均数指算术平均数。具体的操作步骤如图 8-18 所示。

（1）

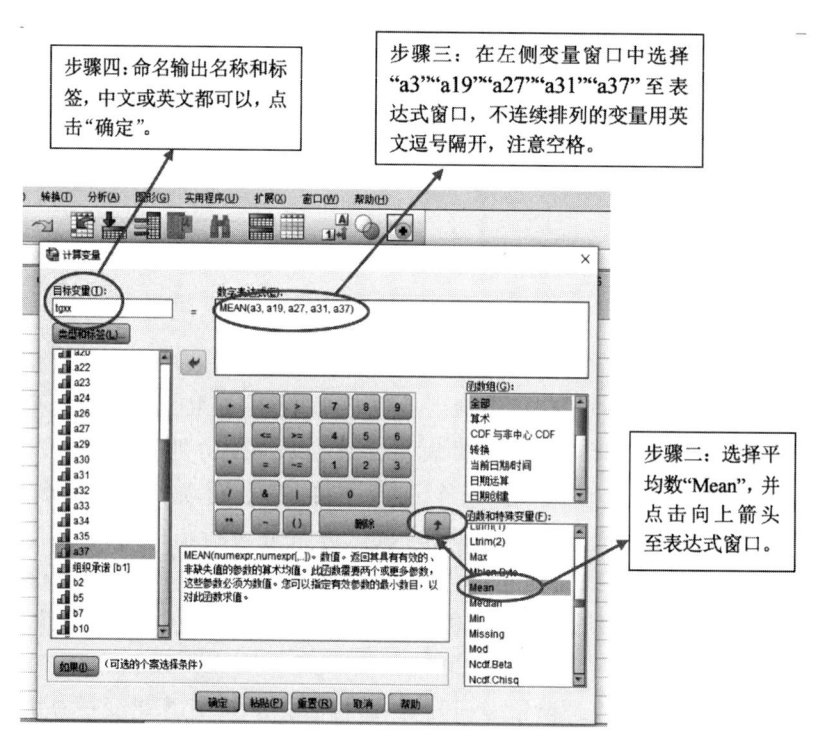

（2）

图 8-18　归纳维度

第九章 描述统计

从统计学角度看，统计方法的应用对象是变量，变量性质通过统计分布表达，而统计分布的约化表达就是平均与变，因此集中与离散是数据集合的本质(范文正，梁亚民，2006)。简单来说，集中趋势指向数据的代表值，反映一组数据在一定条件下的共同趋势和一般水平，具有一定的代表性；离散趋势则反映某一数值偏离数据中心的程度。集中趋势与离散趋势是描述数据分布特征的两大指标，两者结合才能反映数据完整的分布特征。举例来说，两组数据可能平均数一样，但是方差不同，这就是典型的集中趋势一致但离散趋势不同的表现，所以研究者在描述统计时需要全面考虑两个分布趋势。目前量化研究中最常呈现的集中趋势指标为平均数、中位数和众数，离散趋势指标为极差、四分位距、方差和标准差。

第一节 集中趋势

虽然量化研究中反映数据集中趋势的统计指标主要是平均数、中位数与众数，但量化研究通常只呈现数据的平均数，代表数据的集中趋势，较少呈现中位数和众数。

一、平均数

平均数或平均值(mean，用 M 表示)目前主要指算术平均数($\overline{X}$)，即一组数据中数值的总和除以总频数所得的值。由于定序变量和定类变量的数值间距没有实际意义，所以在统计学意义上平均数只适用于定距变量。但是，实际研究经常使用平均数描述定序变量，并不反映数据的实际大小，只用于描述变量的大致方向。比如，Likert-7 点量表下的某个变量的平均数为 3，这说明被试普遍存在选择中间偏低选项的情况。算术平均数的计算见公式 9.1。

$$\overline{X} = \frac{\sum X}{n} \tag{9.1}$$

平均数的优点是可以利用数据组中的每一个数值较为全面地反映变量的集中趋势，但是因为它需要运算所有数据，所以平均数的缺点是容易受到极端数值的影响。

二、中位数

中位数(median，用 Md 表示)是指一组数据按照大小排序后，位于中间位置的数值，即该数值前后的数值都各占 50%。由于定类变量的大小顺序没有实际意义，所以中位数只适用于定距变量和定序变量。比如，某班某小组 7 名学生的语文考试分数分别为 80，85，90，75，80，95，70，按照从小到大的顺序排列后数据组列为 70，75，80，80，85，90，95，此时中位数是 80。

当个案数为奇数时，中位数就是位于数据中间位置的某一数值；当个案数为偶数时，中位数是位于中间位置两个数值的平均数。中位数反映了整组数据样本的中心，见公式 9.2 和公式 9.3。

$$当 n 为奇数时，Md = X_{[(n+1)/2]} \tag{9.2}$$

$$当 n 为偶数时，Md = \frac{X_{(n/2)} + X_{(n/2+1)}}{2} \tag{9.3}$$

因为中位数只需要对数据按大小排序，不需要计算所有数值，所以中位数的优点是不易受到极端数值的影响，而相应地，其缺点是样本代表性较小。

三、众数

众数（mode，用 Mo 表示）是一组数据中出现频次最多的变量值，反映数据的典型数值或集中趋势。众数不仅可以测量定类数据的集中趋势，也可以测量定序数据、定距数据和定比数据的集中趋势（吴海建，2002）。比如，一个小组学生的语文考试分数分别为 80，85，90，75，80，95，70，此时出现频次最多的数值是 80，即众数是 80。如果一组数据中出现了两个或多个频次相同的众数，则报告所有数值，即可能存在多个众数。

众数只反映数据组中出现频次最多的数值，而不涉及数据的大小排序和计算问题，所以相较于平均数和中位数而言，更加不易受到极端数值的影响，但其缺点也是样本代表性差。

四、总结和操作实例

（一）总结

集中趋势主要反映数据的代表方向，表 9-1 显示了各个集中指标和变量类型的特点。就变量类型而言，定距变量或定比变量的数值大小、顺序和间距都有实际意义，因此可以使用平均数、中位数和众数统计其集中趋势；定序变量的数值大小和顺序具有实际意义，但数值间距没有意义，因此只适用于中位数和众数；而定类变量只用于区分类别，其大小和顺序都没有实际意义，所以只适用于众数。

根据是否需要利用所有数值，可知平均数的样本代表性最大，其次是中位数和众数；众数最不易受到极端数值的影响，其次是中位数和平均数。

表 9-1 集中趋势特点

数据特点	定距变量	定序变量	定类变量	代表性	极端值影响
平均数	√			大	大
中位数	√	√		较小	较小
众数	√	√	√	小	小

（二）操作实例

SPSS 分析平均数、中位数和众数的方法相似，研究者可以直接通过"分析"窗格的各个统计窗口得出，尤其是"描述统计"的"频率"窗口。以平均数的操作方法为例，SPSS 计算平均数主要有两种操作方法。

第一种方法是针对不同变量组成的维度的平均数，即利用多个变量计算相应维度的平均数，可以通过 SPSS 中"转换"—"计算变量"窗格得出。比如，管理沟通量表的提供信息维度包括 8 题，该维度的平均数就是利用相应 8 道题计算所得的算术平均数。具体的操作步骤在本书第八章的"数据视图"的"归纳维度"部分加以说明。

第二种方法是针对单个变量的平均数，如教师"年龄""教龄"的平均数，可以在数据分析时通过"分析"下的各个统计窗格统一得出。比如，"描述统计"中的"频率""描述""探索"窗口，"推论统计"中的"回归"窗口，"标度"中的"可靠性分析"窗口等都能直接输出平均数等代表集中或离散趋势的指标。实际研究最常使用的是"描述统计"窗口，主要用于统计、归纳变量数据的基本分布特征，包括离散趋势和集中趋势的各个统计指标。以平均数为例，具体的操作步骤如下。

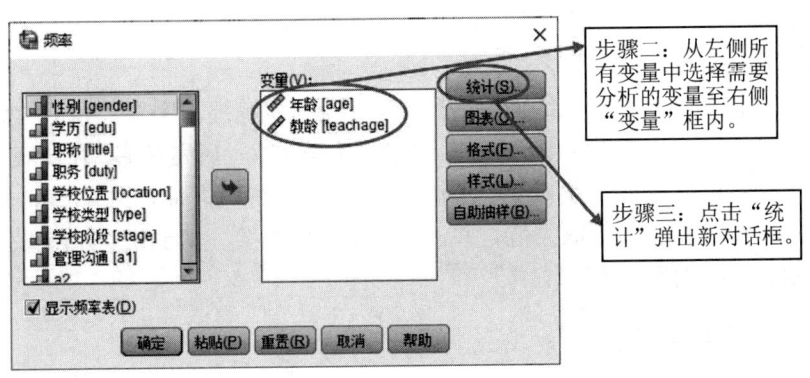

（1）操作步骤与图示如图 9-1 所示。

（1）

（2）

(3)

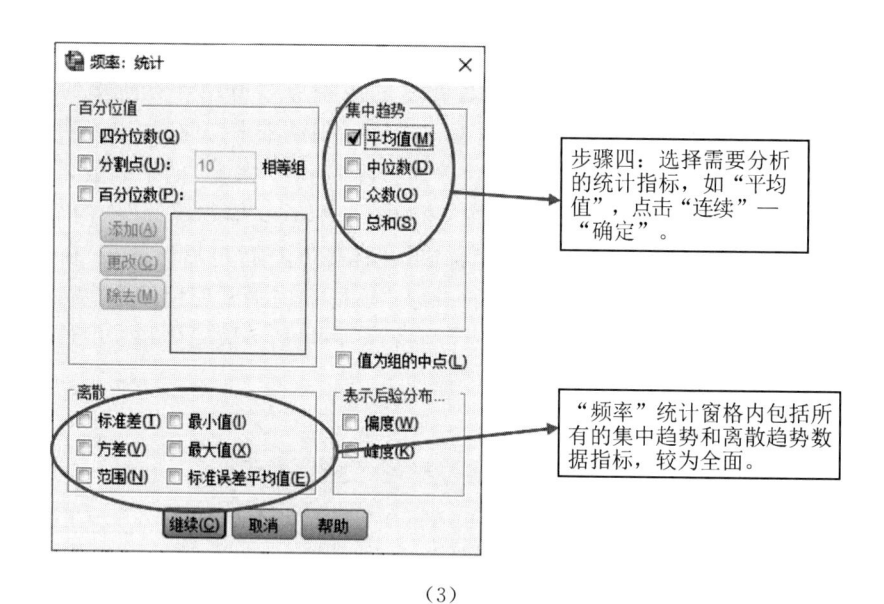

图 9-1 操作步骤与图示

(2)结果输出如表 9-2 所示。

表 9-2 统计

		年龄	教龄
个案数	有效	452	449
	缺失	0	3
平均值		39.46	17.76

(3)结果分析。

在"频率"窗口的命令下,结果输出界面除了会显示简要的个案数和平均数统计量之外,还会显示各个数值的具体频率表,在这里不做介绍,研究者主要需要观察表 9-2。表 9-2 显示,对缺失值进行编码后,"年龄"变量不存在缺失值,共计 452 个有效个案,而"教龄"变量存在 3 个缺失值,共计 449 个有效个案。基于此,年龄的平均值为 39.46,教龄的平均值为 17.76。

第二节 离散趋势

离散趋势反映的是数据组中某一数值偏离数据中心的统计情况,包括极差、四分位距、方差和标准差四个统计指标。量化研究较常使用方差和标准差代表数据的离散趋势,而较少使用极差和四分位距。

一、极差

极差(range)是指一组数据中的最大值与最小值的差,差值的大小代表该数据组波动范围的大小。比如,A 班语文成绩的极差为 49(最大值 99,最小值 50),B 班语文成绩的极差为 30(最大值 95,最小值 65),可以说明 A 班成绩的离散程度大于

B 班。

因为极差只需要利用数据组中数字的最大值和最小值,所以适用于定距变量、定序变量和定类变量三种类型。此外,因为极差不涉及所有数值,所以不易受到两个极端值以外其他数值的影响,也因此样本代表性小。

二、四分位距

四分位距(semi-interquartile range,用 QR 表示)是指一组数据按照大小顺序排列后,以个案为依据将数据平均划分成四份,位于三个分段点的数值依次为第一四分位数(Q_1)、第二四分位数(Q_2)和第三四分位数(Q_3),四分位距就是第三四分位数和第一四分位数的差的绝对值的二分之一,见公式9.4。

$$QR = \frac{|Q_3 - Q_1|}{2} \qquad (9.4)$$

四分位距涉及数据的大小排序,所以只适用于定距变量和定序变量。而且,四分位距主要利用数据组中的 Q_1 和 Q_3 进行计算,所以受到极端值的影响较小,但也因为它计算时不包括所有数据,所以其缺点是代表性较小。

三、方差和标准差

方差(variance,用 σ^2 表示)和标准差与极差、四分位距不同,它们用于分析数据组中每一数值偏离数据中心的程度,所以统计分析更倾向于运用方差和标准差得出数据的离散趋势。方差的计算公式以离均差和平均差为前提。离均差(deviation,通常用 x 表示)是指数据组中每一数值与算数平均数的差(公式9.5),有正负之分。平均差(mean deviation,用 MD 表示)是指离均差绝对值的算术平均数(公式9.6)。

$$x = (X - \overline{X}) \qquad (9.5)$$

$$MD = \frac{\sum |X - \overline{X}|}{n} \qquad (9.6)$$

由于一组数据的离均差之和始终为0,而平均差带有绝对值,两者都无法准确地反映出一组数据的离散趋势,此时方差能减小前两者的误差。方差是指数据组离均差平方的算数平均数,即用离均差平方和除以总频数,见公式9.7。

$$\sigma^2 = \frac{\sum (X - \overline{X})^2}{n} \qquad (9.7)$$

标准差(standard deviation,SD)是方差的开方(公式9.8)。方差和标准差越大,表示数据组的离散趋势越明显。

$$\sigma = \sqrt{\frac{\sum (X - \overline{X})^2}{n}} \qquad (9.8)$$

方差和标准差都需要利用数据组中的所有数值进行,所以要求数据大小间距具有意义,只适用于定距变量。两者的优点是能较全面代表样本的离散趋势,但是容易受到极端数值的影响。

四、总结和操作实例

(一)总结

离散趋势反映了数据偏离数据中心的程度,表 9-3 显示了离散趋势和各类变量的关系。就变量类型来说,定距变量应用于极差、四分位距、标准差和方差四类,定序变量应用于极差和四分位距两类,而定类变量只应用于极差。根据各数据的统计和计算方式,标准差和方差的样本代表性最大,其次是四分位距和极差,而极差最不易受到其他数值的影响,其次是四分位距、方差和标准差。

表 9-3 离散趋势特点

数据类型	定距变量	定序变量	定类变量	代表性	数值影响
极差	√	√	√	小	小
四分位距	√	√		较小	较小
方差和标准差	√			大	大

(二)操作实例

在 SPSS 中,离散趋势与集中趋势的统计操作方法相似,即通过"分析"窗口的各个统计窗格得出,如"描述统计"的"频率"窗口、"比较平均值"的"平均值"窗口等都能得出离散指标。如何通过"描述统计""频率"窗口得出集中趋势和离散数值指标的方法详见"集中趋势"部分,本节主要介绍如何运用"比较平均值"得出教师"教龄"的离散趋势数值,具体操作步骤如下。

(1)操作步骤与图示如图 9-2 所示。

步骤一:点击选择"分析"—"比较平均值"—"平均值"。

(1)

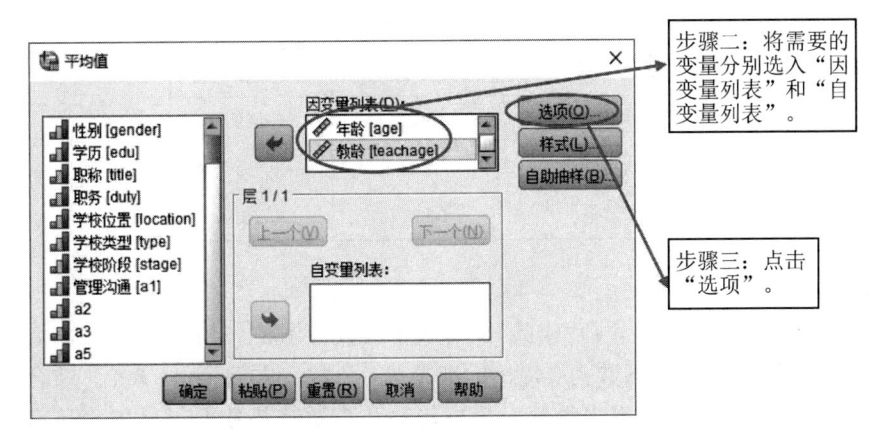

(2)

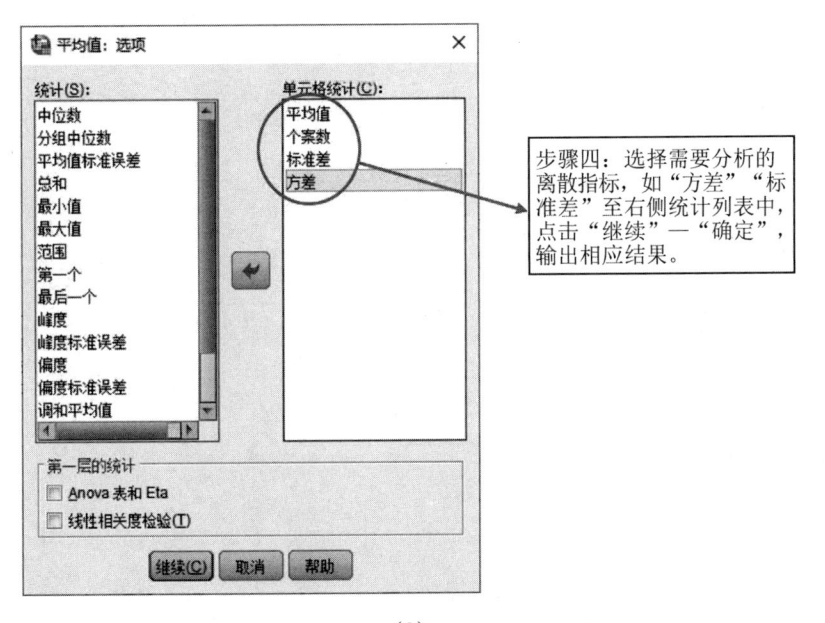

(3)

图 9-2 操作步骤与图示

(2)结果输出如表 9-4 和表 9-5 所示。

表 9-4 个案处理摘要

	包括		排除		总计	
	个案数	百分比	个案数	百分比	个案数	百分比
年龄	452	100.0%	0	0	452	100.0%
教龄	449	99.3%	3	0.7%	452	100.0%

表 9-5　报告

	年龄	教龄
个案数	452	449
标准差	7.955	9.127
方差	63.278	83.308

(3)结果分析。

表 9-4 和表 9-5 显示，教师"年龄"的有效个案数为 452，标准差为 7.955，方差为 63.278；"教龄"的有效个案数为 449，标准差为 9.127，方差为 83.308。结合集中趋势的操作界面可知，SPSS 有多种针对集中趋势和离散趋势数据指标的直接有效的统计方法。

第十章 相关分析

选择正确的统计方法是进行数据分析的基础，研究者可以根据变量之间的不同测量，选择不同的统计分析策略。相关分析用于检验一个变量与另一个变量的关联性程度，一般不区分数据组中的自变量和因变量。不同于描述统计和推论统计，相关分析是一种特殊的分析方法，因此成为单独的一章。本章将根据数据的不同特点详细讲解具体的相关分析方法。其中，数据特点主要用于将定距变量、定序变量和定类变量三者与相关分析方法进行匹配，不同方法的匹配标准包括数据类型、对应关系和分布形态。

此外，根据数据变量的具体特点，SPSS 中的相关分析方法主要可以分为皮尔逊相关、斯皮尔曼相关、肯德尔（Kendall）相关、偏相关和基于交叉表的相关分析五种统计方法。作为变量间线性关系的初步分析，相关分析的选择失误可能会误导整个研究。因此，研究者需要为自身研究选择准确的相关方法，才能进一步进行后续的分析，并得出确切可靠的研究结果。

第一节 数据特点

一、数据类型

数据类型主要分为定距变量（连续变量）、定序变量和定类变量（类别变量），三种变量的具体定义详见本书第八章中的"测量尺度"部分。其中，定类变量与定距变量的区别较大。定类变量，即用于区分数据类型的变量，大小和顺序都没有实际意义，如教师性别、教师学科、学校地区、具体职务等都属于定类变量，该变量常用于人口学变量的描述统计分析。定距变量是指数据在一定范围内连续分布，其大小和间距都具有实际意义。比如，学生的考试成绩，以 100 为满分，0～100 分的每 1 分甚至每一位小数都具有实际意义。研究者需要注意的是，统计分析有时为了简化数据便于后续分析，也会对定距变量进行分组。比如，连续性的考试成绩可以按照标准划分为"不合格""及格""良好""优秀"四组，此时定距变量就转换为定类变量，如果研究者对四组进行顺序编码也可以转换为定序变量。

定序变量下的数据大小顺序具有实际意义，但数值间距没有实际意义。在相关分析中，定序变量相较于其他两个变量较为特殊，因为它可以分为中高测度的定序变量和低测度的定序变量两种类型，不同的类型对应不同的相关分析方法。在相关分析中，中高测度的定序变量通常与定距变量归为一类方法，低测度的定序变量则与定类变量归为一类方法。通常来说，变量包括三个以上的有序指标就可以划分为中高测度的定序变量。比如，主观态度量表采用 Likert-7 点量表，从 1 到 7 依次代表"很不符合"到"很符合"，此时该量表下的数据变量就被编码为高测度的定序变量。

二、对应关系

对应关系一般涉及两列及以上的定距变量或高测度定序变量数据组,即数据组与数据组之间的因素个数相同,且数值存在一一关联的关系,对应相同的个案。比如,语文成绩数据组与英语成绩数据组的数值就存在互相关联的关系,指向同一个学生的成绩。而性别变量与英语成绩则不存在对应关系,性别为定类变量,只有男女两个因素水平,与成绩数据组中的数值不存在一一关联的关系。除了相关分析,差异性检验也需要对数据的对应关系特点进行判断。

三、分布形态

(一)正态分布

量化研究中的分布形态包括正态分布、二项分布、均匀分布、泊松分布等多种类型,当前研究主要需要探究数据的正态分布形态。其中,理论意义上的正态分布曲线只针对定距变量,但在实际研究中,正态分布形态检验也常运用于高测度的定序变量。正态分布曲线的函数见公式10.1。

$$Y = \frac{1}{\sigma\sqrt{2\pi}} e^{-\frac{(X-\overline{X})^2}{2\sigma^2}} \tag{10.1}$$

此外,标准正态分布曲线与标准化 Z 分数(公式10.2)密切联系,将原横坐标 X 转换为标准分数之后,正态分布曲线函数得到简化(公式10.3),正态分布就转换为标准正态分布。

$$Z = \frac{X - \overline{X}}{\sigma} \tag{10.2}$$

$$Y = \frac{1}{\sigma\sqrt{2\pi}} e^{-\frac{z^2}{2}} \tag{10.3}$$

由公式10.1可知,当 $\overline{X}$ 为0、σ 为1时,正态分布曲线函数达到最大值。正态分布曲线函数进行标准化之后(公式10.3),当以 σ 为单位1,$Z=0$ 时,曲线处于最高点,并以 $Z=0$ 为中心两侧对称,即当 Z 值的绝对值相等时,Y 值也相等。此外,曲线从最高点逐渐下降并无限延伸但 Y 值永远不等于0,而且正态分布的平均数为0,Z 值从-3到+3的6个标准差几乎等于曲线的全部面积(王孝玲,赵必华,2008),如图10-1所示。

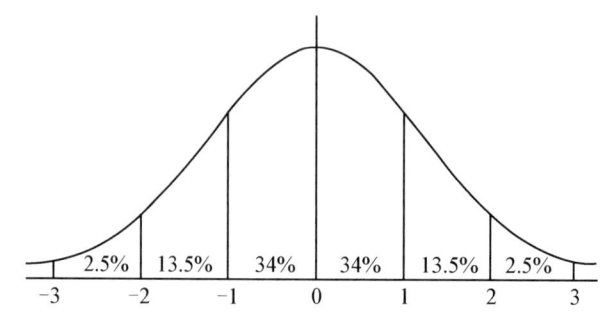

图10-1 标准正态曲线与概率图

(二)操作实例

在 SPSS 中有多种检验数据正态分布形态的方法，主要包括三种常用方法。以教师教龄为例，三种方法对应不同的操作程序。

第一种方法是通过描述统计的探索功能得出正态分布概率的显著性结果。当 $p<0.05$ 时，变量不是正态分布；相反，当 $p>0.05$ 时，变量为正态分布。此外，以个案数 50 为界线，数据组可以分为小样本数据和大样本数据两种类型，分别对应不同的显著性检验结果。大样本数据对应柯尔莫戈洛夫-斯米诺夫（Kolmogorov-Smirnov，K-S）统计，大样本数据对应夏皮洛-威尔克（Shapiro-Wilk，S-W）统计。具体操作如下。

(1)操作步骤与图示如图 10-2 所示。

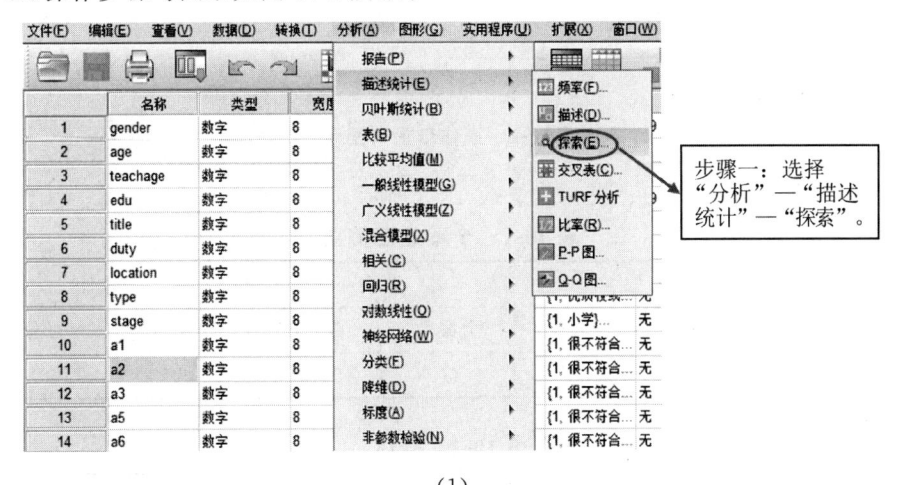

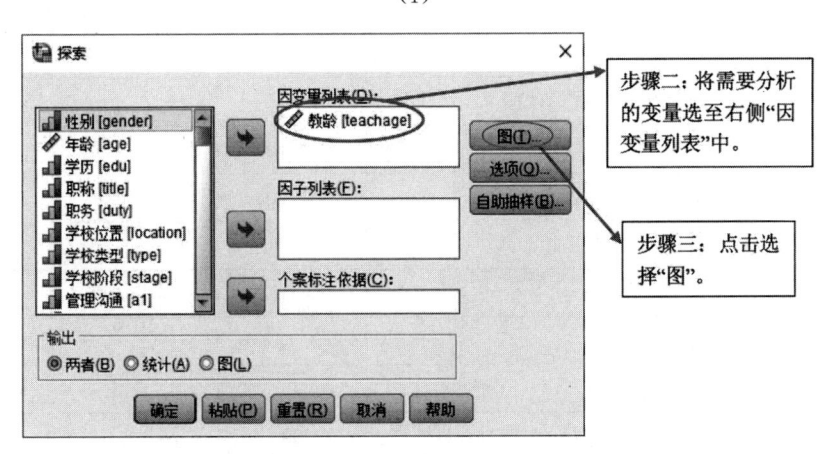

(1)

(2)

（3）

图 10-2 操作步骤与图示

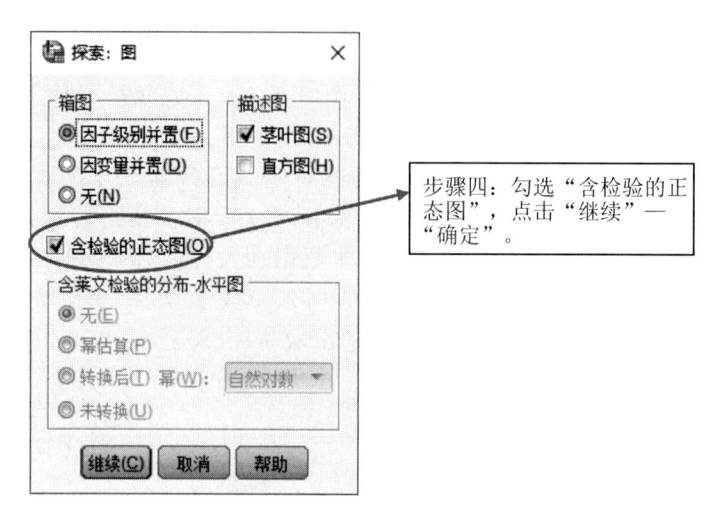

(2)结果输出如表 10-1、表 10-2、表 10-3 所示。

表 10-1　个案处理摘要

	有效		缺失		总计	
	个案数	百分比	个案数	百分比	个案数	百分比
标准差	449	99.3%	3	0.7%	452	100.0%

表 10-2　描述

			统计	标准误
教龄	平均值		17.76	0.431
	平均值的95%置信区间	上限	16.92	
		下限	18.61	
	5%剪除后平均值		17.84	
	中位数		20.00	
	方差		83.308	
	标准差		9.127	
	最小值		0	
	最大值		39	
	全距		39	
	四分位距		14	
	偏度		−0.131	0.115
	峰度		−0.850	0.230

表 10-3　正态分布检验

	柯尔莫戈洛夫-斯米诺夫统计[a]			夏皮洛-威尔克统计		
	统计	自由度	显著性	统计	自由度	显著性
教龄	0.113	449	0.000	0.955	449	0.000

a. 里利氏显著性修正。

(3)结果分析。

"探索"下的正态分布检验会输出"个案处理摘要""描述""正态性检验""茎叶图"等多个图表，研究者需要重点关注前三个。其中，"个案处理摘要"为样本数值中的有效个案数，"描述"为变量的集中趋势和离散趋势两个基本指标，"正态性检验"为变量的正态性检验显著性结果。由于该样本的个案数大于 50，为大样本数据，所以研究者需观察 K-S 显著性检验结果。表 10-3 显示，$p=0.000<0.05$，所以教师教龄不符合正态分布。

第二种方法是通过描述统计的 Q-Q 图得出概率图，直接呈现正态分布情况，但准确度不如前一种方法。

(1)操作步骤与图示如图 10-3 所示。

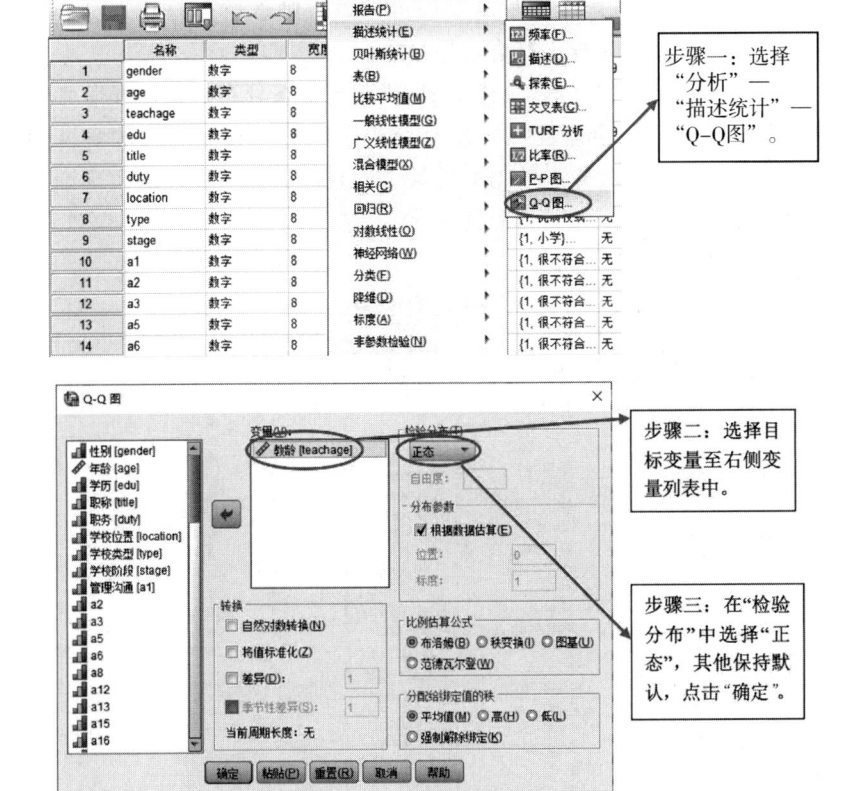

图 10-3　操作步骤与图示

(2)结果输出如图 10-4 所示。

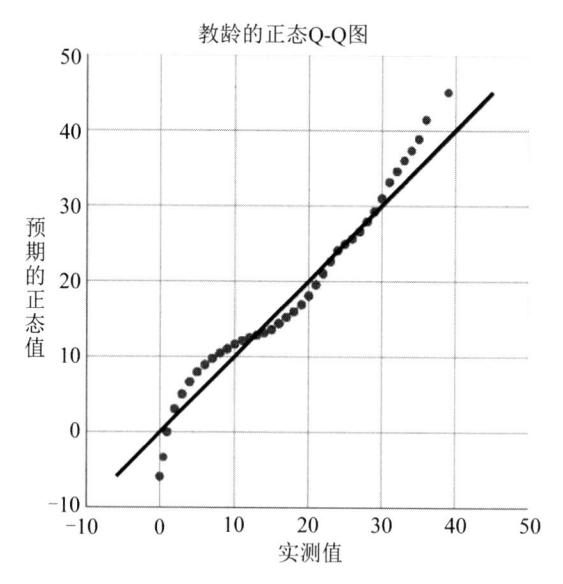

图 10-4 "Q-Q 图"下的正态性检验

(3)结果分析。

通过观察图 10-4 中变量值与直线的距离我们可知，教师教龄不是正态分布。简单来说，黑点越远离直线代表变量越不符合正态分布。

第三种方法是通过"非参数检验"的"单样本 K-S"得出正态分布概率的显著性，数据组没有大样本小样本之分，只会呈现 K-S 统计结果，因此小样本数据的显著性精确度不如第一种方法，但不影响大样本数据的结果。而且该方法可以同时呈现渐进双尾和精确双尾两种显著性结果，以提高精确性。

(1)操作步骤与图示如图 10-5 所示。

步骤一：在"分析"中选择"非参数检验"—"旧对话框"—"单样本K-S"。

(1)

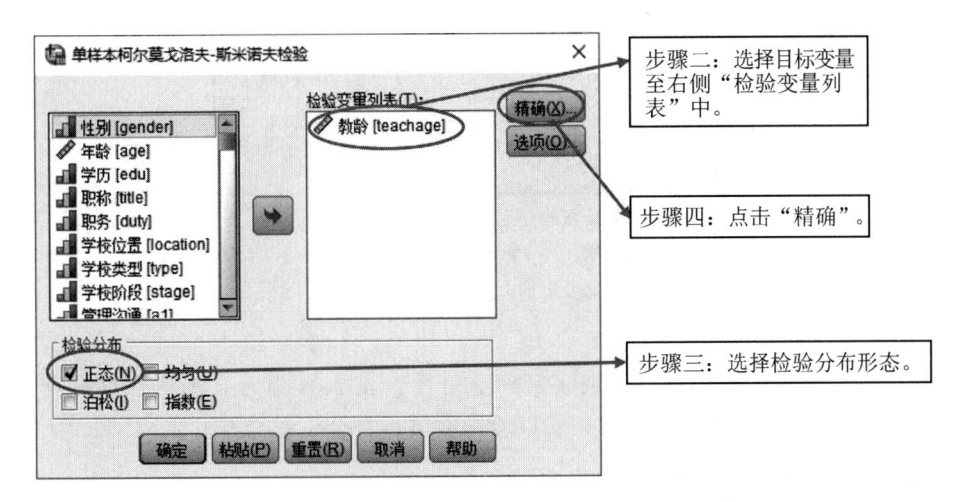

（2）

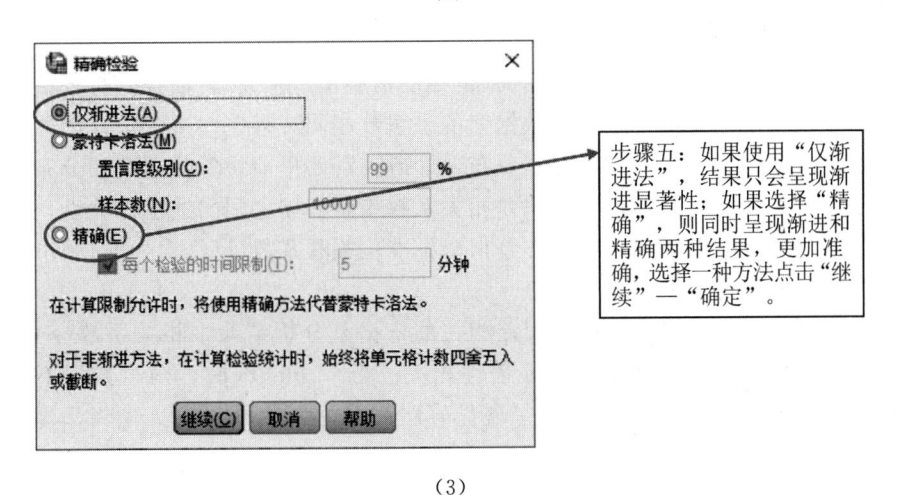

步骤二：选择目标变量至右侧"检验变量列表"中。

步骤四：点击"精确"。

步骤三：选择检验分布形态。

（3）

步骤五：如果使用"仅渐进法"，结果只会呈现渐进显著性；如果选择"精确"，则同时呈现渐进和精确两种结果，更加准确，选择一种方法点击"继续"—"确定"。

图 10-5　操作步骤与图示

（2）结果输出如表 10-4 所示。

表 10-4　单样本柯尔莫戈洛夫-斯米诺夫检验

		教龄
个案数		449
正态参数[a,b]	平均值	17.76
	标准差	9.127
最极端差值	绝对	0.113
	正	0.081
	负	−0.113
检验统计		0.113
渐进显著性（双尾）		0.000[c]

		续表
		教龄
精确显著性（双尾）		0.000
点概率		0.000

a. 检验分布为正态分布。
b. 根据数据计算。
c. 里利氏显著性修正。

(3)结果分析。

研究者在结果中通常只需要观察精确显著性。表 10-4 显示，渐进和精确两种显著性的结果都是 $p=0.000<0.05$，所以教师教龄不符合正态分布。

第二节 相关分析方法

一、皮尔逊相关

按照变量的数据特点，皮尔逊相关（也称皮尔逊积差相关）的前提是待分析的两列数据组都必须是定距变量，且两列数据组的个案数相同，存在对应关系。此外，最重要的一点是，数据组都需要满足正态分布，即研究需要提前检验数据组的分布形态。

皮尔逊积差相关的原理是利用积差相关系数检验数据之间的线性相关性，即通过两列数据的协方差除以两列数据的方差得出标准化关联系数（邱皓政，2013），从而反映两列数据的相关性水平。

研究者判断两组数据是否存在积差相关的依据是分析结果中相关系数（r）的显著性，当 $p<0.05$ 时，两组数据存在显著性相关；当 $p>0.05$ 时，两组数据不存在显著性相关。而且，当 $r>0$ 时，两者呈现显著性正相关；当 $r<0$ 时，两者呈现显著性负相关。

二、斯皮尔曼相关

斯皮尔曼相关的适用对象是两列非正态分布的中高测度定序变量或分布形态不明的定距变量，且两列数据组的个数需相同并存在对应关系。该方法主要适用于定序变量的相关性检验，当数据组中有任何一个变量是定序变量时，就需要使用斯皮尔曼相关。除此之外，当定距变量数据组为非正态分布或不明分布形态时，研究者也可以使用斯皮尔曼相关代替皮尔逊相关。

不同于皮尔逊相关的积差相关，斯皮尔曼相关的原理是基于秩分计算变量间的等级相关系数，不满足正态分布的变量可以通过秩分检验其关联程度。在实际操作中，研究者会得到相关系数和检验概率两个数值。同样，当 $p<0.05$ 时，两组数据存在显著性相关。

三、肯德尔相关

肯德尔相关针对所有不明分布的定序变量，其中一个变量可以是非正态分布的定序变量，也可以是不等间距或不等比例的变量，但是两列数据组仍需要满足个数相同且存在对应关系的要求。

此类相关分析方法的基本原理是检验两列数据的秩分是否一致增减，利用序列一致的对数除以总数据对从而得出相关系数。同样，当检验结果中检验概率 $p<0.05$ 时，两组数据存在显著性相关。

在 SPSS 中，前三种相关分析的操作方法相似。以组织承诺中的感情承诺、继续承诺和规范承诺三个维度之间的相关检验为例。三个变量都采用 Likert-5 点量表，属于中高测度的定序变量，且存在一一对应的关系，此时需要进一步检验它们的分布形态，具体步骤详见"分布形态"。表 10-5 显示，感情承诺中 $p=0.000<0.05$，继续承诺中 $p=0.008<0.05$，且规范承诺中 $p=0.000<0.05$，因此三个变量都不符合正态分布。根据以上数据特点，研究者应该选择斯皮尔曼相关，具体操作步骤如下。

表 10-5　感情承诺、继续承诺和规范承诺的正态性检验

	N	M	SD	渐进显著性	精确显著性
感情承诺	452	3.926	0.841	0.000	0.000
继续承诺	452	3.591	0.861	0.000	0.008
规范承诺	452	4.049	0.800	0.000	0.000

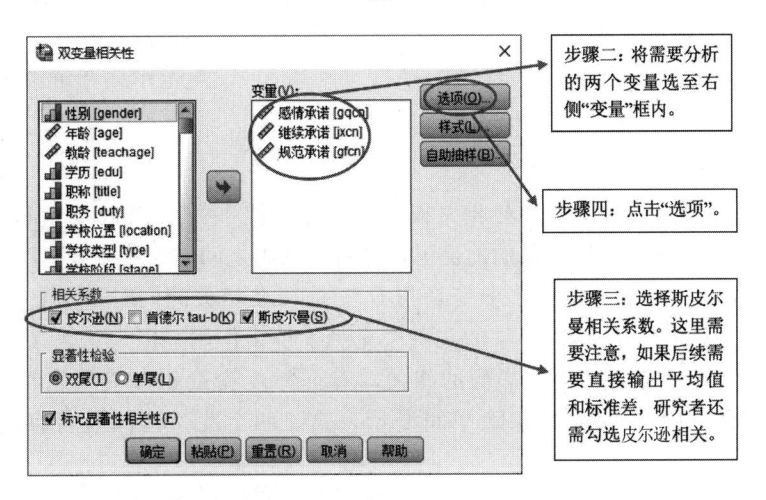

(1)操作步骤与图示如图 10-6 所示。

(1)

(2)

（3）

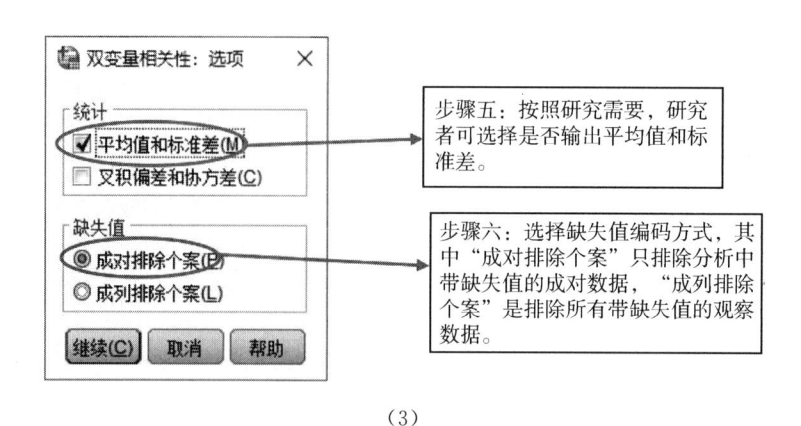

图 10-6　操作步骤与图示

（2）结果输出如表 10-6 所示。

表 10-6　相关性

			感情承诺	继续承诺	规范承诺
斯皮尔曼相关	感情承诺	相关系数	1.000	0.616**	0.751**
		Sig.（双尾）		0.000	0.000
		N	452	452	452
	继续承诺	相关系数	0.616**	1.000	0.471**
		Sig.（双尾）	0.000		0.000
		N	452	452	452
	规范承诺	相关系数	0.751**	0.471**	1.000
		Sig.（双尾）	0.000	0.000	
		N	452	452	452

**. 在 0.01 级别（双尾），相关性显著。

（3）结果分析。

表 10-6 显示，感情承诺与继续承诺之间的相关系数 $r=0.616$，显著性 $p<0.01$，因此两者具有显著的正相关关系，且 $r>0.6$，两者的相关为高度相关。同样，感情承诺与规范承诺存在显著正相关（$r=0.751$，$p<0.01$），规范承诺与继续承诺存在显著正相关（$r=0.471$，$p<0.01$）。

四、偏相关

不同于皮尔逊相关、斯皮尔曼相关和肯德尔相关这三种直接得出变量间相关系数的方法，偏相关是在剔除控制变量的前提下，分析数据组之间是否存在显著性相关。

举例来说，在一组数据中，A 变量与 B 变量存在相关的同时又与 C 变量存在相关关系，但 C 变量可能在 A 和 B 的关系中充当了桥梁作用。因为 A 与 C 相关，C 也与 B 相关，所以 A 与 B 产生了虚假的相关，实质上 A 变量和 B 变量之间并不存在相关关系。此时，研究者就需要剔除中间变量，验证两个变量之间是否存在实质性的相关。

在 SPSS 的实际操作中，我们以学校类型(1=优质校，2=普通校，3=薄弱校)，管理沟通(Likert-7 点量表)和组织承诺(Likert-5 点量表)为例，探究三者之间的相关关系。

第一步：验证三者的分布形态，具体步骤参考"分布形态"部分。结果如表 10-7 所示，三个变量的显著性 $p<0.05$，所以都不符合正态分布。

表 10-7　学校类型、管理沟通和组织承诺的正态性检验

	N	M	SD	渐进显著性	精确显著性
学校类型	452	1.92	0.476	0.000	0.000
管理沟通	452	5.156	1.317	0.000	0.005
组织承诺	452	4.849	0.732	0.000	0.020

第二步：根据变量的数据特点，研究者可以选择斯皮尔曼相关，具体操作步骤不再重复。结果如表 10-8 所示，学校类型、管理沟通和组织承诺都呈现显著负相关，而管理沟通与组织承诺呈现显著正相关。

表 10-8　学校类型、管理沟通和组织承诺的相关分析

	1	2	3
1. 学校类型	1		
2. 管理沟通	-0.150^{**}	1	
3. 组织承诺	-0.109^{*}	0.543^{**}	1

$^{*}p<0.05, ^{**}p<0.01, ^{***}p<0.001$。

第三步：假设研究者想要探究学校类型是否充当管理沟通与组织承诺相关关系中的桥梁，此时就可以进行偏相关分析，操作步骤如下。

(1) 操作步骤与图示如图 10-7 所示。

步骤一：依次点击"分析"—"相关"—"偏相关"。

(1)

(2)

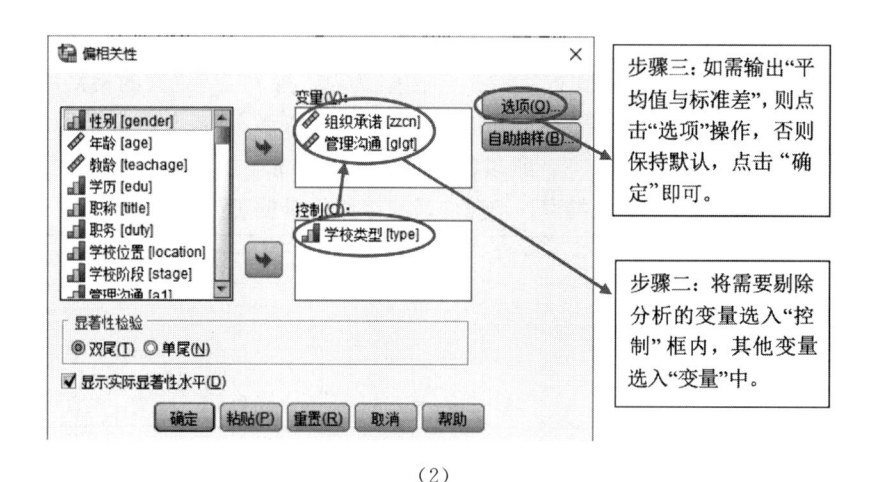

图 10-7 操作步骤与图示

(2)结果输出如表 10-9 所示。

表 10-9 相关性

控制变量			组织承诺	管理承诺
学校类型	组织承诺	相关性	1.000	539
		显著性(双尾)		0.000
		自由度	0	449
	管理承诺	相关性	539	1.000
		显著性(双尾)	0.000	
		自由度	449	0

(3)结果分析。

偏相关输出结果如表 10-9 所示，在剔除学校类型的影响后，组织承诺与管理沟通的相关显著性 $p=0.000<0.001$，即两者仍存在显著正相关，表示两者的相关并不是由学校类型的桥梁作用引发的，存在实质性的相关关系。

五、基于交叉表的相关分析

前几种相关的分析对象是定距变量或定序变量，而基于交叉表的相关分析主要针对定类变量和低测度的定序变量。该方法主要利用交叉表的频数和卡方检验分析低测度变量间的相关程度，实质上是利用交叉表的差异性检验间接判断变量之间的相关性。

在 SPSS 中，基于交叉表的相关分析针对定距、定序和定类变量有不同的统计方法，如表 10-10 所示。

表 10-10 交叉表中各类变量的统计方法

变量类型	统计方法
定类变量	列系系数(O)、Phi 和克莱姆 V、Lambda 系数、不确定性系数(U)
定序变量	Gamma 系数、萨默斯 d(s)、肯德尔 tau-b、肯德尔 tau-c

续表

变量类型	统计方法
定类和定距变量	Eta 系数
二分变量	麦克尼马尔(M；关联样本)、柯克兰和曼特尔-亨塞尔统计(A；独立样本)
其他类型	Kappa(等级相同的定序变量)、风险(I；一致性系数)

举例来说，教师性别(1=男，2=女)属于二分变量，学校阶段(1=小学，2=初中，3=高中)属于定类变量，此时要想探究两者之间的相关就需要利用交叉表，一般的操作步骤如下。

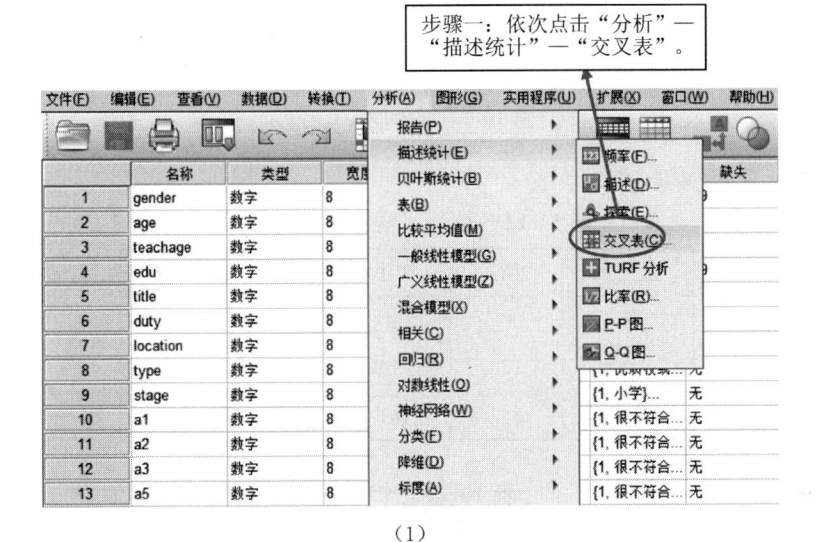

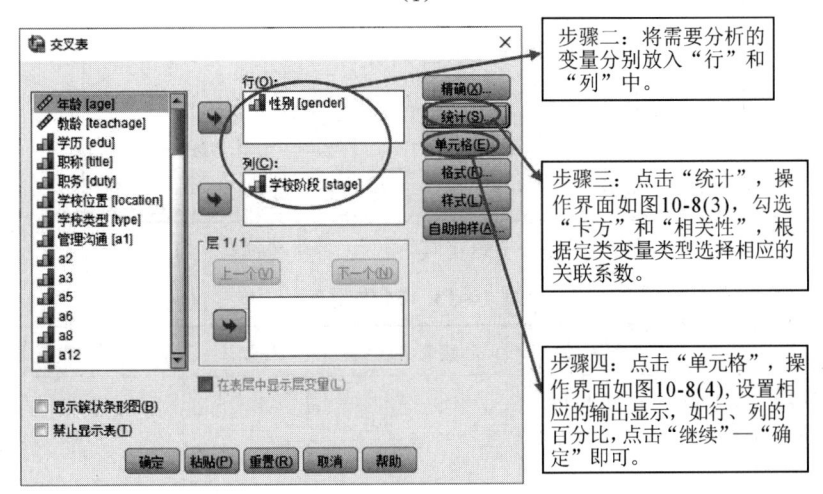

(1)操作步骤与图示如图 10-8 所示。

步骤一：依次点击"分析"—"描述统计"—"交叉表"。

(1)

步骤二：将需要分析的变量分别放入"行"和"列"中。

步骤三：点击"统计"，操作界面如图10-8(3)，勾选"卡方"和"相关性"，根据定类变量类型选择相应的关联系数。

步骤四：点击"单元格"，操作界面如图10-8(4)，设置相应的输出显示，如行、列的百分比，点击"继续"—"确定"即可。

(2)

（3） （4）

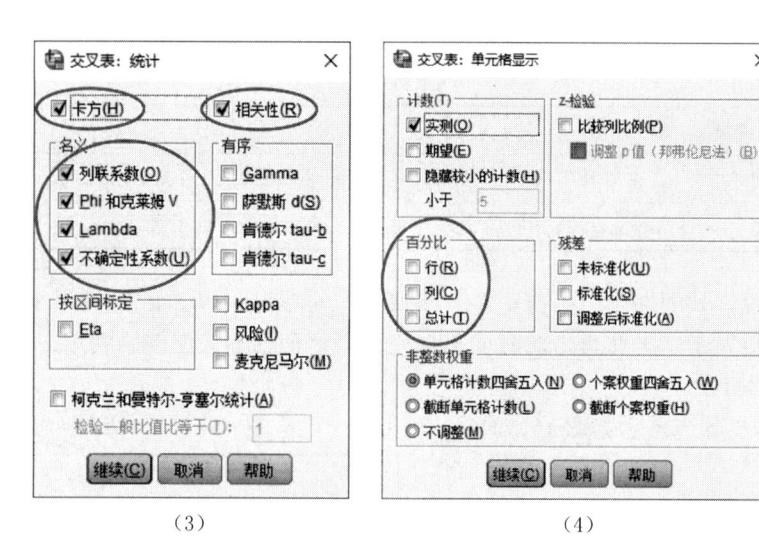

图 10-8 操作步骤与图示

（2）结果输出如表 10-11、表 10-12 所示。

表 10-11 性别×学校阶段交叉表

	小学	初中	高中	总计
男	42	41	20	103
女	175	110	63	348
总计	217	151	83	451

表 10-12 卡方检验

	值	自由度	渐进显著性（双尾）
皮尔逊卡方	3.163[a]	2	0.206
似然比	3.157	2	0.206
线性关联	1.611	1	0.204
有效个案数	451		

a. 0 个单元格（0.0%）的期望计数小于 5。最小期望计数为 18.96。

表 10-13 对称测量

		值	渐进标准误差[a]	近似 T[b]	渐进显著性
名义到名义	Phi	0.084			0.206
	克莱姆 V	0.084			0.206
	列联系数	0.083			0.206
区间到区间	皮尔逊 R	−0.060	0.047	−1.270	0.205[c]
有序到有序	斯皮尔曼	−0.067	0.046	−1.418	0.157[c]

续表

		值	渐进标准误差[a]	近似 T[b]	渐进显著性
有效个案数		451			

a. 未假定原假设。
b. 在假定原假设的情况下使用渐进标准误差。
c. 基于正态近似值。

(3)结果分析。

表 10-11、表 10-12 和表 10-13 都是交叉表相关分析的输出结果。其中,表 10-11 显示了两个变量在交叉点的频数分布,在表 10-12 中卡方检验显示相关系数的 $p=0.206>0.05$,表示性别与学校阶段不存在显著相关。此外,表 10-13 中的列联系数、Phi 和克莱姆系数也显示 $p>0.05$,再次证明两者相关不显著。

六、总结

总体来说,定距变量、定序变量和定类变量需要根据其数据特点运用不同的统计方法进行相关分析,如表 10-14 所示。为保证研究结果的准确性,提高研究结论的代表性,研究者需要根据变量和数据的特点选择合适的分析方法,不能仅依靠其经验随意选择。

表 10-14　不同相关分析方法的数据特点

数据特点	数据类型	对应关系	分布特点	其他
皮尔逊相关	定距变量	数量相同且存在对应关系	正态分布	分析数据间的积差相关系数
斯皮尔曼相关	定距变量或高测度的定序变量	数量相同且存在对应关系	非正态分布	分析数据秩分间的相关系数
肯德尔相关	定序变量	数量相同且存在对应关系	非正态分布	分析数据序列一致的检验概率
偏相关	定距变量或高测度的定序变量		正态分布	分析去除控制变量后数据间的相关系数
基于交叉表的相关分析	定类变量或低测度的定序变量			对各交叉点的频数进行卡方检验

第十一章　差异分析

一般而言，为了确定从样本统计结果推论到总体中出错的概率，研究者通常把所得到的统计检定值与统计学建立的一些随机变量的概率分布（probability distribution）进行比较，以确定是否拒绝虚无假设。目前，常用的差异分析方法主要有卡方检验、t 检验和方差分析。F 值和 t 值就是差异分析常用的统计检定值，与它们相对应的概率分布，就是 F 分布和 t 分布。统计显著性（sig）就是出现目前样本这种结果的概率。

本章将对差异分析方法进行介绍，并进行范例解析。根据类别变量和连续变量之间的不同区分，我们可以选择不同的统计分析策略。当研究者想要研究两个类别变量之间的差异性时，应选择卡方检验。当研究者想要研究一个类别变量和一个或多个连续变量之间的差异性时，则根据类别变量的分类组别选择使用 t 检验或方差分析。若类别变量只能划分为两个组别（比如性别只能划分为"男""女"两个组别），则可用 t 检验；若类别变量可以划分为三个及以上组别（比如多种学历），则可选择单因素方差分析。

第一节　卡方检验

一、卡方检验概述

类别变量（categorical variable）的数据可以用卡方检验来进行显著性检验。如果研究者只关心某一个类别变量是否与某个理论分析或总体分布相符合，就可以进行适合度检验（goodness-of-fit test），即检验实际观测的数据是否与某理论比率相符合。在进行检验时，需要先对理论次数进行理论假设，并由理论假设推断出理论次数，再与实测次数相比较，即计算出卡方，再根据显著性水平上的卡方理论值判断差异性。如果卡方的检验统计量没有达到显著差异，那么可以称该样本的分布与某理论次数分布相符，反之，则可以说该样本在该变量的测量上与总体不相符。适合度检验适用于一个因素多项分类的计数资料，也称单因素分类卡方检验。

如果研究者想要研究两个类别变量之间的关系，如某一学校教师的性别与学历之间的关系，则可以使用独立性检验（test of independence）。独立性检验通过检验实际观测数据与理论数据之间的一致性，来判断事件之间是否相互独立，目的是检测所观测到的两个变量的次数分布是否具有特殊的关联。如果两个变量的次数分布没有特殊的交互关系，那么卡方值不显著，两个变量相互独立。相反，卡方显著则可以说两个变量不独立，彼此关联或具有相关性。

如果研究者想要探索三个类别变量之间的关联性，那么可以采用多重列联表分析（multiple contingency table analysis；Bohrnstedt & Knoke, 1988）。就是以一个类别变量作为分割变量，在分割变量的各个变量水平下，与另外两个变量形成列联表进行比较，类似于多因子的方差分析。如果是三个以上变量，则必须确定多个分割变量，列联表也会变得比较复杂。一般而言，应该避免用列联表同时分析过多变量的关系，或改用其他统计方法。下面，本书将对研究者比较常用的适合度检验和独立性检验进行范例分析。

二、适合度检验的范例解析

范例 11-1　适合度检验：

某学生在学校图书馆的五个楼层学习了 64 次，图书馆的楼层数和学习次数分别如下。请问这个学生是否有特殊的图书馆楼层选择偏好（喜欢去图书馆的某楼层学习）？

表 11-1　图书馆楼层和学生学习次数

楼层数	F1	F2	F3	F4
学习次数	8	27	12	17

（1）操作步骤与图示如图 11-1 所示。

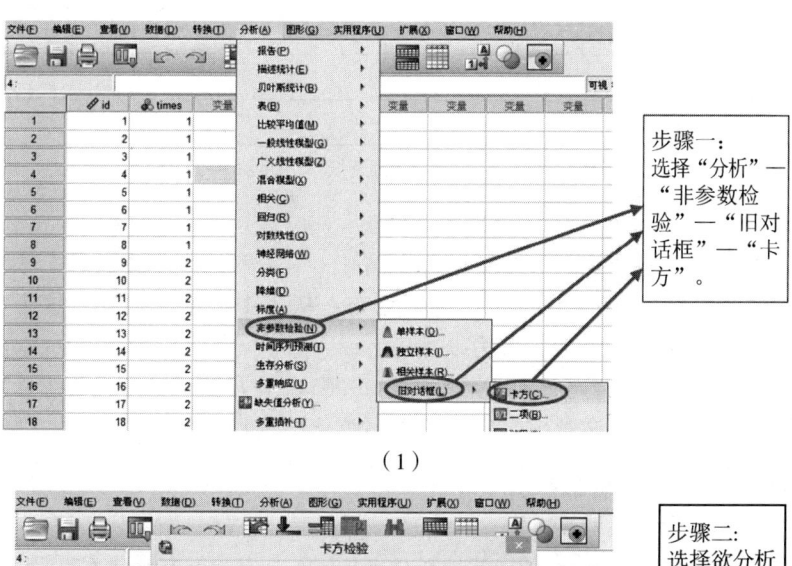

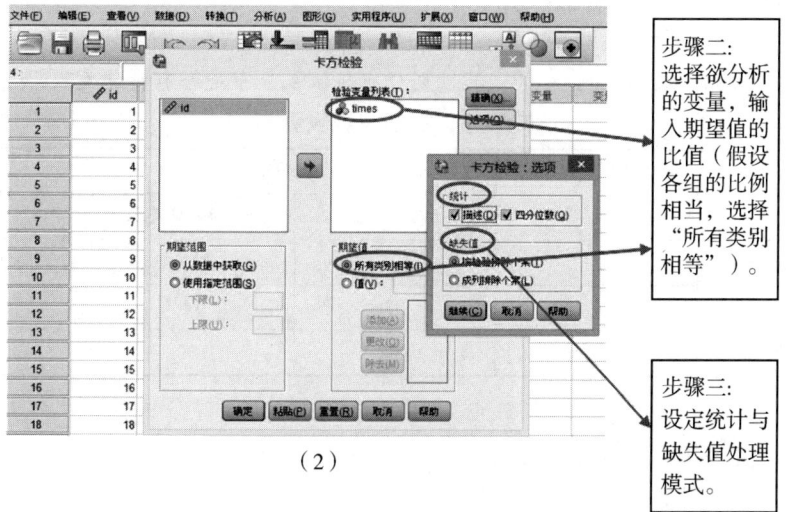

图 11-1　操作步骤与图示

(2)结果输出。

个案数:列出每个水平的实测个案数、期望值和残差,期望值设为每个水平均相同,均为16,如表11-2所示。

表11-2　学习次数

	实测个案数	期望值	残差
1	8	16.0	−8.0
2	27	16.0	11.0
3	12	16.0	−4.0
4	17	16.0	1.0
总计	64		

卡方检验统计:$\chi^2=12.625$,$df=3$,$p=0.006<0.05$,卡方显著。

表11-3　检验统计

	学习次数
卡方	12.625[a]
自由度	3
渐进显著性	0.006

a.0个单元格(0.0%)的期望频率低于5。期望的最低单元格频率为16.0。

(3)结果分析。

这个学生是否有特殊的图书馆楼层选择偏好,就是看这个学生去各个楼层学习的实际分布次数是否符合1:1:1:1的期望分布。从表中的结果可知,这个学生选择F1到F4楼层学习的实际分布次数为8:27:12:17,不符合1:1:1:1的期望分布;此外,$\chi^2=12.625$,$df=3$,$p=0.006<0.05$,卡方显著,即拒绝虚无假设,接受对立假设。由此可知,该学生有特殊的图书馆楼层选择偏好。

三、独立性检验的范例解析

范例11-2　适合度检验:

某公益讲座有321名校长参加,其性别分布与城乡分布是否有特殊关联(见表11-4)?

表11-4　性别与城乡分布

		城乡分布		合计
		城市校长	乡镇校长	
性别	男	108	116	224
	女	83	14	97
合计		191	130	321

(1)操作步骤与图示如图 11-2 所示。

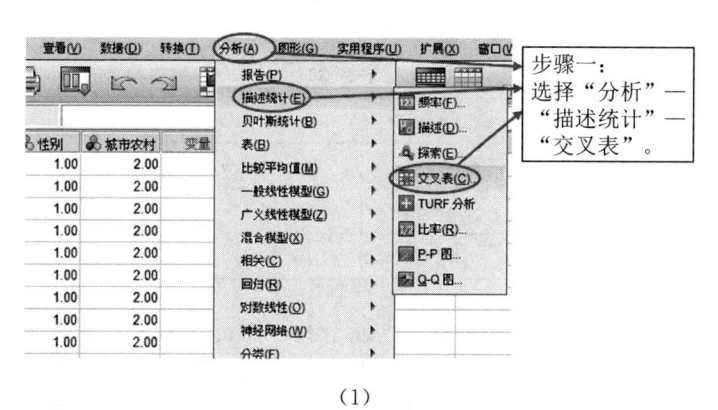

（1）

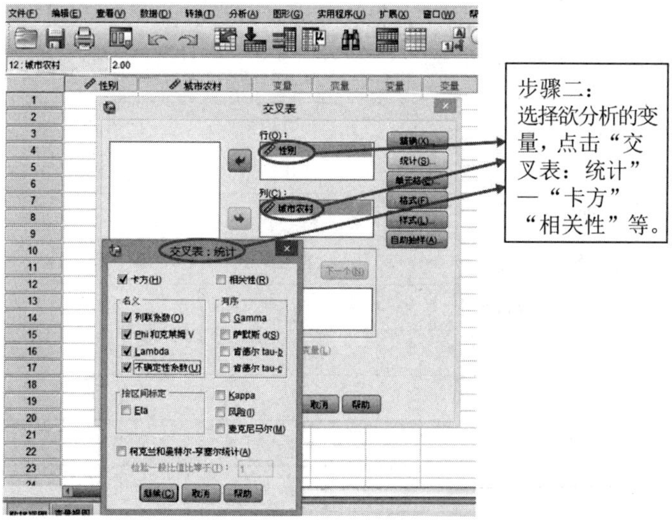

步骤一：
选择"分析"—"描述统计"—"交叉表"。

（2）

步骤二：
选择欲分析的变量，点击"交叉表：统计"—"卡方""相关性"等。

（3）

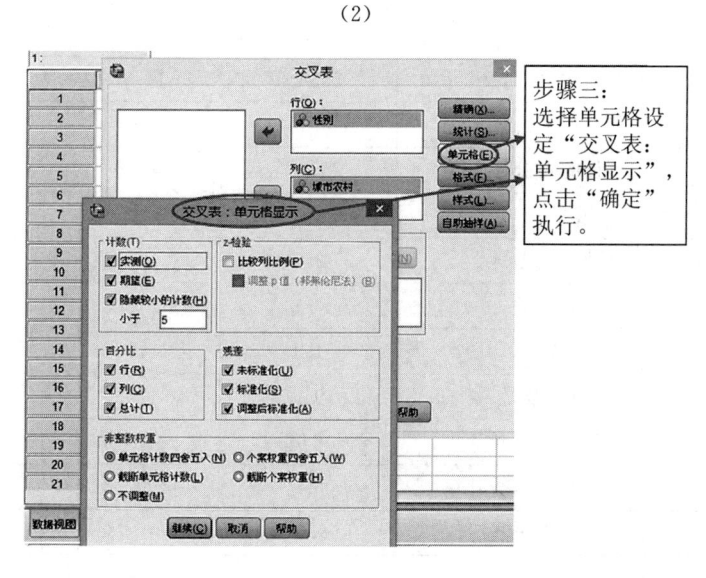

步骤三：
选择单元格设定"交叉表：单元格显示"，点击"确定"执行。

图 11-2　操作步骤与图示

(2)结果输出。

个案处理摘要：从表中可以知道没有缺失值（见表 11-5）。

表 11-5 个案处理摘要

	个案					
	有效		缺失		总计	
	N	百分比	N	百分比	N	百分比
性别×城市农村	321	100.0%	0	0	321	100.0%

交叉表：显示单元格和边缘的次数与百分比。百分比有三种表现方式：行、列与全体总计。残差：未标准化残差为期望值与观测值的差距。标准化残差：标准化残差用于计算卡方值，调整后的残差适合单元格间的差异情形比较。如表 11-6 所示。

表 11-6 性别×城市农村交叉表

			城市农村		总计
			城市校	农村校	
性别	男	计数	108	116	224
		期望计数	133.3	90.7	224.0
		占性别的百分比	48.2%	51.8%	100.0%
		占城市农村的百分比	56.5%	89.2%	69.8%
		占总计的百分比	33.6%	36.1%	69.8%
		残差	−25.3	25.3	
		标准化残差	−2.2	2.7	
		调整后残差	−6.3	6.3	
	女	计数	83	14	97
		期望计数	57.7	39.3	97.0
		占性别的百分比	85.6%	14.4%	100.0%
		占城市农村的百分比	43.5%	10.8%	30.2%
		占总计的百分比	25.9%	4.4%	30.2%
		残差	25.3	−25.3	
		标准化残差	3.3	−4.0	
		调整后残差	6.3	−6.3	
总计		计数	191	130	321
		期望计数	191.0	130.0	321.0
		占性别的百分比	59.5%	40.5%	100.0%
		占城市农村的百分比	100.0%	100.0%	100.0%
		占总计的百分比	59.5%	40.5%	100.0%

卡方检验：皮尔逊卡方达到显著值，如表 11-7 所示。

表 11-7　卡方检验

	值	自由度	渐进显著性（双侧）	精确显著性（双侧）	精确显著性（单侧）
皮尔逊卡方	39.192[a]	1	0.000		
连续性修正[b]	37.657	1	0.000		
似然比	43.021	1	0.000		
费希尔精确检验				0.000	0.000
线性关联	39.069	1	0.000		
有效个案数	321				

a. 0 个单元格（0.0%）的期望计数小于 5。最小期望计数为 39.28。
b. 仅针对 2×2 表进行计算。

对称测量：本范例为 2×2 列联表，故采用 Phi 系数表示两个变量的关系强度。Phi＝－0.349，p＝0.000，如表 11-8 所示。

表 11-8　对称测量

		值	渐进显著性
名义到名义	Phi	－0.349	0.000
	克莱姆 V	0.349	0.000
	列联系数	0.330	0.000
有效个案数		321	

(3) 结果分析。

男校长和女校长的人数分布为 69.78% 和 30.22%，城乡占比为 59.5% 和 40.5%。χ^2＝39.192，df＝1，p＝0.000＜0.001，达到显著性水平，表示两个变量之间相互关联。Phi 系数表示两个变量的关系强度，Phi＝－0.349，p＝0.000，也达到显著性水平，说明性别和城乡两个变量的关联关系达到显著性水平。

第二节　平均数的差异检验——t 检验

在测量的过程中，如果必须以名义尺度或顺序尺度来进行测量，数据类型必然就是类别变量。类别变量是说明事物类别的一个名称，其变量值是定性的，表现为互不相容的类别或属性。当然，以等距测量和比率测量所得到的数据，尽管测量时是连续变量的形式，但研究者为了简化数据内容，会对数据进行分组处理，转化为类别变量。

研究者不仅对类别变量的测量感兴趣，还对连续变量非常关注。比如，人的智力、焦虑感、职业倦怠等连续变量常被研究者用来进行精细的测量和检验。连续变量的分析和检验，通常与平均数和方差的检验有关，下面将介绍平均数的差异检验——t 检验。

一、Z 检验与 t 检验

正如前文所说的，在社会科学研究中，研究对象的总体往往非常庞大而无法直接

对所有研究对象进行研究，因此通常需要以抽样的方式选取一定大小的样本来进行测量工作，再借助推论统计的技术进行总体真伪的假设检验工作。在平均数检验方法中，根据总体的标准差是否已知，可以选择不同的处理模式。当总体的标准差已知时，研究者可以根据中央极限定理来确定抽样分布的标准误，并基于正态分布的假设进行 Z 检验。当总体的标准差未知时，抽样分布的标准误必须通过样本标准差进行估计，因此可能会存在因样本过小而导致的误差，此时需要使用 t 检验进行检验。

就现实而言，总体的标准差大多是不知道的，因此 Z 检验的使用并不多。而且，当样本 n 大于 30 时，t 分布和 Z 分布非常相近。因此，除了在统计学教学中还强调 Z 检验以外，在数据分析的实操中，t 检验其实已经涵盖了 Z 检验的应用。

二、单总体和多总体平均数检验

根据检验所涉及的总体的多寡，平均数检验可以分为单总体和多总体检验。如果研究者只想知道一个变量的平均数是否与某个理论值或总体平均数相符合，不考虑其他因素的影响，则使用单总体平均数检验，也称单一样本 t 检验。比如，某高中高三男生的平均身高是否与全国高三男生的平均身高相同。

研究者想要研究两个变量平均数的差异是否存在。比如，用全国男生的平均身高和全国女生的平均身高进行比较，则涉及多个平均数的检验，不同的平均数背后可能又代表着不同的总体的存在，因此这被称为多总体的平均数检验。在多总体的平均数检验中，根据样本的不同来源可以分为独立样本双样本平均数检验（独立样本 t 检验）和相关独立样本双样本平均数检验（成对样本 t 检验）。比如，检验某两个班的各 10 名学生的期末成绩是否存在差异，使用独立样本双样本平均数检验；检验某个班 10 名学生的期中成绩和期末成绩是否存在差异，则使用相关样本双样本平均数检验。下面，将对研究者最常用的独立样本 t 检验进行范例解析。

三、独立样本 t 检验的范例解析

范例 11-3　独立样本 t 检验：

某研究机构想了解不同性别的校长在职业倦怠上是否会存在差异，选取新疆、河南、内蒙古、湖北、广东等地的 282 名中小学校长作为调查对象，其中，男校长 200 人，女校长 82 人。请问不同性别的校长在职业倦怠上是否存在显著差异？

(1) 操作步骤如图 11-3 所示。

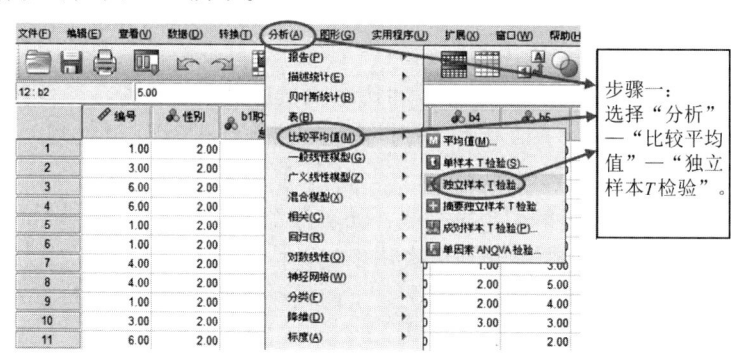

(1)

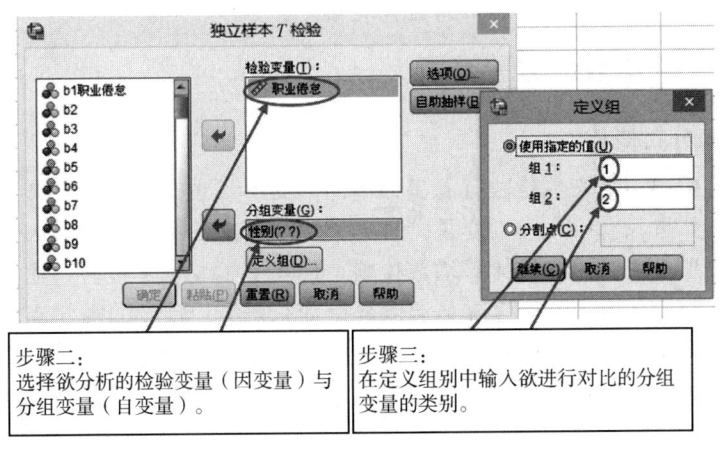

(2)

图 11-3　操作步骤

(2)结果输出如表 11-9、表 11-10 所示。

表 11-9　组统计

	性别	个案数	平均值	标准差	标准误差平均值
职业倦怠	男	200	2.259	0.528	0.037
	女	82	2.176	0.585	0.065

表 11-10　独立样本检验

		莱文方差等同性检验		平均值等同性 t 检验						
		F	显著性	t	自由度	Sig（双尾）	平均值差值	标准误差差值	差值95%置信区间	
									下限	上限
职业倦怠	假定等方差	1.564	0.212	1.162	280	0.246	0.083	0.071	−0.057	0.223
	不假定等方差			1.112	137.786	0.268	0.083	0.074	−0.065	0.230

莱文方差等同性检验值（F 值）显示方差同质性的假设未违反。

(3)结果分析。

从上述的表格中可以知道，两个样本的平均值分别为 2.259 和 2.176，方差同质性的莱文检验不显著（$F=1.564$，$p=0.212>0.05$），表示男校长和女校长的离散情形无明显差别。由假定方差相等的 t 值和 sig 值发现，检验结果未达到显著性水平，说明不同性别的校长在职业倦怠上没有显著差异。

第三节 平均值的方差分析

一、方差分析概述

在统计检验中，平均数检验有着多种不同的变形，主要的区别取决于类别变量的数目和水平。如果只有一个类别变量，且此类别变量是一个只有两个水平的二分类变量（如性别），那么可以用双总体平均数检验，使用 Z 检验或 t 检验。比如，探讨不同性别的校长在职业倦怠上是否存在显著差异。如果研究中涉及的类别变量超过两个水平，则需要对两个以上样本进行比较，此时 Z 检验和 t 检验已不适用。这时需要一种能同时对两个以上的样本平均数差异进行检验的方法，即差异分析（analysis of variance）。

当研究者所探讨的自变量（类别变量）只有一个，只关心这个自变量在因变量平均数上的差异性，则使用单因素方差分析（oneway analysis of variance）。如果研究者同时关注多个类别变量对多个连续变量的平均数的差异性，则使用多因素方差分析（factorial analysis of variance）。特别需要注意的是，当方差分析的 F 检验值达到显著性水平时，即表示至少有两组平均数之间存在显著差异。那么，到底是哪几个平均数之间的差异显著有所不同呢，这时就必须通过多重比较（multiple comparison）来检验。若多重比较在 F 检验之后进行，则称事后比较（posteriori comparisons）。相反，若多重比较在 F 检验之前进行，则称事前比较（priori comparisons）。

二、单因素方差分析的范例解析

范例 11-3 单因素方差分析：

某研究机构想了解不同学历的校长在职业倦怠上是否会存在差异，选取新疆、河南、内蒙古、湖北、广东等地的 291 名中小学校长作为调查对象，大专及以下 47 人，本科 221 人，硕士及以上 23 人。请问不同学历的校长在职业倦怠上是否存在显著差异？

（1）操作步骤与图示如图 11-4 所示。

(1)

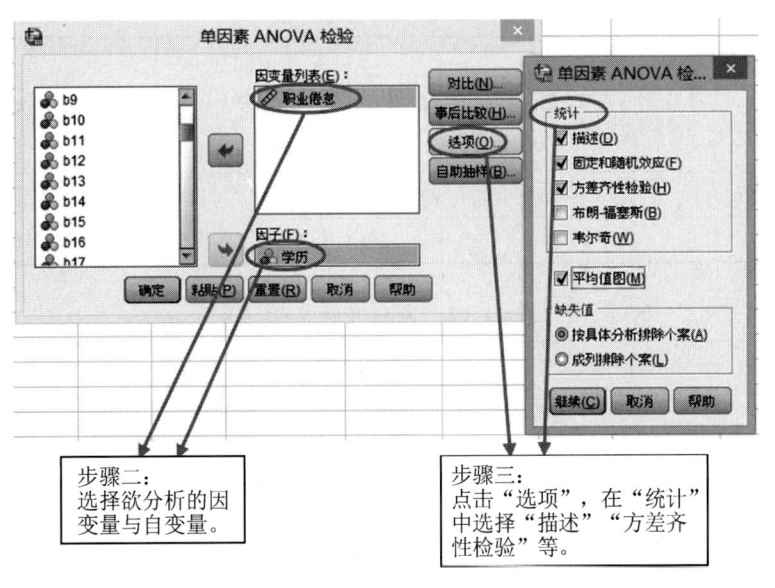

第十一章 差异分析

(2)

步骤二：
选择欲分析的因变量与自变量。

步骤三：
点击"选项"，在"统计"中选择"描述""方差齐性检验"等。

步骤四：
点击"事后比较"，选择"LSD""雪费"等方法。

(3)

图 11-4 操作步骤与图示

(2) 结果输出如表 11-11、表 11-12、表 11-13 所示。

表 11-11 描述

职业倦怠	个案数	平均值	标准差	标准误	平均值的95%置信区间 下限	平均值的95%置信区间 上限	最小值	最大值	成分间方差
大专及以下	47	2.476	0.682	0.100	2.276	2.676	1.292	4.667	
本科	221	2.184	0.519	0.035	2.115	2.253	1.083	3.458	
硕士及以上	23	2.474	0.630	0.131	2.202	2.747	1.375	3.833	
总计	291	2.254	0.569	0.033	2.188	2.320	1.083	4.667	

续表

职业倦怠		个案数	平均值	标准差	标准误	平均值的95%置信区间		最小值	最大值	成分间方差
						下限	上限			
模型	固定效应				0.557	0.033	2.190	2.318			
	随机效应					0.148	1.616	2.892			0.034

表 11-12　方差齐性检验

		莱文统计	自由度 1	自由度 2	显著性
职业倦怠	基于平均值	2.402	2	288	0.092
	基于中位数	2.259	2	288	0.106
	基于中位数并具有调整后自由度	2.259	2	258.469	0.106
	基于剪除后平均值	2.326	2	288	0.100

表 11-13　方差分析

职业倦怠					
	平方和	自由度	均方	F	显著性
组间	4.525	2	2.263	7.280	0.001
组内	89.506	288	0.311		
总计	94.031	290			

表 11-14　多重比较

	学历		平均值差值 (I−J)	标准误	显著性	95%置信区间	
	(I)	(J)				下限	上限
雪费	大专	本科	0.292*	0.090	0.005	0.072	0.513
		硕士	0.002	0.142	1.000	−0.347	0.351
	本科	大专	−0.292*	0.090	0.005	−0.513	−0.072
		硕士	−0.291	0.122	0.061	−0.591	0.010
	硕士	大专	−0.002	0.142	1.000	−0.351	0.347
		本科	0.291	0.122	0.061	−0.010	0.591
LSD	大专	本科	0.292*	0.090	0.001	0.116	0.469
		硕士	0.002	0.142	0.991	−0.278	0.281
	本科	大专	−0.292*	0.090	0.001	−0.469	−0.116
		硕士	−0.291*	0.122	0.018	−0.531	−0.050
	硕士	大专	−0.002	0.142	0.991	−0.281	0.278
		本科	0.291*	0.122	0.018	0.050	0.531

续表

<table>
<tr><th rowspan="2"></th><th colspan="2">学历</th><th rowspan="2">平均值差值
(I−J)</th><th rowspan="2">标准误</th><th rowspan="2">显著性</th><th colspan="2">95%置信区间</th></tr>
<tr><th>(I)</th><th>(J)</th><th>下限</th><th>上限</th></tr>
<tr><td rowspan="6">塔姆黑尼</td><td rowspan="2">大专</td><td>本科</td><td>0.292*</td><td>0.105</td><td>0.022</td><td>0.033</td><td>0.552</td></tr>
<tr><td>硕士</td><td>0.002</td><td>0.165</td><td>1.000</td><td>−0.407</td><td>0.410</td></tr>
<tr><td rowspan="2">本科</td><td>大专</td><td>−0.292*</td><td>0.105</td><td>0.022</td><td>−0.552</td><td>−0.033</td></tr>
<tr><td>硕士</td><td>−0.291</td><td>0.136</td><td>0.122</td><td>−0.638</td><td>0.057</td></tr>
<tr><td rowspan="2">硕士</td><td>大专</td><td>−0.002</td><td>0.165</td><td>1.000</td><td>−0.410</td><td>0.407</td></tr>
<tr><td>本科</td><td>0.291</td><td>0.136</td><td>0.122</td><td>−0.057</td><td>0.638</td></tr>
</table>

*. 平均值差值的显著性水平为0.05。

(3)结果分析。

从结果输出的表中可知，大专及以下、本科、硕士及以上学历校长的职业倦怠均值分别为2.476，2.184，2.474。不同学历的校长的职业倦怠水平存在显著差异（$F=7.280$，$p=0.001$）。从多重比较中可以看出，大专及以下学历和本科学历校长的职业倦怠水平存在显著差异（$p=0.005$）。

第十二章 回归分析与路径分析

本章主要介绍简单随机分析、多元回归分析、路径分析和中介效应分析，着重介绍最常用的几种多元回归方法和中介效应分析，特别是实证研究中最常用的中介效应检验方法；并给出了同时回归、逐步回归和阶层回归在 SPSS 中的范例解析，以及中介效应检验的 Mplus 语句供读者参考。

路径分析是回归模型的拓展，解决了回归分析中只能分析单个因变量的问题。路径分析可以同时分析多个自变量、多个中介变量和多个因变量之间的复杂关系。采用 Mplus 等结构方程模型软件进行中介效应检验可以同时获得参数估计结果、模型拟合指标和各个效应(直接或间接效应)结果。

第一节 简单回归分析

一、简单回归分析的概念

"回归"一词最早源于卡尔顿(Calton)所写的主题为"Regression toward Mediocrity in Heredity Stature"的论文。该论文表明父母的身高可以预测子女的身高，即父母的身高越高或越矮，相较于平均水平，子女的身高也会越高或越矮。然而，当父母的身高极高或极矮(极端倾向)时，子女的身高则不会像他们父母的身高一样极端化，而是向平均数移动(regression toward mediocrity)，这就是均值回归(regression toward the mean)现象。而 regression 一词，从此被运用于研究变量间预测关系和因果关系，沿用至今。

当自变量和因变量存在某种函数关系时，人们就需要对方程中因变量参数的具体数值进行估算，这个估算过程就叫作参数估计(parameter estimation)。参数估计最常用的方法就是回归分析法(regression analysis)。线性关系对社会科学研究具有重要作用，相关分析用于分析两个连续变量的线性关系强度如何，而回归分析则是在两个连续变量具有线性关系的基础上，进一步探讨变量间解释力和预测力的统计方法。具体而言，就是当两个连续变量之间具有显著的线性关系时，则可以利用一个线性方程式 $Y=bX+a$ 对这种关系进行表达，通过代入特定的 X 值以得到 Y 的预测值。这个以单一的自变量 X (或称预测变量、解释变量)去解释或预测因变量 Y 的过程，就是简单回归(simple regression)。比如，以教学效能感(X')去预测教师主观幸福感(Y')的回归分析，则可获得一个回归方程式 $Y'=bX'+a$。利用该方程式所进行的统计分析，就是 Y' 对 X' 的回归分析(Y' regress X')。

二、简单回归的范例解析

某高校校长想要知道教师的教学效能感是否能提升教师的主观幸福感，15 名教师的教学效能感与主观幸福感的平均得分(采用 Likert-5 点计分)如表 12-1 所示，请问教学效能感如何预测主观幸福感?

表 12-1 变量的平均分

编号	1	2	3	4	5	6	7	8	9	10	11	12	13	14	15
教学效能感	4.8	4.4	4.2	4.0	4.0	4.0	5.0	5.0	5.0	4.4	5.0	2.8	3.2	3.0	4.6
主观幸福感	3.6	3.6	3.1	3.6	3.5	3.3	3.8	3.8	4.9	3.6	4.9	3.4	3.6	3.1	4.4

(1)操作步骤与图示如图 12-1 所示。

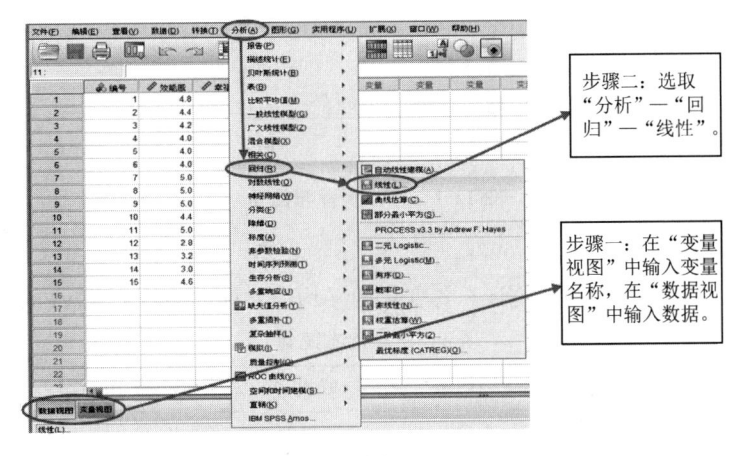

(1)

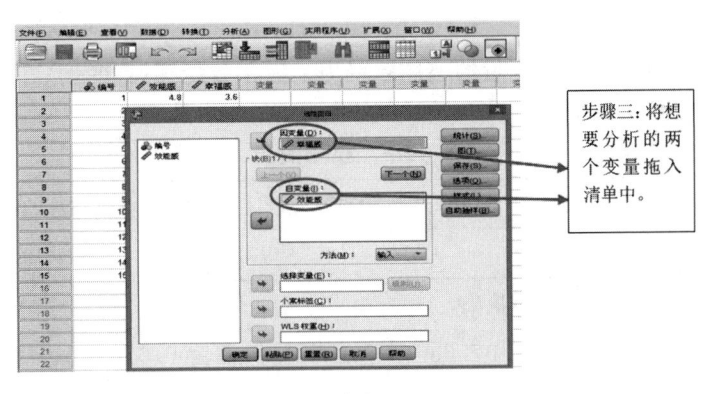

步骤二:选取"分析"—"回归"—"线性"。

步骤一:在"变量视图"中输入变量名称,在"数据视图"中输入数据。

(2)

步骤三:将想要分析的两个变量拖入清单中。

(3)

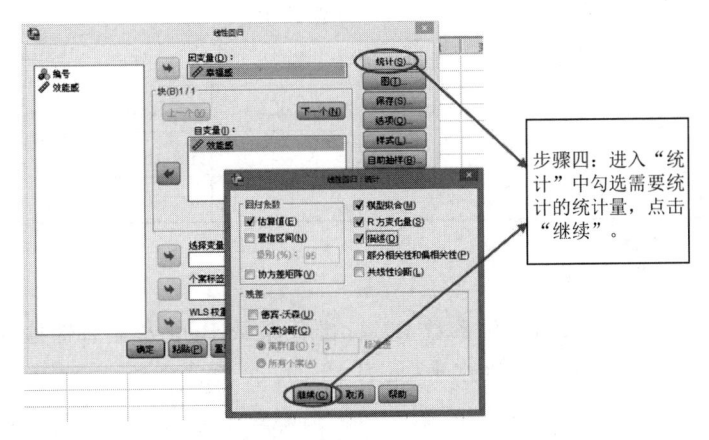

步骤四:进入"统计"中勾选需要统计的统计量,点击"继续"。

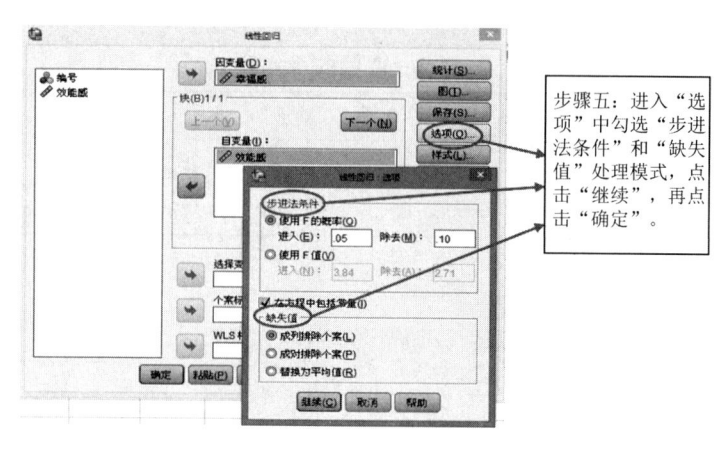

(4)

图 12-1　操作步骤与图示

(2)结果输出。

描述统计：各变量的描述统计，各变量的平均值、标准差与个案数(见表 12-2)。

表 12-2　描述统计

	平均值	标准差	个案数
幸福感	3.753	0.561	15
效能感	4.227	0.740	15

模型摘要：自变量对因变量的整体解释力。教学效能感(自变量)可以解释教师主观幸福感(因变量)37％的变异。调整后的 R^2 为 32.2％(见表 12-3)。

表 12-3　模型摘要

模型	R	R^2	调整后 R^2	标准估算的错误
1	0.608[a]	0.370	0.322	0.4619

a. 预测变量：(常量)，效能感。

方差分析：R^2 的 F 检验为 7.636，显著性水平 p 为 0.016，小于 0.05，达到显著性水平(见表 12-4)。

表 12-4　方差分析[a]

模型		平方和	自由度	均方	F	显著性
1	回归	1.629	1	1.629	7.636	0.016[b]
	残差	2.773	13	0.213		
	总计	4.402	14			

a. 因变量：幸福感。
b. 预测变量：(常量)，效能感。

系数：各个变量的未标准化系数 B，标准化系数 Beta 及显著性检验。教学效能感的 Beta 为 0.608，达到显著性水平(见表 12-5)。

表 12-5　系数[a]

模型		未标准化系数		标准化系数	t	显著性
		B	标准错误	Beta		
1	（常量）	1.805	0.715		2.525	0.025
	效能感	0.461	0.167	0.608	2.763	0.016

a. 因变量：幸福感。

(3) 结果分析。

以教学效能感预测教师主观幸福感是一个简单回归分析，模型摘要结果显示，R^2 为 0.37，即以教学效能感预测教师主观幸福感有 37% 的解释力，$F(1, 13) = 7.636$，$p=0.016$，表示该解释力具有统计学意义。系数估计的结果显示，教学效能感能够有效预测教师主观幸福感，Beta 系数为 0.608（$t=2.763$，$p=0.016$），说明教学效能感越高，教师主观幸福感越强。

第二节　多元回归分析

一、多元回归概述

回归分析就是用线性关系来进行预测和解释。简单回归是只使用一个自变量（或称预测变量、解释变量）去预测或解释一个因变量。如果研究者只研究一个自变量对因变量的预测和解释，用简单回归即可。但是在实际研究中，影响因变量的自变量不仅只有一个，此时我们就需要建立包含多个自变量的多元回归模型，同时纳入多个自变量来对因变量进行预测和解释，称多元回归（multiple regression）。比如，研究者认为去图书馆的频次（X_1）、缺课时数（X_2）、平时作业得分（X_3）、与老师讨论问题频次（X_4）是影响学生期末成绩的四个原因，那么因变量的多元回归方程式如下：

$$Y' = b_1 X_1 + b_2 X_2 + b_3 X_3 + b_4 X_4 + c。$$

由于多元回归需要同时处理多个自变量，还需处理自变量之间的共变关系，以及考虑多个自变量对因变量解释的先后次序关系，因此多元回归的运作较为复杂。基于预测（prediction）和解释（explanation）的不同目的，多元回归又分为预测型回归和解释型回归。在预测型回归中，研究的主要目的在于解决实际问题或对自变量进行控制和预测；而解释型回归的主要目的则在于了解自变量和因变量的解释情形。

在具体操作过程中，预测型回归通常用逐步回归法（stepwise regression）对变量进行选择，将变量逐个引入模型以满足预测型回归，试图以最少的变量来达到对因变量最大的预测力的目的。逐步回归法是根据自变量与因变量之间相关关系的相对强弱来决定各个自变量纳入回归方程的顺序，而不能简单地通过理论依据来对变量进行取舍。与之相对应的是，同时回归法（simultaneous regression）是将所有解释变量同时纳入回归方程，以达到令研究者厘清变量间关系，以及对因变量的变异提出一套最具合理解释的回归模型的目的。它通常被用在解释型回归中。同时回归法的每个自变量的系数和权重都是在以其他自变量为背景的情况下进行解释或预测的，因此一些自变量之间可能存在相关。据此，在采用同时回归法时，需要对每一个被纳入分析的解释变量与其他变量的关系进行仔细斟酌和考查，对每一个解释变量的解释力、整个模型的解释力以及各个解释变量的标准化系数(Beta 系数)予以交代。

需要注意的是，无论是预测型回归还是解释型回归，如果解释变量在理论上具有层次关系，我们就需要在不同阶段处理不同解释变量对因变量的解释，这时需要选择阶层回归分析(hierarchical regression)的区组选择程序(blockwise selection)，依照理论上的先后顺序，逐一检验各组的解释变量对因变量的解释。

综上，由于多元回归包含多个解释变量，基于不同的目的，研究者可以根据不同的解释变量选择模式以得到不同的结果，在 SPSS 中，可以利用逐步法、同时法、阶层法等不同程序进行回归分析。下面将利用实际案例来进行解释说明。

二、多元回归范例

范例 12-1　多元回归分析：

某研究机构对 1053 名中小学教师进行调查，教师性别(G1)、年龄(A2)、学历(E3)、教学自主权(X1)、教学效能感(X2)、职业情感承诺(X3)、主观幸福感(Y)的平均值(采用 Likert-5 点计分)、标准差和相关矩阵如表 12-6 所示。研究者以此为基础，想要探讨教师的主观幸福感是否受到教师性别、年龄、学历、教学自主权、教学效能感及职业情感承诺的影响，提出一套解释模型。

表 12-6　平均值、标准差与相关分析

	M	SD	G1	A2	E3	X1	X2	X3
G1 性别	1.88	0.33	1					
A2 年龄	4.07	1.70	−0.101**	1				
E3 学历	2.00	0.43	0.117**	−0.200**	1			
X1 教学自主权	3.63	0.46	0.009	0.034	−0.023	1		
X2 教学效能感	3.69	0.48	0.003	0.193**	−0.079*	0.415**	1	
X3 职业情感承诺	3.87	0.82	−0.006	0.028	0.061*	0.283**	0.546**	1
Y 主观幸福感	3.56	0.61	−0.013	0.049	0.036	0.262**	0.508**	0.604**

注：* $p<0.05$，** $p<0.01$，*** $p<0.001$。

三、同时回归分析

同时回归就是将所有的解释变量同时纳入回归方程式中来对因变量的影响力进行估计。这种回归方法会得到一个包含所有解释变量的回归模型。除了解释变量存在严重的共线性情况外，每一个变量都会被保留在回归模型中。即使有些因变量的边缘解释力没有达到统计水平，也不会被排除在模型外。

同时回归分析主要应用于当回归方程中包含多个非独立变量，且研究者没有合适的逻辑或理论基础来解释这些变量之间的彼此依赖关系的情况。研究者无法基于实际需求或理论假设来给出这些解释变量之间的优先级，此时，同时回归分析是最适合的一种分析策略，将所有的变量同等对待，同时纳入回归方程进行分析。用范例 12-1 的例子做同时回归分析的结果显示：$R^2=0.412$，调整后的 $R^2=0.409$，说明整个模型可以解释因变量的 41.2%，调整后的模型解释力仍然不错，因此这些自变量和人口学变量能够在一定程度上解释教师主观幸福感的表现。其中，职业情感承诺最具有解释力(Beta＝0.458，p＝0.000)，说明职业情感承诺越高，教师主观幸福感越强。

表 12-7　同时回归法所得的模型摘要和系数估计值

DV＝主观幸福感	未标准化系数 B	未标准化系数 S_e	Beta	t	p	共线性统计 容差	共线性统计 VIF
（常量）	0.931	0.175		5.321	0.000		
G1 性别	−0.028	0.044	−0.015	−0.633	0.527	0.978	1.022
A1 年龄	−0.003	0.009	−0.009	−0.382	0.703	0.915	1.093
E3 学历	0.039	0.034	0.028	1.133	0.258	0.937	1.068
X1 教学自主权	0.039	0.035	0.030	1.133	0.258	0.822	1.217
X2 教学效能感	0.317	0.039	0.250	8.129	0.000	0.594	1.683
X3 职业情感承诺	0.337	0.021	0.458	15.960	0.000	0.684	1.462
整体模型	\multicolumn{6}{l}{R^2＝0.412，调整后的 R^2＝0.409　　$F(6, 1046)$＝122.09(p＝0.000)}

四、逐步回归分析

逐步回归分析大多运用在以预测为目的的探究性研究中。具体做法是纳入多个预测变量后，由各个预测变量的相关程度来决定哪些预测变量进入回归模型或淘汰出局。最后得到一个以最少预测变量解释最多因变量变异量的最佳回归模型。逐步回归有向前选择法、向后选择法和逐步选择法三种变量选择程序。

（一）向前选择法

向前选择法是把预选的预测变量逐个纳入回归方程。具体操作步骤：第一，把与因变量 Y 有着最大相关系数的预测变量选进模型，并进行回归系数的显著性检验，决定是否把该自变量引入模型；第二，在未被引入模型的预测变量中，将与 Y 有最大偏相关系数的自变量引入模型，也就是能够增加最多解释力(R^2)的预测变量；第三，依次类推，决定取舍，直至在排除了已选入预测变量对 Y 的影响之后，未选入预测变量对 Y 的回归系数不显著为止。在实际操作中，研究者必须设置一个选入变量的临界值作为门槛。比如，以 F 检验的显著性水平 p＝0.05 为临界值，如果未被选预测变量所增加的解释力($\triangle R^2$)的最大者对应的 F 检验值的显著性 p＜0.05，即可被选入模型中。向前选择法比较简单，但是如果变量间存在多重共线性，最后的模型可能会混有不太重要的预测变量。在 SPSS 中操作向前选择法的结果见表 12-8。

表 12-8　向前选择法所得的模型摘要与系数估计值

	模型内的变量	B	标准误	Beta	t	p
模型 1	(R^2＝0.371)					
	职业情感承诺	0.445	0.072	0.604	22.640	0.000

续表

	模型内的变量	B	标准误	Beta	t	p
模型 2	($R^2=0.415$)					
	职业情感承诺	0.343	0.021	0.465	16.453	0.000
	教学效能感	0.322	0.036	0.254	8.985	0.000

a. 因变量：主观幸福感。

(二) 向后选择法

向后选择法也称向后剔除法、向后消元法，是先将所有自变量一次性纳入回归模型，然后再将最没有解释力的自变量（F 值最小者）剔除，依次按顺序剔除对回归方程影响不显著的变量，最后得到一个最佳方程式。

向后选择法的特点与向前选择法恰好相反，它是从模型中所有的备选自变量开始。一个备选自变量如果与因变量的偏相关系数最小，且其 F 值小于"剔出标准"，没有达到研究者设定的显著性水平（如 $p<0.05$），则被剔出模型。下一个被剔出模型的备选自变量也是在剩余的自变量中偏相关系数最小，且其 F 值小于"剔出标准"。以此类推，重复这个过程，直到再也没有备选自变量符合"剔出标准"为止。一旦一个变量从模型中被剔出，它就不能在下一步再重新进入模型。

范例 12-1 中的例子经过向后选择法淘汰没有达到显著性水平的自变量后，最后保留了两个自变量"职业情感承诺"和"教学效能感"，结果与向前选择法的结果完全一致，请直接参考表 12-8。

(三) 逐步法

逐步法的基本思想就是逐步将自变量引入模型中，每当引入一个自变量就要回归方程进行 F 检验，并对引入的自变量逐个进行 t 检验，当原来引入的自变量因为后面自变量的引入而变得不显著时，则将后引入的自变量剔除，以此类推，直到既没有显著的自变量选入回归方程，也没有不显著的自变量从回归方程中剔除为止。这种方式可以确保引入的新自变量之前的回归方程中包含的自变量都是显著的。

逐步法整合了向前选择法和向后选择法两种策略，首先是按照向前选择法的原理，将与因变量相关系数最高的自变量纳入回归方程，其次将预测力第二且 F 检验的显著性大于 0.05 的变量纳入方程中。如果第二大预测力的变量纳入回归方程后，原有的自变量因为第二个变量的纳入变得不显著（F 检验的显著性大于 0.05），则第二变量将会被排除。依照这一原理进行反复纳入和检验，直到没有任何变量能被选入或排除时，就可以得到最终的模型。范例 12-1 经过逐步法后结果也和向前选择法一致，具体见表 12-3。范例 12-1 中的例子经过向前选择法、向后选择法和逐步法后，得到的结果均相同，最佳方程中包含了 X2、X3 两个自变量，可以解释因变量变异的 41.5%（$R^2=0.415$）。

五、阶层回归分析

阶层回归分析也是一种分多个步骤，逐步依序进行的回归分析。与逐步回归分析不同的是，逐步回归分析的进入模式是由相关大小的 F 统计量作为取舍解释变量的依据，而阶层回归分析则是先由研究者基于理论和研究的需要而设定的。

阶层回归分析有别于同时回归分析中研究者对变量的优先级无法给定的情况，它一般是在研究者已经基于实际研究目的或理论，得到了一种对解释变量的层级化设定的前提下，根据特定的层次结构将变量依次纳入回归方程。每次纳入一个新的解释变量后，都需要进行一次分析，得到由该变量引起的解释力（R^2）以及它所对应的偏相关系数（partial coefficient），以便检验该变量的实际影响程度。阶层回归分析的主要优势在于，研究者可以通过一些明显的时间或逻辑顺序来决定变量的优先级，并在分析过程中解释这些变量所带来的影响（见表12-9）。

表 12-9　阶层回归分析各个区组模型摘要与参数估计

模型内的变量		区组 1			区组 2			区组 3			区组 4		
		Beta	t	p	Beta	t	p	Beta	t	p	Beta	t	p
G1 性别		−0.013	−0.408	0.683	−0.016	−0.547	0.585	−0.027	−0.633	0.313	−0.015	−0.633	0.527
A1 年龄		0.057	1.809	0.071	0.049	1.596	0.111	−0.038	−0.382	0.174	−0.009	−0.382	0.703
E3 学历		0.049	1.535	0.125	0.053	1.742	0.082	0.072	1.133	0.008	0.028	1.133	0.258
X1 教学自主权					0.262	8.785	0.000	0.059	1.133	0.043	0.030	1.133	0.258
X2 教学效能感								0.496	8.129	0.000	0.250	8.129	0.000
X3 情感承诺											0.458	15.960	0.000
模型摘要	R^2	0.005			0.073			0.269			0.412		
	F	1.639			20.613			76.926			122.09		
	p	0.179			0.000			0.000			0.000		
	$\triangle R^2$	0.005			0.068			0.196			0.143		
	$\triangle F$	1.639			18.974			56.313			45.164		

由表12-9可知，第一个区组的人口学变量对因变量没有显著的解释力，第二个区组的教学自主权引入模型后，模型解释力达到7.3%，$F(1, 1048)=20.613$，$p=0.000$。区组的解释力$\triangle R^2=0.068$，$\triangle F=18.974$，$p=0.000$，显示了教学自主权能显著提高模型的解释力，也就是区组的增量（increment）具有统计学意义，即在控制性别、年龄、学历人口学变量的影响下，教学自主权变量能增加额外"6.8%"的解释力。同样，第三个区组的教学效能感引入模型后，模型解释力达到26.9%，$F(1, 1047)=76.926$，$p=0.000$。区组的解释力$\triangle R^2=0.196$，$\triangle F=54.313$，$p=0.000$，显示了教学效能感能提高模型"19.6%"的解释力。第四个区组的职业情感承诺感引入模型后，模型解释力达到41.2%，$F(1, 1046)=122.09$，$p=0.000$。区组的解释力$\triangle R^2=0.143$，$\triangle F=45.164$，$p=0.000$，显示了职业情感承诺能提高模型"14.3%"的解释力。在三个自变量中，教学效能感的贡献程度最大，Beta=0.496，$t=8.129$，$p=0.000$，其次是职业情感承诺，Beta=0.458，$t=15.960$，$p=0.000$，最后是教学自主权。

值得注意的是，第一个区组的三个人口学变量的解释力均不显著，没有统计学意义,因此三者均不足以解释因变量。但是它们在模型中扮演控制变量的角色,因为这三个人口学变量的存在,可以说教学自主权对主观幸福感的解释力是在控制人口学变量的影响下所得到的数据关系。

六、共线性诊断

在多元回归分析中,由于涉及多个解释变量,因此可能存在变量间多重共线性的问题。多重共线性是指线性回归模型中的解释变量之间由于存在精确相关关系或高度相关关系而使模型估计失真或难以估计准确。在 SPSS 的多元回归分析中,对于某一个解释变量与其他解释变量的共线性可以用容忍值(Tolerance)或变异数膨胀因素(variance inflation factor,VIF)来评估。公式为:

$$VIF = 1/Tolerance = 1/1 - R_i^2。$$

其中 R_i^2 为某一个解释变量被其他解释变量当作因变量来预测时,该解释变量可以被解释的比例。$1-R_i^2$(容忍值)为该解释变量被其他解释变量无法解释的残差比。R_i^2 比例越大,容忍值越小,VIF 就越大,解释变量相关越高,共线性问题越严重。据此,容忍值越大越好,VIF 越小越好。当 VIF<3 时,表示没有共线性问题,当 3<VIF<10 时,表示存在一般的共线性问题,VIF>10 表示可能存在严重的共线性问题。

除了个别解释变量的共线性问题诊断之外,整体回归模型的共线性问题也可以通过特征值(eigenvalue;λ)与条件指数(conditional index,CI)来评估。特征值越小,表明自变量间具有共线性,当特征值为 0 时,表示自变量之间有完全线性相关性(linear dependences)。条件指数值越高,表明共线性越严重。当 CI<30 时,表明共线性问题缓和;当 30<CI<100 时,表明回归模式具有中至高度共线性;当 CI>100 以上,表示回归模型存在严重的共线性(Belsley,1991;Belsley,Kuh & Welsch,1980)。

七、多元回归的范例解析

范例 12-2　多元回归分析解析:

某研究机构想要知道北京市中小学教师的心理授权和职业情感承诺是否会降低教师的职业倦怠,以及哪个因素最能缓解教师的职业倦怠。该机构采用职业情感承诺量表、心理授权量表和职业倦怠量表对北京市 822 名中小学教师进行问卷调查,量表均采用 Likert-5 点计分方式。下面将用此范例对同时回归分析、逐步回归分析和阶层回归分析的操作步骤做分析。

(一)同时回归分析

同时回归分析一般运用于解释型回归的分析,解释型回归的目的在于分析解释变量对因变量的解释力,解释变量应该同时放入回归模型中,不需要任何变量的选择程序,执行时选择前进法。

(1)操作步骤与图示如图 12-2 所示。

（1）

（2）

（3）

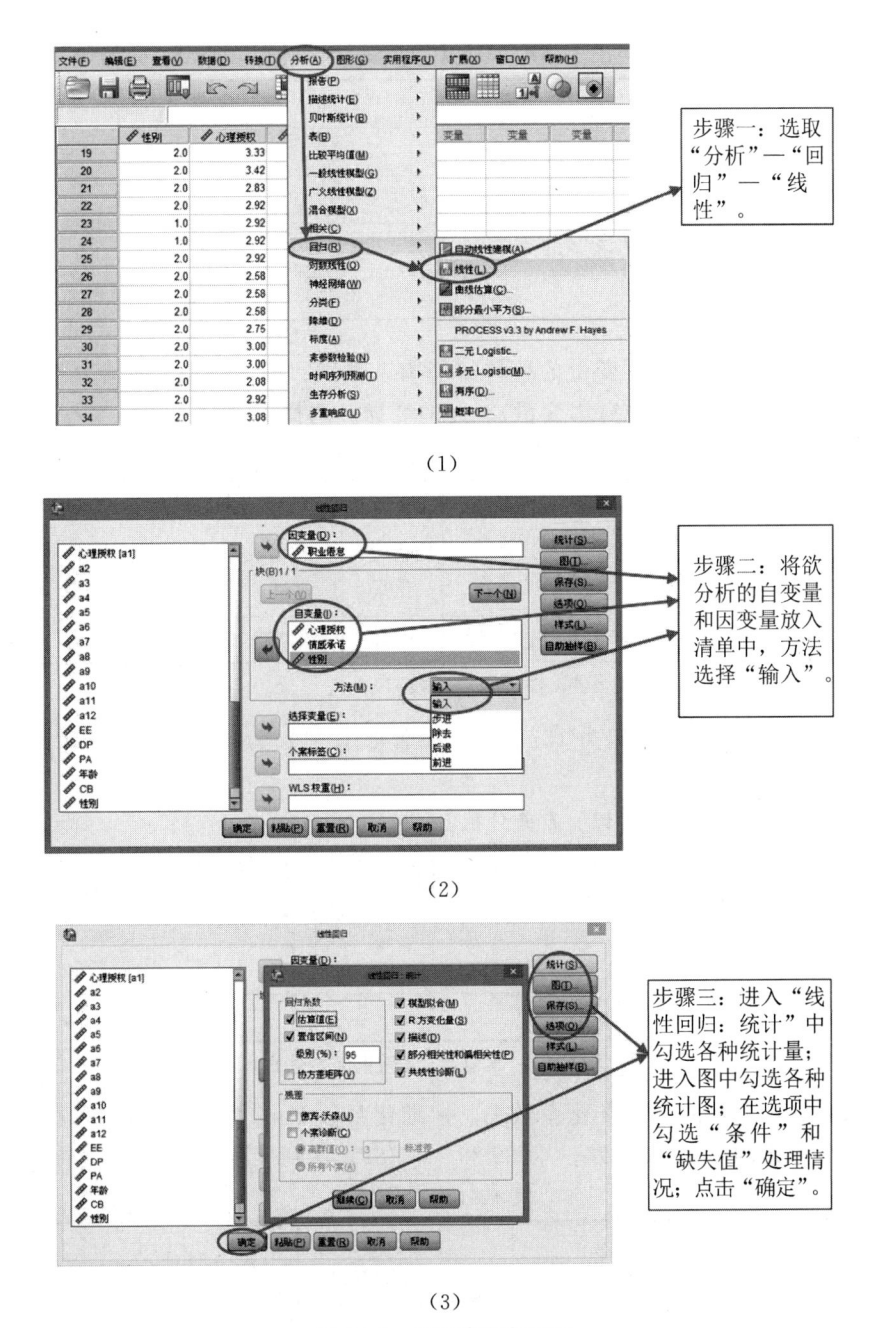

图 12-2 操作步骤与图示

(2)结果输出。

描述统计：各变量的描述统计，各变量的平均值、标准差与个案数如表 12-10 所示。

表 12-10　描述统计

	平均值	标准差	个案数
性别	1.81	0.39	822
心理授权	2.56	0.39	822
职业情感承诺	3.81	0.78	822
职业倦怠	2.58	0.61	822

模型摘要：自变量对因变量的整体解释力。性别、心理授权、职业情感承诺（自变量）可以解释教师职业倦怠（因变量）38%的变异。调整后的 R^2 为 37.8%。

表 12-11　模型摘要

模型	R	R^2	调整后 R^2	标准估算的错误	R^2 变化量	F 变化量	自由度1	自由度2	显著性 F 变化量
1	0.617a	0.380	0.378	0.482	0.380	167.368	3	818	0.000

a. 预测变量：(常量)，情感承诺，性别，心理授权。

方差分析：R^2 的 F 检验为 167.368，显著性水平 p 为 0.000，小于 0.05，达到显著性水平。

表 12-12　方差分析a

模型		平方和	自由度	均方	F 检验	显著性
1	回归	116.553	3	38.851	167.368	0.000b
	残差	189.881	818	0.232		
	总计	306.434	821			

模型检验：检验回归模型的显著性。

a. 因变量：职业倦怠。　b. 预测变量：(常量)，情感承诺，性别，心理授权。

系数：各个变量的未标准化系数 B，标准化系数 Beta 及显著性检验。心理授权和职业情感承诺的 Beta 分别为 -0.089 和 -0.589，达到显著性水平。

表 12-13　系数a

模型		未标准化系数 B	标准错误	标准化系数 Beta	t	显著性	B 的 95.0% 置信区间 下限	上限	相关性 零阶	偏	部分	共线性统计 容差	VIF
1	(常量)	4.665	0.158		29.536	0.000	4.355	4.975					
	性别	0.029	0.044	0.018	0.650	0.516	-0.058	0.116	0.022	0.023	0.018	0.963	1.038
	心理授权	-0.138	0.045	-0.089	-3.073	0.002	-0.226	-0.050	-0.236	-0.107	-0.085	0.906	1.104
	职业情感承诺	-0.0468	0.023	-0.589	-20.684	0.000	-0.513	-0.424	-0.610	-0.586	-0.569	0.936	1.069

a. 因变量：职业倦怠。

> **共线性诊断:**
> 个别变量解释力的检验。容忍值越低，VIF 越大则表示共线性问题严重。容忍值越小，职业情感承诺的 VIF 为 1.069，小于 3，说明没有共线性问题。

整体模型共线性诊断：特征值越小，表明自变量间具有共线性，当特征值为 0 时，表示自变量之间有完全线性相关性。条件指数值越大，表明共线性越严重。当 CI<30 时，表明共线性问题缓和；当 30<CI<100 时，表明回归模式具有中至高度共线性；当 CI>100 表示回归模型存在严重的共线性。

表 12-14　共线性诊断[a]

模型	维度	特征值	条件指标	方差比例			
				（常量）	性别	心理授权	职业情感承诺
1	1	3.922	1.000	0.00	0.00	0.00	0.00
	2	0.045	9.314	0.00	0.63	0.07	0.15
	3	0.025	12.517	0.03	0.02	0.30	0.82
	4	0.008	22.157	0.97	0.35	0.63	0.03

a. 因变量：职业倦怠。

> 特征值越小，条件指数越大，表明模型的共线性问题越严重。整体模型的条件指数为 22.157，小于 30，表明共线性问题缓和。

(3)结果分析。

范例 12-2 的目的在于检验各个自变量对因变量的解释力。结果显示，心理授权和职业情感承诺对职业倦怠均具有显著负向预测作用，且达到 38% 的解释力，模型检验结果显示：$F(3, 818)=167.368$，$p=0.000$，具有统计学意义。

此外，系数估计的结果显示，职业情感承诺为最佳解释变量，其 Beta=-0.589，说明职业情感承诺越高，职业倦怠越低；心理授权的 Beta=-0.089，表明心理授权越高，中小学教师职业倦怠越低；性别的 Beta=-0.018，$p>0.05$，没有统计学意义。共线性诊断结果发现，解释变量和整体模型的共线性均不严重。

(二)逐步回归分析

同样，以范例 12-2 为例，对逐步回归分析的操作步骤进行解析。逐步回归主要运用于预测型回归的分析，其目的是通过变量选择程序来建立一个最佳的回归方程模型。可以使用向前选择法、向后选择法以及逐步法，以数学方法决定最佳模型。

(1)操作步骤与图示如图 12-3 所示。

逐步回归分析的大部分步骤与同时回归相同，除了在方法选择时选用步进

图 12-3　操作步骤与图示

(2)结果输出。

> 逐步回归分析中自变量的输入标准是 F 的概率≤0.050，除去标准是 F 的概率≥0.100，本范例中的职业情感承诺和心理授权分两个步骤被纳入回归方程式。

表 12-15　输入/除去的变量[a]

模型	输入的变量	除去的变量	方法
1	职业情感承诺		步进(条件：要输入的 F 的概率≤0.050，要除去的 F 的概率≥0.100)。
2	心理授权		步进(条件：要输入的 F 的概率≤0.050，要除去的 F 的概率≥0.100)。

a. 因变量：职业倦怠。

表 12-16　模型摘要

模型	R	R^2	调整后 R^2	标准估算的错误	R^2 变化量	F 变化量	自由度 1	自由度 2	显著性 F 变化量
1	0.610[a]	0.372	0.371	0.485	0.372	485.72	1	820	0.000
2	0.616[b]	0.380	0.379	0.482	0.008	10.62	1	819	0.001

a. 预测变量：(常量)，情感承诺。
b. 预测变量：(常量)，情感承诺，授权。

> 模型摘要：
> 整体模型的解释力各为 0.372 和 0.380，其中 0.380 = 0.372 + 0.008 为累计解释量。

> 在两个模型中，个别自变量可以解释的变异分别为 0.372 和 0.008，$p<0.05$，均达到显著性水平，因而均被选入。

表 12-17　方差分析 a

模型		平方和	自由度	均方	F	显著性
1	回归	113.992	1	113.992	485.724	0.000 b
	残差	192.442	820	0.235		
	总计	306.434	821			
2	回归	116.455	2	58.227	251.018	0.000 c
	残差	189.979	819	0.232		
	总计	306.434	821			

> 整体模型的显著性水平检验：模型 1 的 R^2 为 0.372，F 为 485.724，模型 2 的 R^2 为 0.008，F 为 251.018，p 均小于 0.05，达显著性水平，因此回归效果均有统计学意义。

a. 因变量：职业倦怠。
b. 预测变量：（常量），职业情感承诺。
c. 预测变量：（常量），职业情感承诺，心理授权。

表 12-18　系数

模型		未标准化系数 B	标准误	标准化系数 Beta	t	显著性	B 的 95.0% 置信区间 下限	上限	共线性统计 容差	VIF
1	（常量）	4.429	0.086		51.694	0.000	4.261	4.597		
	职业情感承诺	−0.485	0.022	−0.610	−22.039	0.000	−0.529	−0.442	1.000	1.000
2	（常量）	4.728	0.125		37.764	0.000	4.482	4.973		
	职业情感承诺	−0.467	0.023	−0.587	−20.695	0.000	−0.512	−0.423	0.940	1.064
	心理授权	−0.143	0.044	−0.092	−3.258	0.001	−0.230	−0.057	0.940	1.064

a. 因变量：职业倦怠。

> 逐步系数估计：
> 模型 1 表示先进入回归方程的是职业情感承诺，Beta＝−0.610，t 检验差异显著，无共线性问题。模型 2 再加入新的预测变量心理授权，Beta＝−0.092，职业情感承诺则降为 Beta＝−0.587，表示经过相互排除共变后的净预测力。

(3) 结果分析。

本范例为预测型回归分析，以逐步法来选择最佳自变量组合。结果表明，最先进入模型（第一阶段）的是职业情感承诺，可以解释教师职业倦怠 37.2% 的变异量[$F(1, 820)=485.724$，$p=0.000$]，调整后的 R^2 表示仍然有 37.1%。第二个被纳入模型的是心理授权，该变量单独解释职业倦怠的 0.8%[$F(2, 819)=251.018$，$p=0.000$]，两个自变量均符合选入标准，均具有统计学意义。

逐步分析的系数估计显示，先进入回归方程的是职业情感承诺，Beta＝−0.610，

t 值为 $-22.039(p=0.000)$，表明职业情感承诺显著负向预测教师职业倦怠；当加入第二个预测变量心理授权时，心理授权的 Beta $=-0.092$，职业情感承诺则降为 Beta $=-0.587$，表示经过相互排除共变后的净预测力。

(三)阶层回归分析

同样，以范例 12-2 为例对阶层回归分析进行解析，阶层回归一般是研究者基于实际研究目的或理论，根据特定的层次结构将变量依次纳入回归方程。

(1)操作步骤与图示如图 12-4 所示。

阶层回归分析的操作步骤一与同时回归的操作步骤一相同。下面直接从步骤二开始。

第二步：选择第一个区组"自变量(性别)"，移到自变量清单中，"因变量(职业倦怠)"移到因变量中，方法选择"输入"，点击"下一个"。

第三步：将第二区组"自变量(心理授权)"移到自变量清单中，方法仍选择"输入"，点击"下一个"进入下一阶层的选择。将第三区组"自变量(职业情感承诺)"移到自变量清单中，方法仍选择"输入"，点击"统计"勾选想知道的统计量，点击"确定"。

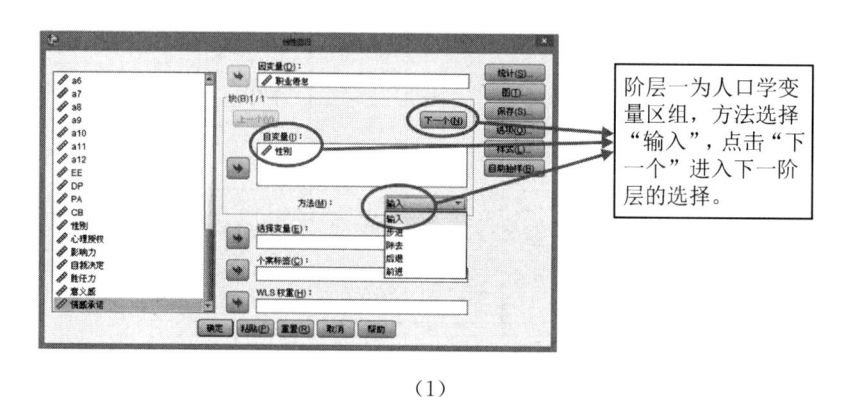

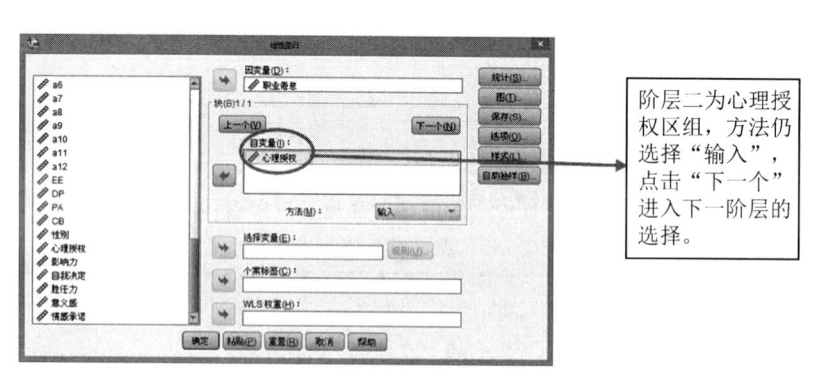

(1)

(2)

（3）

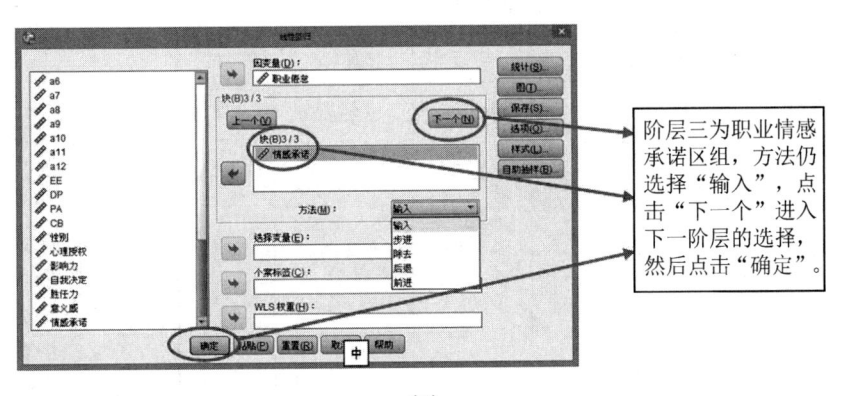

图 12-4　操作步骤与图示

（2）结果输出。

模型摘要：
三个阶层的模型解释力分别为 0.001，0.056 和 0.38，三个阶层总共可以解释 38%。

三个阶层的模型解释力：阶层一没有达到显著性水平；其他两层的解释力分别增加了 0.056 和 0.324，均达到显著性水平。

表 12-19　模型摘要

模型	R	R^2	调整后 R^2	标准估算的错误	R^2 变化量	F 变化量	自由度1	自由度2	显著性 F 变化量
1	0.022ª	0.001	−0.001	0.611	0.001	0.413	1	820	0.521
2	0.237ᵇ	0.056	0.054	0.594	0.056	48.383	1	819	0.000
3	0.618ᶜ	0.380	0.378	0.481	0.324	427.841	1	818	0.000

a. 预测变量：（常量），性别。
b. 预测变量：（常量），性别，心理授权。
c. 预测变量：（常量），性别，心理授权，职业情感承诺。

表 12-20　方差分析[a]

模型		平方和	自由度	均方	F	显著性
1	回归	0.154	1	0.154	0.413	0.521[b]
	残差	306.280	820	0.374		
	总计	306.434	821			
2	回归	17.239	2	8.619	24.410	0.000[c]
	残差	289.195	819	0.353		
	总计	306.434	821			
3	回归	116.553	3	38.815	167.368	0.000[d]
	残差	189.881	818	0.232		
	总计	306.434	821			

> 三个阶层的整体模型解释力的显著性检验，F 分别为 0.413，24.41，167.368，R^2 分别为 0.001，0.056 和 0.38；阶层二和阶层三的整体模型解释力达到显著性水平。

a. 因变量：职业倦怠。
b. 预测变量：(常量)，性别。
c. 预测变量：(常量)，性别，心理授权。
d. 预测变量：(常量)，性别，心理授权，情感承诺。

表 12-21　系数

模型		未标准化系数 B	标准错误	标准化系数 Beta	t	显著性	B 的 95.0% 置信区间 下限	上限	共线性统计 容差	VIF
1	(常量)	2.514	0.102		24.651	0.000	2.313	2.714		
	性别	0.035	0.055	0.022	0.643	0.521	-0.073	0.144	1.000	1.000
2	(常量)	3.592	0.184		19.521	0.000	3.231	3.953		
	性别	-0.033	0.055	-0.021	-0.603	0.547	-0.140	0.074	0.968	1.034
	心理授权	-0.372	0.054	-0.240	-6.956	0.000	-0.477	-0.267	0.968	1.034
3	(常量)	4.665	0.158		29.536	0.000	4.355	4.975		
	性别	0.029	0.044	0.018	0.650	0.516	-0.058	0.116	0.963	1.038
	心理授权	-0.138	0.045	0.089	-3.073	0.002	-0.226	-0.050	0.906	1.104
	情感承诺	-0.468	0.023	-0.589	-20.684	0.000	-0.513	-0.424	0.936	1.069

> 各阶层模型的系数估计与显著性检验，阶层一性别的 Beta=0.022 且不显著，阶层二的心理授权的 Beta=-0.240，阶层三心理授权的 Beta=-0.089，职业情感承诺的 Beta=-0.589，均达到显著性水平。这说明心理授权和职业情感承诺均显著负向预测教师职业倦怠。

a. 因变量：职业倦怠。

(3)结果分析。

本范例为阶层回归分析,结果表明,三个阶层的整体模型解释力的显著性检验显示,F 分别为 0.413,24.41,167.368,R^2 分别为 0.001,0.056 和 0.38;阶层二和阶层三的整体模型解释力达到显著性水平,均具有统计学意义。

阶层回归分析的系数估计显示,阶层二性别的 Beta 为 0.022 且不显著,阶层二心理授权的 Beta 为 -0.24,阶层三心理授权的 Beta 为 -0.089,职业情感承诺的 Beta 为 -0.589,均达到显著性水平。

第三节 路径分析

一、路径分析概述

当研究者的研究只有一个自变量和一个因变量,用简单回归分析即可解决;当研究有多个自变量和一个因变量时,用多元回归分析也可解决。那么,当研究存在多个自变量和多个因变量时,该用什么统计方法进行分析呢?路径分析(path analysis)作为多元回归模型的拓展,可以解决传统回归模型中只能分析单个因变量的不足。路径分析的主要目的是检验一个因果模型的准确性和可靠程度,以及研究变量间因果关系的强弱。需要注意的是,路径模型常常被称为因果模型,但是这里的因果关系只是模型中假设的因果关系,自变量作用于因变量,并非实际意义上的因果关系,真正的因果关系需要在更加严格的条件下获得。因果关系的探讨通常用实验研究,实验研究是在严格控制无关变量的基础下探讨因变量和因变量因果关系的研究方法。路径分析基于回归分析,仍然保留了回归分析的特点。路径分析通常用图形来表示变量间的关系和方向,这种图形叫作路径图。常用的图标和意义见表 12-22。

根据模型中变量的关系,路径模型可以分析递归模型和非递归模型。递归模型(recursive model)中的所有的路径均是单向的、没有循环的。非递归模型(non-recursive model)的路径存在直接或间接的反馈或误差相关。

表 12-22 路径分析的图例

图形	名称	意义
○	椭圆(或圆)	潜变量
□	矩形(或正方形)	观察变量
→○	单箭头刺向椭圆	潜变量的残差
→	单箭头	单向影响/单向路径
→□	单箭头刺向矩形	测量误差
↔	双箭头	相关/协方差

二、路径系数估计

路径模型中的系数被称为路径系数,如果研究中只涉及一个因变量,那么用传统的最小二乘法对单独的回归方程进行估计即可。当研究涉及多个因变量,最小二乘法将不再适合,这时通常需要使用结构方程模型分析软件中的最大似然法进行参数估计。路径模型的最大优势在于,可以同时对多个自变量和多个因变量的关系进行估计,或对提出的研究假设进行验证。当然,当最佳模型确定后,研究者还需要对变量间的关系进行效应分解。一般研究通常关注两个效应的分解,即直接效应(direct effect)和间接效应(indirect effect)。直接效应就是自变量直接通向因变量的效应,中间不经过任何其他变量;间接效应就是自变量通过第三变量(中介变量)对因变量产生的效应。如果研究只涉及一个中介变量,那么这时的间接效应(也叫中介效应)就等于两个路径系数的乘积。下一节将对中介效应分析进行详细介绍。

第四节 中介效应分析

一、中介效应分析概述

中介效应(mediation effect)分析已经被广泛运用于社会科学研究中,大量实证研究的文章也开始建立中介效应模型进行分析。中介效应模型是回归模型的拓展。回归模型的目的是检验自变量对因变量的斜率是否显著。如果显著,那么哪些自变量对因变量的影响力比较大?有影响力的自变量中哪些自变量更加重要?自变量对因变量的解释能力有多大(R^2)?中介模型的目的则是检验自变量(X)通过中介变量(M)到因变量斜率的乘积是否显著。如果显著,那么中介变量的影响效果有多大?是部分中介还是完全中介?对于多重中介模型,还需要回答多重中介效果是否显著,中介效果之间谁的影响力最大以及各中介效果之间是否存在差异的问题。与回归模型相比,中介效应模型不仅可以分析自变量对因变量影响的过程和作用机制,而且在方法上也有很大的进步,往往能得到更深层次的结果。

检验中介效应比较流行的方法是巴伦和肯尼(Baron & Kenny, 1986)提出的逐步法(causal steps approach),但是也受到很多研究者的批评和怀疑(Edwards & Lambert, 2007; Hayes, 2009; Spencer, Zanna & Fong, 2005)。有研究者甚至呼吁停止使用逐步法进行检验,改为目前普遍认为比较好的抽样法直接检验系数乘积的显著性(Zhao, Lynch & Chen, 2010)。自助抽样法(Bootstrap method)是一种从样本中重复取样的方法。它有多种取样方案,其中一种简单的方案就是将原始样本当作自助抽样总体,从这个自助抽样总体中重复取样以得到类似于原始样本的自助抽样样本(Wen, Marsh & Hau, 2010)。比如,我们将一个容量为1000的样本当作抽样总体,采用有放回的重复抽样,可以得到一个容量为1000的自助抽样样本。比如,得到2000个容量为1000的自助抽样样本,对于这2000个自助抽样样本,可以得到2000个系数乘积的估计值,将全体记为$\{a_n b_n\}$,将2000个$\{a_n b_n\}$的数值按从小到大排序,其中第2.5百分位点和第97.5百分位点就构成ab的一个置信度为95%的置信区间,如果置信区间不包含0,则系数乘积显著,中介得到检验(Preacher & Hayes, 2008; Preacher, Rucker & Hayes, 2007),这种方法被称为非参数百分位自助抽样法。

此外,系数乘积检验法也是检验系数乘积的一种中介检验方法。但是它因自身的缺陷而难以被研究者推荐,即系数乘积检验法假设 ab 是服从正态分布的,但是分析发现,大多数实证研究中的样本大小分布是不规则的(Stone & Sobel, 1990)。即使其中的每一个系数都服从正态分布,但其系数的乘积也不是正态的(Hayes, 2009; MacKinnon, 2008; MacKinnon, Lockwood & Williams, 2004)。因此,不推荐使用系数乘积检验法进行中介效应的检验。自助抽样法更好地尊重了实证研究样本的不规则性。因此,当使用自助抽样时,得到的推论准确度可能更大,检验力也更高。实际上,检验力更高的是使用偏差校正后的置信区间,即偏差校正的非参数百分位自助抽样法(Edwards & Lambert, 2007; Preacher & Hayes, 2008)。

二、中介效应分析的意义

首先,中介效应分析可以揭示教育现象间关系的复杂性。在中介效应检验还没有被运用于教育研究时,想要检验自变量如何预测因变量,往往采用回归进行预测,通过构建自变量对因变量的线性回归或非线性回归方程,检验回归方程中的回归系数是否具有统计学意义。不难发现,回归模式探讨的仅仅是自变量对因变量的直接效应。然而,仅仅探索教育现状中自变量对因变量的影响未免过于简单,难以诠释以人为研究对象的复杂的教育现象。事实上,自变量对因变量的影响往往掺杂着其他变量的参与,自变量可以与其他变量共同作用于因变量,也可以通过第三变量或与第三变量组合作用于因变量。如果自变量仅仅通过单一变量作用于因变量,那么就是简单中介模型(见图 12-5);如果通过多个变量作用于因变量,则是多重中介模型。在多重中介模型中,多个中介变量可以是并行关系也可以是递进关系,这就构成了并式多重中介模型(见图 12-6)和链式中介模型(见图 12-7,Carson et al., 2010)。中介模型更加仔细地揭示了变量间的预测关系,中介效应分析为变量间的复杂关系提供了统计学意义上的技术手段。

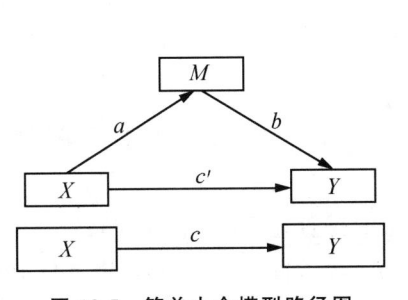

图 12-5　简单中介模型路径图

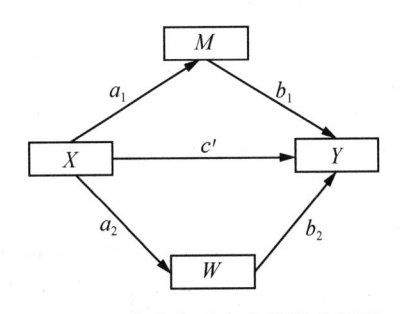

图 12-6　并式多重中介模型路径图

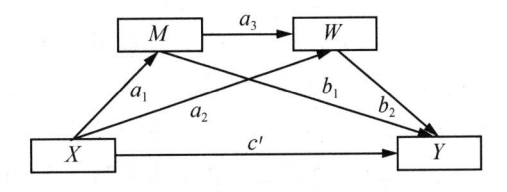

图 12-7　链式中介模型路径图

其次，中介效应分析促进横断研究中的预测关系的明晰化。从方法论来看，若研究者想要得出变量间的因果关系，至少要做到三点。其一，假定具有因果关系的变量应该具有相关关系；其二，在时间上，自变量在前，因变量在后；其三，有效控制无关变量。据此不难发现，教育研究中的横断面研究实际上只能揭示变量间的相关关系而不是因果关系。但揭示变量间的因果关系也是教育研究的追求之一。随着中介效应分析的兴起，越来越多的研究发现，中介效应可以在一定程度上接受变量间的内在影响机制(方杰，张敏强，2012)。那么，中介变量联系的两个变量相关关系不显著是否还具有中介作用？

理论上，具有中介变量联系的两个变量的相关关系应该是显著的，如果两个变量之间没有关系，那么中介作用将无从谈起，所以在进行中介变量检验之前应该先确认自变量和因变量是否有关系，即检验其相关系数或回归系数是否显著。然而，有研究发现，自变量和因变量是否显著相关并不是中介效应检验的前提(Preacher, Rucker & Hayes, 2007; Rucker et al., 2011)。拉克等人(Rucker et al., 2011)的研究发现，在所有模拟条件下有近一半自变量和因变量相关关系不显著的情况，却存在显著的中介效应。据此，即使自变量和因变量的相关关系不显著，也可以进行中介效应检验。

三、中介效应检验

目前，检验中介效应的方法有很多种，如逐步检验法、系数乘积检验法、自助抽样法等。下面以简单中介模型(见图12-5)为例说明中介效应检验的一般过程和方法。在图12-1中，a 代表的是自变量 X 作用于中介变量 M 的效应，b 代表中介变量 M 作用于因变量 Y 的效应，c' 代表的是控制了中介变量 M 后自变量 X 对因变量 Y 的影响效应。目前流行的数据统计分析软件均可以很方便地获得 a、b、c、c' 效应值和对应的标准误，以及构建路径系数的置信区间，并进行显著性检验。目前，常用的研究中介效应的统计分析软件有 SPSS、AMOS 和 Mplus 等。

(一)逐步检验法的程序

以图12-5简单中介模型路径图为例，如果我们要采用逐步检验法来进行中介检验，就需要遵循以下步骤：

(1)检验 X 对 Y 的直接影响，即检验系数 c 是否显著($H_0: c=0$)；

(2)检验 X 对 M 和 M 对 Y 的影响，即检验系数 a($H_0: a=0$)和系数 b($H_0: b=0$)是否显著；

(3)检验 c' 是否显著，用于判定是完全中介还是部分中介。

如果 c 显著，a 和 b 显著，则中介效应显著。在此基础上，如果 c' 显著，则是部分中介作用；如果 c' 不显著，则是完全中介作用。

根据上述的检验步骤可以发现，逐步检验法的第一类错误较低，低于设定的显著性水平(MacKinnon et al., 2002)。换言之，就是当系数 a 和系数 b 都显著时，就足以支持我们所要的结果，即 ab 显著。但由于逐步检验的检验力(power)比较低，因此，研究很容易得出实际上 ab 显著而依次检验不显著的结论(Fritz & MacKinnon,

2007；MacKinnon et al.，2002）。

(二) 系数乘积检验的程序

系数乘积检验是直接针对 H_0：$ab=0$ 提出的检验方法，系数乘积检验法就是其中比较有名的一种。系数乘积检验的步骤见图 12-8。

（1）检验系数 c 是否显著。若不显著，看 X 与 Y 的相关是否显著，相关也不显著，停止中介效应检验；若显著，进行第二步。

（2）依次检验系数 a 和 b 是否显著。若 a、b 都显著，那么检验系数 c'。若 c' 显著，部分中介效应显著；若 c' 不显著，完全中介效应显著。若 a、b 中至少有一个不显著，那么进行系数乘积检验，即检验系数 a、b 的乘积是否显著。若显著，则中介效应显著；若不显著，则中介效应不显著。

乘积系数检验法在逐步检验法的基础上控制了第一类错误，因此相较于逐步检验法更加准确。但是它同样存在比较致命的缺陷，即系数乘积检验法要求 a、b 两个系数乘积服从正态分布的假设，这在实证研究中一般无法满足。

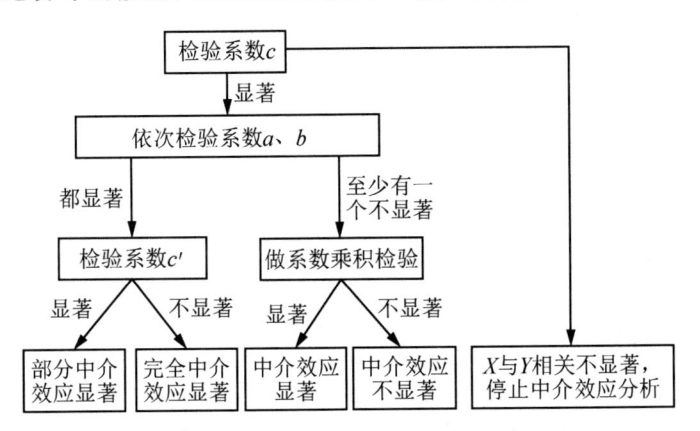

图 12-8　中介效应检验的程序[①]

(三) 自动抽样法的程序

对于系数乘积检验法，有研究者意识到：当系数 c、a、b 都显著时，逐步检验的结果强于系数乘积检验的结果，因此他们提出了在系数乘积检验流程中，先进行逐步检验，a、b 中至少有一个不显著才做系数乘积检验（温忠麟，张雷，侯杰泰等，2004）。如今，自助抽样法代替了系数乘积检验法，克服了系数乘积检验法的系数乘积的正态分布问题，即系数乘积检验法是基于均值抽样分布的特性对标准误进行估计，一旦 a、b 的系数乘积不服从正态分布，估计的标准误就会变得不准确。而且，尽管 a、b 中一个系数服从正态分布，其乘积通常也不是正态的，因此，标准误的估计只是近似的，可能不准确。

现在，自助抽样法取代了系数乘积检验法，自助抽样法中介效应检验的步骤是什

[①] 温忠麟、张雷、侯杰泰等：《中介效应检验程序及其应用》，载《心理学报》，2004，36(5)。

么呢？在看自助抽样法的中介效应检验步骤之前，需要先理解什么是"遮掩效应"。根据巴伦和肯尼（Baron & Kenny，1986）对中介效应的定义，中介效应是以 X 影响 Y 的系数 c 显著为前提的。在这个定义的基础上，分析中介效应可以解释 X 如何影响 Y（MacKinnon & Fairchild，2009）。那如果 c 不显著呢？当 c 不显著时，就说明 X 对 Y 的影响不显著，这时再问 X 对 Y 的作用机制显得不合常理，合理的问题应该是"为什么 X 不影响 Y"。比如，某种治疗癌症的药物（X_1）需要通过特定的酶（M_1）才能有效杀死癌细胞（Y_1），如果缺失这种酶，药物将无效。这种情形的建模逻辑跟中介效应的建模逻辑并不相同，因此，不少文献将 c 不显著的情形称为"遮掩效应"（Shrout & Bolger，2002；MacKinnon et al.，2002）。当间接效应和直接效应符号相反时，总效应就会出现被遮掩的情况，其绝对值比实际预期的要低。自助抽样法中介效应检验的步骤见图 12-9。

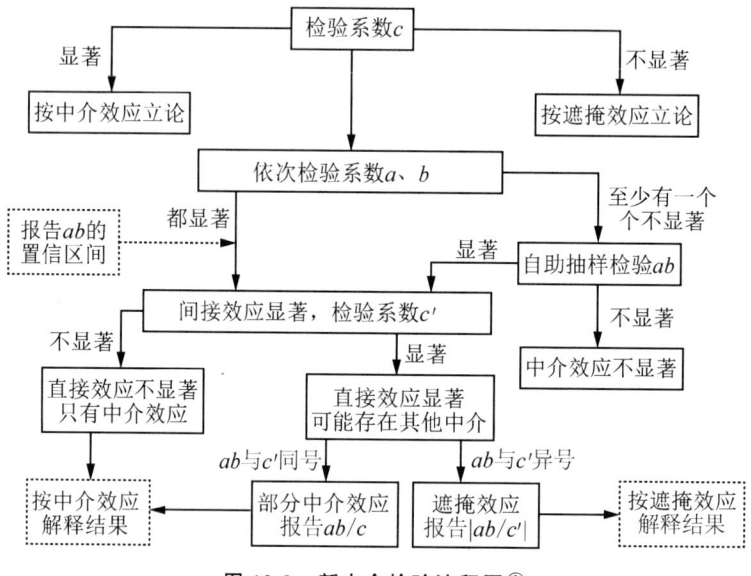

图 12-9　新中介检验流程图[①]

（1）先检验系数 c 是否显著，若显著，按中介效应立论；若不显著，按遮掩效应立论。无论是否显著，都进行下一步检验。

（2）依次检验系数 a、b，若 a、b 都显著，则间接效应显著，进行第四步；若 a、b 中至少有一个不显著，进行第三步。

（3）用自助抽样法检验 ab（H_0：$ab=0$），若 ab 不显著，则中介效应不显著；若 ab 显著，进行第四步。

（4）检验系数 c'，若 c' 不显著，则直接效应不显著，只有中介效应，按中介效应报告结果；若 c' 显著，则直接效应显著，进行第五步。

（5）比较 ab 和 c' 的符号，若同号，则是部分中介作用，报告 ab/c；若异号，则

---

① 温忠麟、叶宝娟：《中介效应分析：方法和模型发展》，载《心理科学进展》，2014，22(5)。

是遮掩效应，报告 ab/c' 的绝对值。

四、中介效应模型分析范例

根据已有的理论和相关研究结果，研究者提出了职业情感承诺在个人教学效能感和生活满意度之间可能具有中介作用的假设模型。其中，个人教学效能感是教师对自己具体教学效果的认知和评价以及有能力教会学生学习的信念(Gibson & Dembo，1984)；职业情感承诺是职业承诺的维度之一，是指因为现在的职业符合自己的职业理想和志趣，而对职业的喜欢、认同和投入(Allen & Meyer，1990)；主观幸福感是评价个人和社会生活品质的重要指标，也是个体心理健康的重要内容(Busseri & Sadava，2011)。主观幸福感是指个体根据自定标准对其生活质量进行整体性的评估，包括生活满意度、积极情绪与消极情绪三个维度(Diener & Lucas，2000)。

(一)测量工具

测量工具及题目如表 12-23 所示。

1. 生活满意度量表

采用迪纳等人(Diener et al.，1985)编制的教师主观幸福感量表(The Satisfaction with Life Scale)中的生活满意度维度。生活满意度包括 5 道题，采用 Likert-5 点记分方式，从"很不符合"至"很符合"记为 1~5 分。

2. 个人教学效能感量表

采用吉布森和登博(Gibson & Dembo，1984)编制的教学效能感量表中的个人教学效能感维度，个人教学效能感包含 17 道题，采用 Likert-5 点记分方式，从"很不符合"至"很符合"记为 1~5 分。

3. 职业情感承诺量表

职业情感承诺量表采用迈耶、艾伦、史密斯(Meyer，Allen & Smith，1993)编制的职业承诺问卷中的职业情感承诺维度。职业情感承诺维度有 6 道题，采用 Likert-5 点记分方式，从"很不符合"至"很符合"记为 1~5 分。

表 12-23 测量工具及题目

测量工具	题目内容
生活满意度 (Satisfaction，5 个)	1. 我的生活在大多数方面接近我的理想。 2. 我的生活条件很好。 3. 我对我的生活很满意。 4. 目前为止，我得到了生活中想要的重要东西。 5. 如果让我重新开始，我不希望做任何改变。
职业情感承诺 (Commitment，6 个)	1. 当老师使我的自我感觉良好。 2. 我后悔自己从事教师职业。 3. 作为一名教师，我感到很自豪。 4. 我不喜欢当老师。 5. 我对教师职业不感兴趣。 6. 我对教师职业满怀热情。

续表

测量工具	题目内容
个人教学效能感 （Efficacy，17个）	1. 我能根据大纲吃透教材。 2. 我常不知道怎么写教学计划。 3. 我备的课总是很认真，很详细。 4. 我能解决学生在学习中出现的问题。 5. 在课堂上遇到学生捣乱，我常不知道该如何处理。 6. 我能根据学生的水平调整作业难度。 7. 我能很好地驾驭课堂。 8. 如果学生不注意听讲，我没办法使他们集中注意力。 9. 只要我努力，我就能改变绝大多数学习困难的学生。 10. 我不知道该怎么与家长进行良好的沟通。 11. 如果学生成绩提高了，那是因为我的教学方法有效。 12. 当学生遇到棘手的学习问题时，我不知道怎么帮助。 13. 如果学校让我教一门新课，我相信自己有能力教好。 14. 如果学生总是忘记前面学的知识，我知道如何帮助。 15. 如果班上有学生爱捣乱，我相信自己有办法引导他改正。 16. 如果学生做不完课堂作业，我能准确判断是否作业太难。 17. 我与学生交流得很少。

（二）分析过程

根据假设模型，用测量工具收集数据，再用 Mplus 进行中介效应检验，假设模型的 Mplus 语句见表 12-24，结果输出见表 12-25。

表 12-24　中介效应分析 Mplus 语句

```
TITLE：this is an example of a mediating effect analysis；
DATA：FILE IS D：中介效应分析.dat；
VARIABLE：
    MISSING ARE ALL (-99)；
    NAMES ARE F1 F2 F3 F4 F5 G1 G2 G3 G4 G5 G6 G7 G8 G9 G10 G11 G12
G13 G14 G15 G16 G17 c1 c4 c7 c10 c13 c16；
    USEVARIABLE ARE F1 F2 F3 F4 F5 G1 G3 G4 G6 G7 G9 G11 G13 G14 G15 G16 G17
C1 C4 C7 C10 C13 C16；
MODEL：
    satisfaction by F1 F2 F3 F4 F5；
    efficacy by G1 G3 G4 G6 G7 G9 G11 G13 G14 G15 G16 G17；! G2 G5 G10 G8 G12
    G6 WITH G7；
    G13 WITH G14；
    G3 WITH G4；
    G15 with G16；
    G11 with G9；
    commitment by C1 C7 C10 C13 C16；! C4
    c7 with c16；
```

续表

c1 with c7；！STRUCTURAL MODEL efficacy→commitment→satisfaction
commitment on efficacy；
satisfaction on commitment efficacy；
！indirect effect！分析间接效果的指令
model indirect：
satisfaction ind efficacy；！分析所有 satisfaction 到 efficacy 的总效果，直接及间接效果
ANALYSIS：
TYPE IS GENERAL；
ESTIMATOR IS ML；
BOOTSTRAP 5000；
OUTPUT：
STANDARDIZED CINTERVAL(BCBOOTSTRAP)；！偏差矫正 BOOTSTRAP 法

表 12-25　中介效应分析结果

THE MODEL ESTIMATION TERMINATED NORMALLY	
MODEL FIT INFORMATION	
Number of Free Parameters	107
Loglikelihood	
H_0 Value	−33293.614
H1 Value	−32586.446
Information Criteria	
Akaike (AIC)	66801.228
Bayesian (BIC)	67331.884
Sample-Size Adjusted BIC	66992.035
$(n* = (n+2)/24)$	
Chi-Square Test of Model Fit	
Value	1414.336
Degrees of Freedom	388
P-Value	0.0000
RMSEA (Root Mean Square Error Of Approximation)	
Estimate	0.050
90 Percent C.I.	0.047　0.053
Probability RMSEA≤=0.05	0.466
CFI/TLI	
CFI	0.946
TLI	0.939
Chi-Square Test of Model Fit for the Baseline Model	
Value	19282.090
Degrees of Freedom	435
P-Value	0.0000
SRMR (Standardized Root Mean Square Residual)	
Value	0.063

续表

MODEL RESULTS				
			Two-Tailed	
	Estimate	S. E.	Est. /S. E.	P-Value
SATISFAC BY				
F1	1.000	0.000	999.000	999.000
F2	1.067	0.039	27.311	0.000
F3	1.179	0.038	31.349	0.000
F4	1.181	0.039	30.423	0.000
F5	1.045	0.049	21.476	0.000
EFFICACY BY				
G1	1.000	0.000	999.000	999.000
G3	0.943	0.040	23.660	0.000
G4	0.996	0.038	26.105	0.000
G6	0.926	0.043	21.419	0.000
G7	0.978	0.042	23.334	0.000
G9	0.992	0.056	17.697	0.000
G11	0.738	0.046	16.068	0.000
G13	0.915	0.051	17.797	0.000
G14	1.022	0.045	22.523	0.000
G15	1.034	0.044	23.447	0.000
G16	0.946	0.042	22.356	0.000
G17	0.731	0.052	13.946	0.000
COMMITME BY				
C1	1.000	0.000	999.000	999.000
C7	1.232	0.057	21.687	0.000
C10	1.565	0.093	16.765	0.000
C13	1.558	0.092	16.846	0.000
C16	1.165	0.062	18.757	0.000
COMMITME ON				
EFFICACY	0.484	0.045	10.714	0.000
SATISFAC ON				
COMMITMENT	0.448	0.050	9.002	0.000
EFFICACY	0.304	0.047	6.414	0.000
G6 WITH				
G7	0.136	0.011	12.006	0.000
G13 WITH				
G14	0.086	0.014	6.311	0.000
G3 WITH				
G4	0.082	0.009	9.462	0.000
G15 WITH				
G16	0.081	0.010	8.226	0.000
G11 WITH				
G9	0.097	0.017	5.626	0.000

	Estimate	S. E.	Est. /S. E.	Two-Tailed P-Value
C7 WITH				
C16	0.118	0.015	7.888	0.000
C1 WITH				
C7	0.153	0.017	9.013	0.000

STANDARDIZED MODEL RESULTS
STDYX Standardization

	Estimate	S. E.	Est. /S. E.	Two-Tailed P-Value
SATISFAC BY				
F1	0.765	0.014	53.328	0.000
F2	0.801	0.013	63.423	0.000
F3	0.905	0.008	114.054	0.000
F4	0.881	0.009	98.524	0.000
F5	0.651	0.019	34.001	0.000
EFFICACY BY				
G1	0.750	0.016	47.497	0.000
G3	0.727	0.017	42.431	0.000
G4	0.794	0.014	56.492	0.000
G6	0.669	0.019	34.811	0.000
G7	0.722	0.017	42.436	0.000
G9	0.568	0.023	24.871	0.000
G11	0.515	0.025	20.954	0.000
G13	0.576	0.023	25.227	0.000
G14	0.719	0.017	41.391	0.000
G15	0.752	0.016	47.022	0.000
G16	0.720	0.017	41.425	0.000
G17	0.450	0.026	17.059	0.000
COMMITME BY				
C1	0.589	0.025	23.562	0.000
C7	0.733	0.018	39.897	0.000
C10	0.828	0.015	54.158	0.000
C13	0.844	0.015	56.580	0.000
C16	0.758	0.019	40.909	0.000
COMMITME ON				
EFFICACY	0.481	0.029	16.355	0.000
SATISFAC ON				
COMMITMENT	0.359	0.037	9.777	0.000
EFFICACY	0.242	0.036	6.727	0.000
G6 WITH				
G7	0.482	0.026	18.484	0.000
G13 WITH				
G14	0.230	0.032	7.094	0.000

续表

G3 WITH				
G4	0.410	0.030	13.472	0.000
G15 WITH				
G16	0.337	0.032	10.553	0.000
G11 WITH				
G9	0.188	0.031	6.027	0.000
C7 WITH				
C16	0.348	0.033	10.700	0.000
C1 WITH				
C7	0.327	0.029	11.264	0.000

TOTAL, TOTAL INDIRECT, SPECIFIC INDIRECT, AND DIRECT EFFECTS

	Estimate	S.E.	Est./S.E.	Two-Tailed P-Value
Effects from EFFICACY to SATISFAC				
Total	0.521	0.044	11.755	0.000
Total indirect	0.217	0.030	7.295	0.000
Specific indirect				
SATISFAC				
COMMITME				
EFFICACY	0.217	0.030	7.295	0.000
Direct				
SATISFAC				
EFFICACY	0.304	0.047	6.414	0.000

STANDARDIZED TOTAL, TOTAL INDIRECT, SPECIFIC INDIRECT, AND DIRECT EFFECTS

STDYX Standardization

	Estimate	S.E.	Est./S.E.	Two-Tailed P-Value
Effects from EFFICACY to SATISFAC				
Total	0.415	0.029	14.461	0.000
Total indirect	0.173	0.022	7.907	0.000
Specific indirect				
SATISFAC				
COMMITME				
EFFICACY	0.173	0.022	7.907	0.000
Direct				
SATISFAC				
EFFICACY	0.242	0.036	6.727	0.000

(三)结果分析

为了检验职业情感承诺在个人教学效能感和生活满意度之间的中介作用,采用Mplus7.4建模对各变量间的关系进行检验。将个人教学效能感作为预测变量,职业情感承诺作为中介变量，生活满意度作为结果变量，建立中介模型进行分析。模型拟合指标良好[$\chi^2/df=3.645$，TLI(NNFI)$=0.939$，CFI$=0.946$，SRMR$=0.063$，RMSEA$=0.050$]。结果显示，中小学教师的个人教学效能感可以正向预测生活满意度（$\beta=0.304$，$p<0.001$）；职业情感承诺在中小学教师个人教学效能感和生活满意度中发挥中介作用，说明中小学教师的个人教学效能感越高，他们感知到的职业情感承诺就越强，而高职业情感承诺又可以提升中小学教师的生活满意度。

第十三章 因子分析

因子分析在实证研究中主要用于探索和检验问卷或量表的效度。对于新编制的问卷，研究者一般需要先进行探索性因子分析，确定因子的个数、因子间的关系以及因子与指标之间的关系，再用验证性因子分析加以验证。本章主要介绍探索性因子分析和验证性因子分析，重点阐述探索性因子分析和验证性因子分析的过程，并通过范例给出 Mplus 执行探索性因子分析和验证性因子分析的过程与结果解释。

第一节 因子分析简介

一、什么是因子分析

因子分析是心理学、教育学、社会学和管理学等领域使用最多的多元统计方法之一(Conway & Huffcutt，2016)，是用于分析影响变量、支配变量的共同因子有几个且各因子本质是什么的一种统计方法。它是一类降维的相关分析技术，用于解释外显变量之间的相关的统计模型，主要是为了实现简化数据和解释指标之间相关性的目的。在研究中，一般假设指标之间存在相关是因为存在一个潜在的共同因子或公因子(common factor)，即所有指标条目共同的部分。如果这个公因子被提取，那么指标之间的相关则不存在，就实现了相对独立性(local independennce)。

二、因子分析的类别

现实中，由于研究中所涉及的因子多为抽象概念，在现实中可能并不存在或是难以测量的，在实际情况下存在的指标又很多，因此，可以通过因子分析把众多的指标简化为少数几个因子，为厘清现象和检验理论提供简明的工具。

根据数据分析前是否有理论基础或先验知识的支撑，可以将因子分析分为两种：探索性因子分析(exploratory factor analysis，EFA)和验证性因子分析(confirmatory factor analysis，CFA)。没有相关理论基础或先验知识结构，而利用因子分析来确定因子有几个维度，则称探索性因子分析。对先前有的理论或其他先验知识提出的因子个数或者因子结构做出的预设而进行检验，则称验证性因子分析。

第二节 探索性因子分析

在教育研究中，因子分析通常用于探索、检验量表或问卷的因素效度。当我们需要开发一个量表或遇到问卷结构不清晰的时候，一般就会先用探索性因子分析先确定因子的个数、因子与指标之间的关系以及因子和因子之间的关系，然后再根据探索性因子分析的结果利用 Mplus、AMOS 等统计软件进行验证。本文在后续的范例中将采用 Mplus 进行验证。如果结果理想，则因子效度得到支持。特别需要注意的是，就量表而言，新开发的量表一般需要先进行探索性因子分析，再进行验证性因子分析，对于比较成熟的量表则只进行验证性因子分析即可。

一、探索性因子分析概述

无论是探索性因子分析还是验证性因子分析，都是为了考查变量之间的相关系数和方差协方差，基本思想都是想找到共同因子以实现降维的目的。在寻找共同因子的过程中，是否有先验知识或理论支撑就产生了探索性因子分析和验证性因子分析的区别。探索性因子分析是在事先完全不知道影响因素是什么的基础上，纯粹根据数据资料，利用数据分析软件以一定的程序进行因子分析，并得出影响观测变量的因子个数，以及各个因子和各个观测变量之间的相关程度。在进行探索性因子分析之前，研究者不需要知道要用几个因子，各个因子如何与观测变量联系。

探索性因子分析需要揭示的是相对比较大的变量的内在结构，由于没有先验理论或知识的支撑，则只能凭借因子载荷和感知觉推断变量的因子结构。由于探索性因子分析的过程有很多步骤，需要研究者根据主观判断进行决策，因此在实际分析过程中数据往往会出现许多问题。研究者的决策都是环环相扣的，前一步的决策不当就会影响后面所有的分析。因此，很多研究者为了让自己的研究结果符合预期，在做决策时往往会跟着数据走。下面将介绍探索性因子分析的过程及它在 Mplus 中的操作范例。

二、探索性因子分析的过程

与其他常用的统计分析方法相比，探索性因子分析更加需要研究者就如何分析做出重要决策(Finch & West，1997)。具体而言，研究者在进行 EFA 时至少要考虑五个主要的方法论问题。第一，研究者必须确定研究中需要包含哪些变量，以及研究将基于怎样的样本大小和性质；第二，研究者必须确定 EFA 是最合适的分析方法；第三，若 EFA 是合适的，则必须选择一个特定的程序使模型符合数据；第四，研究者必须确定决策模型中应该包含多少个因子；第五，研究者还需要选择一种旋转方法，来获得一个最简单、最容易解释的因子结构。以上的每一个决策都会对所获得的研究结果产生重要的影响(Armstrong & Soelberg，1968；Comrey，1978；MacCallum，1983)。

(一)确定变量和样本

在 EFA 中获得的结果的效用在很大程度上取决于研究设计和数据的可靠性。在 EFA 中，一个极其重要的问题就是研究中应该包含那些测量变量。如果研究者不能充分地或仅从自己感兴趣的领域选取观察变量，那么他可能无法发现重要的公因子。相反，如果研究者过度采取观察变量(包含无关的测量变量)，那么可能出现虚假的公因子掩盖真正的公因子。因此，研究一定要慎重选择观察变量，为测量变量的选择制定合理的指导方案。有研究者(MacCallum et al.，1999)的研究表明，当每个公因子在分析中被多个测量变量表示时，EFA 的结果能更加准确。方法论专家建议在一项研究中每个公因子应该至少包含 3~5 个测量变量(MacCallum et al.，1999；Velicer & Fava，1998)。因此，当研究者的研究设计需要使用 EFA 时，研究者应该考虑研究中可能出现的公因子的数量和质量，而且，测量变量至少应该是预期公因子的 3~5 倍(MacCallum et al.，1999；Velicer & Fava，1998)。当然，如果预测公因子的依据很少甚至在没有的情况下，研究者应该尽可能全面地描述有关领域的测量变量的总体。

此外，EFA 的样本的选择也非常重要。研究者必须确定样本的大小以及如何在总体中抽取样本。一般来说，可以根据测量变量的数量来确定样本量，测量变量越多需要的样本量就越大。目前，关于样本量的建议目前还没有一个统一的标准。比如，戈萨奇(Gorsuch，1983)建议每个测量变量应有 5 个参与者的比率，并且样本量不能小于 100，而农纳利(Nunnally，1978)和埃弗里特(Everitt，1975)则建议 1∶10，即一个测量变量应有 1 个参与者。还有研究者(MacCallum et al.，1999)认为，当每个公因子都被很好地确定(至少有 3 个或 4 个测量变量代表每个公共因素)且共同性(共同度平均大于等于 0.70)很高时，在 100 的样本中也可以获得对总体参数的准确估计。

(二) 确定 EFA 是最适合的分析方法

因子分析的主要目的是确定研究所需公因子的数量和性质，以及找出少数因子去解释测量指标间的相关。教育现象是极其错综复杂的，很多现象可能会交织在一起，EFA 可以帮助研究者在错综复杂的现象中找到问题；而且教育学家研究的是人类行为背后的潜在因素，因此 EFA 是个良好的分析方法。但是 EFA 不能等同于主成分分析法，尽管两种方法所得到的结果比较相近(Velicer & Jackson，1990)。主成分分析是通过将一组变量组成一个线性方程来解释原来变量尽可能多的信息，即变异最大化，其主要目的在于用较少的几个主成分来解释这组变量尽可能多的信息，即简化数据。而 EFA 则是用少数几个因子来解释众多测量指标间的相关性的原因，即共同变异，其主要目的在于提取造成测量指标间共变的原因，即提取公因子。

(三) 选择提取公因子的方法

如果确定了 EFA 是最适合的分析方法，那么就有必要选择提取公因子的方法。通常，提取公因子的方法有最大似然法(maximum likelihood，ML)和主轴因子法(principal axis factors，PAF)等。尽管这些方法适合相同的模型，但每种方法都有自己的优缺点。ML 的主要优点就是它可以报告整个模型的拟合优度，而且允许对因子载荷和因子间的相关性进行显著性检验，并计算这些参数的置信区间(Cudeck & O'Dell，1994)。ML 的主要缺点就是要求数据符合多元正态分布，这个要求就多数研究而言是苛刻的。相反，PAF 不要求数据要符合多元正态分布，但是它只能报告有限拟合优度指标，而且不允许计算置信区间和显著性检验。

(四) 选择因子的个数

保留多少个因子是非常关键的问题，因子的抽取不足或过度都会对所获得的结果产生实质性的影响(Comrey，1978；Fava & Velicer，1992)。有研究者认为，在模型中保留太少(低估)的因子比保留太多的因子(过度推断)产生的错误更严重(Rummel，1970；Fava & Velicer，1992)。类似研究也支持这一说法，即当模型中包含的因素太少时，很可能会出现重大错误(Fava & Velicer，1992；Wood，Tataryn & Gorsuch，1996)。具体而言，其一，当提取的因子较少时，这些因子更可能包含更多的误差；其二，相较于提取不足，过度提取对因子负荷的估计更加精确。鉴于此，大量研究开始探讨如何确定最优因素的个数。目前，常用的方法主要有以下 5 种。

(1)特征值大于 1，即著名的 Kaiser 准则(Kaiser Rule，KR)。Kaiser 准则是很多统计软件默认的规则(如 SPSS)，也是许多研究者最常用的标准之一(Fabrigar et al.，1999)。Kaiser 准则计算相关矩阵的特征值，以确定其中有多少个特征值大于 1(Gorsuch，1983)，特征值大于 1 的个数就是因子的个数。但是该方法也被一些研究者质疑。比如，法布里加等人(Fabrigar et al.，1999)认为特征值为 1.01 的公共因子是一个"主要"因子，而特征值为 0.99 的公共因子是没有意义的。而且，有研究表明，Kaiser 准则总会导致过多的因子被保留(Zwick & Velicer，1986)。

(2)解释方差总量。研究者常常采用的另一个方法就是方差解释量。目前，关于因子解释多少总体方差合适还没有一个统一的标准。有些研究者认为因子应解释 50% 的总体方差，有些研究者则认为应解释 80%。

(3)碎石图。碎石图提供了因子数目和特征值大小，通过碎石图可以比较直观地判断和选择适合的因子个数。但是当研究结果的碎石图没有明显拐点时，很难选择因子的个数。

(4)平行分析(parallel analysis；Horn，1965)。平行分析是 EFA 中抽取因子最精确的方法(Zwick & Velicer，1986)，但在实际研究中很少被使用，这可能是因为平时流行的数据分析软件不提供该结果的缘故。平行分析的具体步骤是，首先生成一组随机数据的相关矩阵，然后计算出这组随机数据相关矩阵的特征值，再计算这些特征值的平均值，最后比较真实数据的特征值的碎石图和这组随机数据的平均特征值的曲线，根据两条特征值曲线的交点位置就可以确定提取因子的最大数目。若真实数据的特征值落在随机数据矩阵的平均特征值曲线上，则保留这些因子，否则舍弃。

(5)竞争模型比较。如果上述所说的四种方法均难以确定因子的个数，那么可以通过验证因子分析中竞争模型比较的方法来确定因子个数，确定最优模型。而且，竞争模型还可以检验模型的区分效度和共同方法偏差。

(五)因子旋转

当因子个数确定下来以后，接下来就要选择因子旋转的方法以获得一个简单的、易解释的因子结构。因子旋转的方法主要有正交旋转(orthogonal rotation)和斜交旋转(oblique rotation)两类。

在目前的实证研究中，正交旋转更为流行。正交旋转的主要优点是变量间提供的信息不会重叠，样本在某个变量的分值与在其他变量的分值之间彼此独立不相关。然而，在实际研究中，变量之间往往是相关的，正交旋转的不相关是人为主观设定的。因此，正交旋转方法通常不能准确地描述现实世界中自然发生的事件。而斜交旋转在理论上更加符合数据特征。在斜交旋转中，因子之间的夹角可以是任意的，用斜交旋转往往会使得变量更加简洁。因此，从理论上来看，斜交旋转是优于正交旋转的。但是，斜交旋转也有缺点，斜交旋转所允许的因子之间的相关程度很小，而且斜交旋转中因子之间的斜交程度会受到使用者所定义的参数的影响。在研究中，当两个变量的相关性太高往往是不能被接受的。当两个因子的相关度比较高时，研究者往往会选择重新分析。据此,选择正交旋转和斜交旋转主要取决于研究目的。如果研究目的仅仅是简化数据,不关注因子的实际含义,那么建议选择正交旋转;如果因子分析的目的是要得到理论上的有意义的因子,则建议选择斜交旋转。

三、探索性因子分析的范例

(一)范例简介

本范例以心理授权量表为例,在 Mplus7.4 中执行 EFA,以便读者更加具体地理解 EFA 的过程。心理授权是指个体对授权所体验到的心理状态或认知的综合体(Thomas & Velthouse,1990;Spreitzer,1995)。采用施普赖策(Spreitzer,1995)编制的心理授权量表,包括工作意义、自主决定、胜任力和影响力四个维度,共 12 道题目。量表采用 Likert-5 点记分方式,从"很不符合"至"很符合"记为 1~5 分,在本次调查中,心理授权总量表及其子维度工作意义、自主决定、胜任力和影响力的内部一致性 Cronbach's α 系数分别为 0.871,0.787,0.847,0.846,0.856。

研究选取新疆、河南、内蒙古、湖北、广东等地的 421 名中小学校长作为调查对象。通过向校长发放纸质问卷的方式收集数据信息。主试向校长发放问卷,校长当场完成问卷填写并提交。校长匿名填写问卷,尽量避免受到外界因素的干扰,保证问卷填答的可靠性和真实性。研究共回收问卷 430 份,剔除无效问卷 9 份,获得有效被试 421 名。其中,男校长 306 人,女校长 120 人。心理授权量表的描述统计量如表 13-1 所示。

表 13-1 心理授权题项统计量

题项	均值	标准差
1. 我做的工作是有意义的。	4.558	0.915
2. 我的工作对我来说非常重要。	4.432	0.880
3. 我工作中的各种活动对我来说是有意义的。	4.317	0.898
4. 我自信有能力完成工作。	4.540	0.738
5. 我确信自己有完成工作的能力。	4.511	0.752
6. 我熟练掌握工作必需的技能。	4.093	0.822
7. 我有充分的自主权去决定如何做自己的工作。	3.515	1.180
8. 我能自己决定如何开展我的工作。	3.781	1.066
9. 我有相当多独立和自由的机会去决定如何工作。	3.513	1.143
10. 在我的工作中,我对所发生事情的作用很大。	3.852	0.949
11. 我对工作中发生的事情有很大的控制力。	3.677	0.998
12. 我对工作中发生的事情有显著的影响力。	3.753	0.982

(二)Mplus 执行过程

Mplus 执行 EFA 可以通过简单的设定同时获得多个因子模型结果。比如,设置"ANALYSIS:TYPE=EFA 1 4;",Mplus 就会将提取 1 到 4 个因子的模型参数分别报告出来,心理授权量表的 EFA 的 Mplus 输入和输出程序与结果(部分)见表 13-2。

表 13-2　EFA 的程序实例和部分结果

```
TITLE：this is an example of EFA；
DATA：FILE IS D：探索性因子分析.dat；
INPUT INSTRUCTIONS
  DATA：
    FILE IS D:\探索性因子分析.dat；
  VARIABLE：
    MISSING ARE ALL (-99)；
    NAMES ARE e1 e2 e3 e4 e5 e6 e7 e8 e9 e10 e11 e12；
    USEVARIABLES ARE e1 e2 e3 e4 e5 e6 e7 e8 e9 e10 e11 e12；
  ANALYSIS：
    ROTATION=GEOMIN(ablique)；  !确定因子旋转的方法,系统默认 GEOMIN。本案例采
用系统默认,研究者可以根据自己研究所需选择其他旋转方法。
    ESTIMATOR=MLR；  !旋转提取公因子的方法。
    TYPE=EFA 1 4；  !定义抽取因子的个数,从 1 到 4 个。如果只想抽取特定个数,将两个数
字设置相同即可。
    OUTPUT：MOD；  !要求输出修正指数。
    PLOT：TYPE IS PLOT2；  !要求报告碎石图。
INPUT READING TERMINATED NORMALLY
SUMMARY OF ANALYSIS
Number of groups                                               1
Number of observations                                       382
Number of dependent variables                                 12
Number of independent variables                                0
Number of continuous latent variables                          0


Observed dependent variables
  Continuous
  E1         E2         E3         E4         E5         E6
  E7         E8         E9         E10        E11        E12
Estimator                                                   MLR
Rotation                                                 GEOMIN
Row standardization                                 CORRELATION
Type of rotation                                        OBLIQUE
Epsilon value                                            Varies
Information matrix                                     OBSERVED
Maximum number of iterations                               1000
Convergence criterion                                 0.500D-04
Maximum number of steepest descent iterations                20
Maximum number of iterations for H1                        2000
Convergence criterion for H1                          0.100D-03
Optimization Specifications for the Exploratory Factor Analysis
```

续表

```
Rotation Algorithm
    Number of random starts                                    30
    Maximum number of iterations                               10000
    Derivative convergence criterion                           0.100D-04
Input data file(s)
    D:\探索性因子分析.dat；
Input data format  FREE
SUMMARY OF DATA
    Number of missing data patterns         1
SUMMARY OF MODEL FIT INFORMATION
```

	Number of		Degrees of	
Model	Parameters	Chi-Square	Freedom	P-Value
1-factor	36	576.756	54	0.0000
2-factor	47	473.234	43	0.0000
3-factor	57	245.242	33	0.0000
4-factor	66	43.695	24	0.0083

		Degrees of	
Models Compared	Chi-Square	Freedom	P-Value
1-factor against 2-factor	112.313	11	0.0000
2-factor against 3-factor	291.081	10	0.0000
3-factor against 4-factor	252.193	9	0.0000

RESULTS FOR EXPLORATORY FACTOR ANALYSIS
  EIGENVALUES FOR SAMPLE CORRELATION MATRIX

	1	2	3	4	5
1	4.853	1.547	1.303	1.074	0.593

  EIGENVALUES FOR SAMPLE CORRELATION MATRIX

	6	7	8	9	10
1	0.532	0.438	0.419	0.363	0.336

  EIGENVALUES FOR SAMPLE CORRELATION MATRIX

	11	12
1	0.318	0.225

EXPLORATORY FACTOR ANALYSIS WITH 1 FACTOR(S)：
MODEL FIT INFORMATION   !模型拟合信息
Number of Free Parameters   36
Loglikelihood
  H_0 Value   −5595.553
  H_0 Scaling Correction Factor   1.4821
    for MLR
  H1 Value   −5212.475
  H1 Scaling Correction Factor   1.3899

续表

```
            for MLR
Information Criteria
    Akaike (AIC)                              11263.105
    Bayesian (BIC)                            11405.140
    Sample-Size Adjusted BIC                  11290.918
      (n* = (n+2)/24)
Chi-Square Test of Model Fit
    Value                                     576.756*
    Degrees of Freedom                        54
    P-Value                                   0.0000
    Scaling Correction Factor                 1.3284
        for MLR
```

* The chi-square value for MLM, MLMV, MLR, ULSMV, WLSM and WLSMV cannot be used

　　for chi-square difference testing in the regular way.　MLM, MLR and WLSM
　　chi-square difference testing is described on the Mplus website.　MLMV, WLSMV,
　　and ULSMV difference testing is done using the DIFFTEST option.

```
RMSEA (Root Mean Square Error Of Approximation)
    Estimate                                  0.159
    90 Percent C.I.                           0.148   0.171
    Probability RMSEA <= .05                  0.000
CFI/TLI
    CFI                                       0.607
    TLI                                       0.519
Chi-Square Test of Model Fit for the Baseline Model
    Value                                     1395.198
    Degrees of Freedom                        66
    P-Value                                   0.0000
SRMR (Standardized Root Mean Square Residual)
    Value                                     0.104
MINIMUM ROTATION FUNCTION VALUE               4.21686
        GEOMIN ROTATED LOADINGS (* significant at 5% level)    ! 旋转后的因子载荷
                  1
                ─────
    E1          0.437*
    E2          0.604*
    E3          0.578*
    E4          0.714*
    E5          0.678*
    E6          0.563*
    E7          0.618*
    E8          0.644*
    E9          0.602*
```

续表

E10	0.571*				
E11	0.544*				
E12	0.508*				

GEOMIN FACTOR CORRELATIONS (* significant at 5% level)　！因子间的相关系数

	1
1	1.000

ESTIMATED RESIDUAL VARIANCES

	E1	E2	E3	E4	E5
1	0.809	0.635	0.666	0.490	0.541

ESTIMATED RESIDUAL VARIANCES

	E6	E7	E8	E9	E10
1	0.683	0.618	0.585	0.638	0.674

ESTIMATED RESIDUAL VARIANCES

	E11	E12
1	0.704	0.742

S.E. GEOMIN ROTATED LOADINGS　！标准误的旋转负荷

	1
E1	0.076
E2	0.058
E3	0.060
E4	0.062
E5	0.068
E6	0.063
E7	0.051
E8	0.052
E9	0.060
E10	0.058
E11	0.061
E12	0.059

S.E. GEOMIN FACTOR CORRELATIONS　！标准误间的相关

	1
1	0.000

S.E. ESTIMATED RESIDUAL VARIANCES

	E1	E2	E3	E4	E5
1	0.066	0.071	0.070	0.089	0.093

S.E. ESTIMATED RESIDUAL VARIANCES

续表

	E6	E7	E8	E9	E10
1	0.071	0.062	0.067	0.072	0.067

S. E. ESTIMATED RESIDUAL VARIANCES

	E11	E12
1	0.067	0.060

Est. /S. E. GEOMIN ROTATED LOADINGS

	1
E1	5.755
E2	10.347
E3	9.556
E4	11.431
E5	9.912
E6	8.912
E7	12.233
E8	12.457
E9	10.076
E10	9.783
E11	8.886
E12	8.568

Est. /S. E. GEOMIN FACTOR CORRELATIONS

	1
1	0.000

Est. /S. E. ESTIMATED RESIDUAL VARIANCES

	E1	E2	E3	E4	E5
1	12.203	8.999	9.535	5.484	5.831

Est. /S. E. ESTIMATED RESIDUAL VARIANCES

	E6	E7	E8	E9	E10
1	9.620	9.892	8.781	8.881	10.094

Est. /S. E. ESTIMATED RESIDUAL VARIANCES

	E11	E12
1	00.569	12.303

MODIFICATION INDICES   ！修正指数
　　MODIFICATION INDICES FOR ANALYSIS WITH 1 FACTOR(S)
　　MODIFICATION INDICES
　　　　THETA

	E1	E2	E3	E4	E5

续表

E1	0.000				
E2	52.299	0.000			
E3	15.682	53.593	0.000		
E4	0.012	1.952	7.788	0.000	
E5	2.669	1.714	0.005	101.204	0.000
E6	7.565	6.177	0.651	12.004	54.868
E7	10.665	8.471	0.324	8.144	8.130
E8	1.627	4.112	7.200	15.976	14.036
E9	6.148	5.561	1.177	16.625	11.834
E10	0.045	0.087	9.616	5.217	10.524
E11	0.004	1.660	8.364	16.868	4.820
E12	0.164	2.474	13.110	6.096	5.069

THETA

	E6	E7	E8	E9	E10
E6	0.000				
E7	0.405	0.000			
E8	0.034	52.548	0.000		
E9	4.166	35.021	41.676	0.000	
E10	13.184	1.187	0.152	7.765	0.000
E11	6.568	0.377	0.154	1.777	42.653
E12	2.960	0.086	0.028	0.937	36.216

THETA

	E11	E12
E11	0.000	
E12	77.038	0.000

EXPECTED PARAMETER CHANGE

THETA

	E1	E2	E3	E4	E5
E1	0.000				
E2	0.254	0.000			
E3	0.142	0.240	0.000		
E4	0.003	0.034	0.070	0.000	
E5	−0.048	−0.036	0.002	0.210	0.000
E6	−0.093	−0.077	−0.025	0.081	0.194
E7	−0.153	−0.125	−0.025	−0.093	−0.103
E8	−0.053	−0.077	−0.103	−0.116	−0.120
E9	−0.113	−0.098	−0.046	−0.129	−0.121
E10	0.008	0.011	−0.114	−0.062	−0.098
E11	0.003	−0.049	−0.113	−0.119	−0.071
E12	0.018	−0.063	−0.149	−0.075	−0.076

续表

	THETA				
	E6	E7	E8	E9	E10
E6	0.000				
E7	0.026	0.000			
E8	0.007	0.364	0.000		
E9	−0.082	0.327	0.315	0.000	
E10	−0.125	−0.052	0.016	0.129	0.000
E11	−0.094	−0.031	0.018	0.066	0.278
E12	−0.067	−0.016	0.008	−0.050	0.270

	THETA	
	E11	E12
E11	0.000	
E12	0.419	0.000

由于篇幅有限，二至四因子的结果不呈现，整理在结果中。

(三) 结果解释

通过 PLOT 下拉菜单的 view plot 可以查看碎石图，如图 13-1 所示，四个模型的拟合指数和旋转后的因子载荷分别见表 13-3、表 13-4。

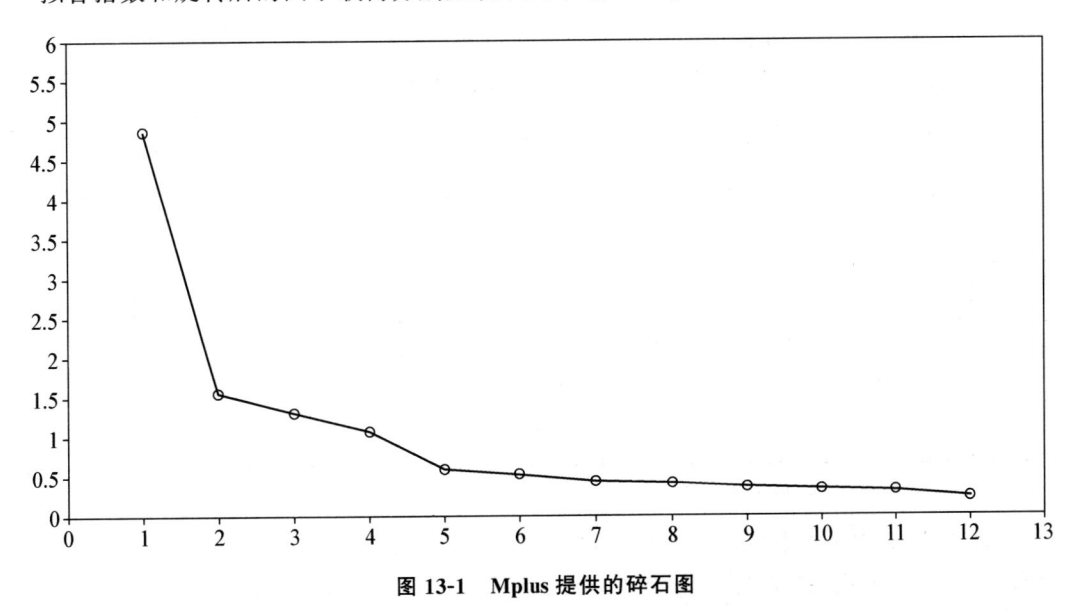

图 13-1 Mplus 提供的碎石图

表 13-3 探索性因子分析模型拟合指标

Model	χ^2	df	TLI	CFI	AIC	BIC	SRMR	RMSEA
单因子	576.756	54	0.519	0.607	11263.105	11405.140	0.104	0.159

续表

Model	χ^2	df	TLI	CFI	AIC	BIC	SRMR	RMSEA
二因子	473.234	43	0.503	0.679	10985.953	11171.388	0.077	0.162
三因子	245.242	33	0.681	0.840	10802.308	11027.197	0.058	0.130
四因子	43.695	24	0.959	0.985	10607.652	10868.643	0.017	0.046

表 13-4　心理授权的探索性因子载荷

题项	单因子 F1	二因子 F1	二因子 F2	三因子 F1	三因子 F2	三因子 F3	四因子 F1	四因子 F2	四因子 F3	四因子 F4
E1	**0.437***	0.257	0.225	**0.654***	−0.032	−0.015	**0.636***	−0.041	−0.089	0.125*
E2	**0.604***	**0.423***	0.241	**0.866***	0.018	−0.007	**0.854***	0.000	−0.002	0.031
E3	**0.578***	**0.516***	0.106	**0.599***	0.166	0.016	**0.638***	0.131	0.131	−0.127*
E4	**0.714***	**0.857***	0.001	0.248	**0.680***	0.005	0.256	**0.650***	0.026	0.019
E5	**0.678***	**0.847***	−0.028	0.028	**0.939***	−0.046	0.021	**0.940***	−0.053	0.047
E6	**0.563***	**0.634***	0.012	−0.062	**0.625***	0.137	−0.046	**0.605***	0.196*	−0.038
E7	**0.618***	0.236	0.449	−0.029	0.059	**0.709***	−0.01	0.042	**0.783***	−0.02
E8	**0.644***	0.193	0.529	0.018	0.001	**0.762***	0.032	−0.002	**0.750***	0.066
E9	**0.602***	0.132	**0.551***	0.003	−0.028	**0.751***	0.020	−0.020	**0.688***	0.100
E10	**0.571***	0.014	**0.707***	0.189	−0.021	**0.509***	0.118*	−0.006	0.122	**0.593***
E11	**0.544***	−0.053	**0.756***	0.107	0.012	**0.513***	−0.007	0.025	0.032	**0.788***
E12	**0.508***	−0.03	**0.689***	0.092	0.029	**0.460***	−0.023	0.041	−0.012	**0.766***
因子相关矩阵										
F1		0.486*								
F2				0.429*			0.429*			
F3				0.448*	0.494*		0.404*	0.445*		
F4							0.364*	0.318*	0.472*	0.364*

注：载荷大于 0.4 的被加粗；* $p<0.01$。

从表 13-3 中可以看出，在心理授权中，只有四因子模型的各个拟合指标在临界值之内，三因子模型相较于二因子和单因子模型得到了许多改善，但仍没有达到方法论专家建议的临界水平。因此，从结构简洁的角度来看，选择四因子模型是非常合适的。同时，图 13-1 的碎石图支持保留四因子模型。据此，综合考虑以后选择四因子模型。

第三节 验证性因子分析

一、验证性因子分析概述

验证性因子分析是结构方程模型的重要组成部分，主要用于处理潜变量和观测指标之间的关系，也称测量模型(measurement model)。目前，CFA 作为检验量表和检测模型的结构效度的有利工具而被研究者熟知(Brown, 2006; Edwards, 2010)。而且，CFA 也是检验共同方法偏差、测量方法学效应和测量不变性的有效工具。此外，CFA 还可以用于确定公因子的个数。尽管 CFA 是一个检验模型的有利工具，但研究者仍然建议要对竞争模型进行测试。通常，与 CFA 相关的模型拟合统计量也可以有效地用于 EFA 中，以确定公因子的最优个数。

正如前文所言，EFA 和 CFA 的统计目的都是使用少量未观察到潜变量来解释一组很大的观测变量之间的关系，但是两者也是存在区别的。首先，使用 EFA 的研究者通常没有关于公因子的最佳数目的假设，而 CFA 通常是从关于因子数目的假设开始的。其次，EFA 更适合在没有理论支持的情况下对数据进行试探性分析，而 CFA 则是在 EFA 的基础上进行进一步的检验。具体而言，CFA 的主要目的在于检验观测变量的因子个数和因子载荷是否与预先建立的理论预期一致。当预期不一致时，研究者可以根据数据结果修改预先建构的理论，或根据问卷需求稍加修改。这种修改可能需要根据低因子负荷或共同度估计等删除一个或多个题项。此外，CFA 可能还会受到抽样误差的影响。当使用同一单一样本进行重复分析时，来自一个数据集的弱因子载荷项可能会有所不同。最后，EFA 和 CFA 还有一个最显而易见的区别，即 EFA 是在分析之前没有确定潜变量与观测变量(题项)的隶属关系，其关系是在分析之后确定的，因此 EFA 具有数据驱动取向的特点，因此也被称为数据驱动型分析(data-driven analysis)。而 CFA 则相反，在分析之前就已经确定好了潜变量与观测变量的关系，具有假设验证的特点，故而被称为理论驱动型分析(theory-driven analysis)。

二、验证性因子分析的过程

验证性因子分析的步骤主要包括模型设定、模型识别、模型拟合评价、模型修正。下面将对每一个步骤进行详细阐述。

(一)模型设定

模型设定(model specification)即模型表达，是指将模型所涉及的变量、变量的关系、模型参数、因子个数以及因子载荷等进行设定。比如，因子载荷可以事先定为 0，或者其他自由变化的常数，或者在一定约束条件下变化的数(如与另一载荷相等)。在模型设定的过程中，研究者可以通过路径图的形式将潜变量与观测指标之间的关系清晰地呈现出来。在选定了公因子数和设定好模型中的固定参数和自由参数，设定了一个确定性模型以后，就可以进行下一步的模型识别。

(二)模型识别

模型设定好了以后，研究者需要检验所设定的模型是否能够被识别，这是进行模型估计的关键前提,即模型中所有的参数都有解。如果模型中的某个参数无解,则模型不能识别;如果模型中每一个参数都有解且有多种方法求解,则模型超识别;如果模型中每一参数都有解,且某些参数可由多种方法求解,则模型半超识别。那么如何知道模型中的参数是否有解呢?研究者可以看样本协方差矩阵提供的信息是否充足,即使用 t 法则:$t=p(p+1)/2$,t 为自由参数的个数,p 为指标的个数。如果数据提供的信息少于模型所需要估计的自由参数 t,则模型不能识别(under-identified),这时 $p(p+1)/2-t=df<0$。当数据提供的信息正好等于模型所需要估计的自由参数,则模型充分识别(just-identified),也称饱和模型,此时的 $p(p+1)/2-t=df=0$。当数据所提供的信息大于模型所需要估计的自由参数,那么模型过度识别(over-identified)。

此外,模型识别的另一个必要条件是为潜变量指定单位,即固定指标的负荷为 1 和固定因子方差为 1,否则模型无法识别。在现在比较流行的 SEM 分析软件中,一般都会自动为变量指定单位,如 AMOS 和 Mplus。在 Mplus 中,每个因子的第一个观测指标的负荷默认为 1。当然,我们可以根据需要指定负荷 1 所在的位置。总而言之,t 法则和指定测量单位是所有模型识别的必要条件。

(三)模型拟合评价

拟合是指模型再现数据的能力(通常是方差—协方差矩阵)。模拟拟合就是要使模型隐含的协方差矩阵与样本协方差矩阵之间的"距离"最小,这个"距离"被称为拟合函数。模型拟合分绝对拟合指数、相对拟合指数及简约指数三类。其中,简约指数相较于绝对拟合指数和相对拟合指数用得较少。常用的绝对拟合指数有 χ^2,RMSEA,SRMR,GFI,AGFI;常用的相对拟合指数有 NNFI/TLI,NFI,CFI。目前,大多数关于结构方程模型的文章常要求报告 χ^2/df,CFI,TLI,RMSEA,SRMR 五个拟合指数,各个拟合指数临界值见表 13-5。特别强调,模型拟合指数的临界值是研究者通过模拟研究或经验得出的,这些临界值的划分目前在研究中并没有达成一致。比如,有研究者(Hu & Bentler,1999)认为理想的模型拟合指标应该为:χ^2 不显著($p>0.05$),因子载荷为 $0.70\sim0.80$,TLI(NNFI)>0.95,CFI>0.95,SRMR<0.11,RMSEA<0.06(样本$\geqslant 250$),RMSEA<0.08(样本<250)。然而,在实际研究中,χ^2 非常容易受到样本量的影响,随着样本量的增加,χ^2 特别容易膨胀,变得显著(Gerbing & Anderson,1984)。有研究表明,卡方的 p 值在 200 个样本以上的研究中几乎都是显著的。而且,因子载荷达到如此高的水平是非常不容易的。因此,有研究者否定模型拟合在模型评价中的作用。

表 13-5 拟合指数的临界值

拟合指标	临界值
χ^2 test(卡方值)	越小越好
p 值(未达显著水平)	$p>0.05$
Normed Chi-square=χ^2/df(卡方自由度)	$1<NC<3$(严谨);$NC<5$(宽松)
SRMR(标准化残差均方根)	<0.05

续表

拟合指标	临界值
RMSEA（近似误差均方根）	<0.08（适配尚可）；<0.05（良好）
TLI/NNFI（非范拟合指数）	>0.9
CFI（比较拟合指数）	>0.9

特别需要注意的是，拟合指标的值只是模型的整体拟合度或平均值，尽管拟合指数均处于良好，但模型中的某些题项可能仍然会有较大的差异。在 SEM 中，没有万能的拟合指标，每一个拟合指标仅仅表示数据某一方面的信息，因此当模型某一个拟合指标良好时，并不代表模型拟合良好。因为模型拟合与模型设定是否正确并没有太大的关系。比如，如果研究者的模型有 4 个构面，而且拟合良好，这并不代表模型就是对的，只能说明模型与样本数据的适配度良好。此外，良好的模型适配度也不代表有良好的统计检验力和解释力，因为变量之间的相关越低，越容易得到良好的模型适配度。

(四) 模型修正

通常，运行一次 SEM 数据分析往往不能得到研究者理想中的模型。当模型拟合不好时，研究者也不能简单地拒绝或接受一个假设的理论模型，应该根据评价结果去尝试探索一个无论是理论上还是统计上都有意义的相对较好的模型。因此，当模型不理想时，研究者可以考虑到底是数据的问题还是理论模型本身的问题，然后采用一些措施对模型进行修正。

一个好的模型应该具有以下几个条件：其一，测量模型中的因子负荷和因果模型中的结构系数的估计值都有实际意义及统计学意义；其二，模型中所有固定参数的修正指数（Modification Indices，MI）不能过高；其三，几种主要的拟合指数达到统计学建议水平；其四，测量模型和因果模型中的主要方程的决定系数 R 应足够大；其五，所有的标准拟合残差都小于 1.96。若在研究中上述五个条件有一个或几个没有得以满足，那么研究者可以根据具体情况尝试以下措施：(1)删除相应的自由参数；(2)将最大或较大 MI 的参数改为自由参数；(3)当评价结果中有较大的标准残差时，通过不断添加与删除自由参数，直到所有的标准残差均小于 2 为止；(4)如果主要方程的决定系数 R 过小，则可以考虑以下原因：一是缺少重要的观察变量；二是样本量不够大；三是所设定的初始模型不正确。

很多研究者会根据 MI 修改原模型，但任何一个固定或限定参数都可以计算一个修正指数，任何一个参数都会导致整个方差—协方差矩阵发生变化。因此，如果完全根据 MI 修正模型以使得模型趋于理想，一定要有理论依据或在逻辑上说得通，否则很难将结果再现到其他样本中去(MacCallum，Roznowski & Necowitz，1992)。

三、验证性因子分析的范例

(一) 范例简介

全球背景促进了教育的发展以及提高了它在日常生活中的重要性，学校的成功运行是学生成功应对现代社会挑战的重要因素之一，校长在学校的成功运行中扮演着至关重要的角色。校长作为学校管理的第一负责人，不仅要负责学校管理的各个方面，还必须肩负较大的社会期望和工作压力(Federici & Skaalvik, 2012)。有研究者认为，当校长不能成功地展示领导才能时，他们就会怀疑自己的领导能力，产生低个人成就感和压力，若没有适当的支持和合适的调解过程与手段，很可能会发生职业倦怠(Friedman, 2000)。职业倦怠是指在以人为服务对象的职业领域中，个体的一种情绪衰竭、去人格化和低成就感的症状(Maslach & Jackson, 1981)。下面将用职业倦怠量表作为范例演示验证性因子分析。廖传景(2009)指出，繁琐的管理事务、复杂的行政工作、错综的校内人际关系等都是校长必须面对的问题，若不能很好地予以应对，身体机能将会被耗散，情绪体验、社会适应和社会支持等将受到影响。如果校长由于健康状况不佳而不能充分发挥其作用，学校的正常运行将可能会受到威胁。因此，十分有必要对校长这一群体采用职业倦怠量表进行探讨。下面将用职业倦怠量表演示验证因子分析的全部过程。

(二)测量工具

研究采用马斯拉奇(Maslach & Jackson, 1981)等人编制的"教师职业倦怠量表"(Maslach Burnout Inventory Scale)，该量表包含情绪衰竭、去人格化和低成就感三个维度，共21个题目。量表采用 Likert-5 点记分方式，从"很不符合"至"很符合"记为1~5分，在本次调查中，职业倦怠总量表及其子维度情绪衰竭、去人格化和低成就感的内部一致性 Cronbach's α 系数分别为 0.876, 0.892, 0.734, 0.754。

(三)被试

选取新疆、河南、内蒙古、湖北、广东等地的421名中小学校长作为调查对象。研究共回收430份问卷，剔除无效问卷9份，获得有效被试421名。其中，男校长301人，女校长120人。

(四)Mplus 执行过程

1. 拟合评价

从表13-6中可以看出，校长职业倦怠量表的拟合指标为：$\chi^2/df = 3.116$，TLI(NNFI) = 0.836，CFI = 0.855，SRMR = 0.062，RMSEA = 0.076。该模型的拟合指标在临界值附近，因此考虑对模型进行修正。

表 13-6 CFA 的程序实例和部分结果

```
TITLE: this is an example of CFA;    !标题。
INPUT INSTRUCTIONS
  DATA: FILE IS D:\验证性因子分析.dat;    !指定数据存储位置。
  VARIABLE:
MISSING ARE ALL (-99);
NAMES ARE gender b1 b2 b3 b4 b5 b6 b7 b8 b9 b10 b11 b12 b13 b14 b15
b16 b17 b20 b21 b22 b23;    !定义数据文件中的变量名。
  USEVARIABLES ARE b1 b2 b3 b4 b5 b6 b7 b8 b9 b10 b11 b12 b13 b14 b15
b16 b17 b20 b21 b22 b23;    !由于数据文件中包含多个变量，在单个研究中并非会全部使用，所以需要定义本研究所需要的变量。
```

续表

MODEL：
F1 BY b1 b2 b3 b6 b8 b22 b12 b17 b21 b23； !定义模型，因子 F1 由 b1 b2 b3 b6 b8 b22 b12 b17 b21 b23 进行测量
F2 BY b5 b10 b11 b13 b20； !定义模型，因子 F2 由 b5 b10 b11 b13 b20 进行测量
F3 BY b4 b7 b9 b14 b15 b16 !定义模型，因子 F3 由 b4 b7 b9 b14 b15 b16 进行测量
　ANALYSIS：
　ESTIMATOR=ML； !选择估计方法，Mplus 默认的估计法为 ML.
　OUTPUT：STANDARDIZED MODINDICES； !要求 Mplus 输出标准化解和修正指数
　!模型的以下设置为默认设置：(1)为了识别模型，每个因子的第一个题项的载荷默认为1；(2)三个因子之间彼此关联；(3)因子方差，题项残差方差和题项截距自由估计；(4)题项残差不相关；(5)测量指标为连续变量
INPUT READING TERMINATED NORMALLY　!提示 INPUT 的语句读取正常。
SUMMARY OF ANALYSIS

Number of groups	1
Number of observations	382
Number of dependent variables	21
Number of independent variables	0
Number of continuous latent variables	3

Observed dependent variables
　Continuous
　B1　　B2　　B3　　B4　　B5　　B6
　B7　　B8　　B9　　B10　B11　B12
　B13　B14　B15　B16　B17　B20
　B21　B23　B22

Continuous latent variables
　F1　　F2　　F3

Estimator	ML
Information matrix	OBSERVED
Maximum number of iterations	1000
Convergence criterion	0.500D-04
Maximum number of steepest descent iterations	20
Maximum number of iterations for H1	2000
Convergence criterion for H1	0.100D-03

Input data file(s)
D：\验证性因子分析.dat
Input data format　FREE
SUMMARY OF DATA

Number of missing data patterns	1

THE MODEL ESTIMATION TERMINATED NORMALLY
MODEL FIT INFORMATION

Number of Free Parameters	66

Loglikelihood
　H_0 Value　　　　　　　　　　　　　　－12017.594

续表

H1 Value		−11719.786
Information Criteria		
Akaike (AIC)		24167.187
Bayesian (BIC)		24427.585
Sample-Size Adjusted BIC		24218.178
(n* =(n+2)/24)		
Chi-Square Test of Model Fit		
Value		595.614
Degrees of Freedom		186
P-Value		0.0000
RMSEA (Root Mean Square Error Of Approximation)		
Estimate		0.076
90 Percent C.I.		0.069　0.083
Probability RMSEA<=0.05		0.000
CFI/TLI		
CFI		0.855
TLI		0.836
Chi-Square Test of Model Fit for the Baseline Model		
Value		3026.920
Degrees of Freedom		210
P-Value		0.0000
SRMR (Standardized Root Mean Square Residual)		
Value		0.062

MODEL RESULTS

	Estimate	S.E.	Est./S.E.	Two-Tailed P-Value
F1　　BY				
B1	1.000	0.000	999.000	999.000
B2	0.998	0.090	11.039	0.000
B3	1.018	0.089	11.452	0.000
B6	0.957	0.088	10.867	0.000
B8	1.005	0.085	11.838	0.000
B22	0.444	0.069	6.473	0.000
B12	0.580	0.073	7.937	0.000
B17	1.027	0.091	11.250	0.000
B21	0.858	0.084	10.203	0.000
B23	0.690	0.086	8.050	0.000
F2　　BY				
B5	1.000	0.000	999.000	999.000
B10	1.506	0.243	6.201	0.000
B11	1.741	0.271	6.425	0.000
B13	0.936	0.171	5.479	0.000
B20	1.000	0.183	5.473	0.000

续表

F3　　BY				
B4	1.000	0.000	999.000	999.000
B7	2.493	0.422	5.914	0.000
B9	3.112	0.523	5.946	0.000
B14	2.989	0.504	5.932	0.000
B15	3.445	0.578	5.961	0.000
B16	2.829	0.479	5.906	0.000
F2　　WITH				
F1	0.376	0.068	5.556	0.000
F3　　WITH				
F1	0.026	0.018	1.455	0.146
F2	0.006	0.013	0.454	0.649
Intercepts				
B1	2.607	0.064	40.490	0.000
B2	2.940	0.068	42.951	0.000
B3	2.236	0.066	34.057	0.000
B4	3.097	0.057	54.370	0.000
B5	2.592	0.077	33.792	0.000
B6	2.861	0.065	44.195	0.000
B7	3.359	0.064	52.648	0.000
B8	2.144	0.061	35.015	0.000
B9	3.555	0.073	48.551	0.000
B10	2.262	0.065	34.987	0.000
B11	2.031	0.067	30.446	0.000
B12	1.743	0.054	32.311	0.000
B13	1.903	0.060	31.478	0.000
B14	3.450	0.069	50.301	0.000
B15	3.644	0.074	48.923	0.000
B16	3.539	0.069	51.362	0.000
B17	2.461	0.066	37.247	0.000
B20	2.319	0.062	37.675	0.000
B21	2.317	0.062	37.376	0.000
B23	2.136	0.064	33.288	0.000
B22	1.639	0.052	31.294	0.000
Variances				
F1	0.707	0.102	6.947	0.000
F2	0.313	0.093	3.370	0.001
F3	0.126	0.042	3.011	0.003
Residual Variances				
B1	0.877	0.073	12.080	0.000
B2	1.085	0.088	12.387	0.000
B3	0.913	0.075	12.094	0.000
B4	1.113	0.082	13.611	0.000

续表

B5	1.934	0.146	13.236	0.000
B6	0.954	0.077	12.437	0.000
B7	0.771	0.066	11.675	0.000
B8	0.719	0.061	11.786	0.000
B9	0.826	0.076	10.845	0.000
B10	0.887	0.082	10.806	0.000
B11	0.753	0.084	8.916	0.000
B12	0.875	0.066	13.183	0.000
B13	1.123	0.087	12.935	0.000
B14	0.670	0.063	10.567	0.000
B15	0.622	0.068	9.120	0.000
B16	0.804	0.070	11.530	0.000
B17	0.922	0.076	12.145	0.000
B20	1.135	0.089	12.714	0.000
B21	0.947	0.075	12.669	0.000
B23	1.237	0.093	13.233	0.000
B22	0.908	0.067	13.488	0.000

STANDARDIZED MODEL RESULTS
STDYX Standardization

		Estimate	S.E.	Est./S.E.	Two-Tailed P-Value
F1	BY				
	B1	0.668	0.033	20.320	0.000
	B2	0.627	0.036	17.660	0.000
	B3	0.667	0.033	20.288	0.000
	B6	0.636	0.035	18.347	0.000
	B8	0.706	0.030	23.426	0.000
	B22	0.365	0.048	7.548	0.000
	B12	0.462	0.045	10.351	0.000
	B17	0.669	0.033	20.490	0.000
	B21	0.596	0.037	16.027	0.000
	B23	0.462	0.044	10.443	0.000
F2	BY				
	B5	0.373	0.051	7.361	0.000
	B10	0.667	0.037	17.911	0.000
	B11	0.747	0.034	21.930	0.000
	B13	0.443	0.048	9.227	0.000
	B20	0.465	0.048	9.729	0.000
F3	BY				
	B4	0.319	0.049	6.467	0.000
	B7	0.710	0.030	23.682	0.000
	B9	0.773	0.025	30.345	0.000
	B14	0.792	0.024	33.183	0.000

续表

B15	0.841	0.021	40.439	0.000
B16	0.746	0.027	27.875	0.000
F2　　WITH				
F1	0.799	0.037	21.592	0.000
F3　　WITH				
F1	0.089	0.058	1.518	0.129
F2	0.029	0.064	0.458	0.647
Intercepts				
B1	2.072	0.091	22.828	0.000
B2	2.198	0.095	23.243	0.000
B3	1.742	0.081	21.462	0.000
B4	2.782	0.113	24.639	0.000
B5	1.729	0.081	21.395	0.000
B6	2.261	0.096	23.435	0.000
B7	2.694	0.110	24.473	0.000
B8	1.792	0.083	21.696	0.000
B9	2.484	0.103	24.021	0.000
B10	1.790	0.083	21.689	0.000
B11	1.558	0.076	20.465	0.000
B12	1.653	0.079	21.004	0.000
B13	1.611	0.078	20.770	0.000
B14	2.574	0.106	24.224	0.000
B15	2.503	0.104	24.065	0.000
B16	2.628	0.108	24.340	0.000
B17	1.906	0.086	22.196	0.000
B20	1.928	0.086	22.286	0.000
B21	1.912	0.086	22.224	0.000
B23	1.703	0.080	21.265	0.000
B22	1.601	0.077	20.717	0.000
Variances				
F1	1.000	0.000	999.000	999.000
F2	1.000	0.000	999.000	999.000
F3	1.000	0.000	999.000	999.000
Residual Variances				
B1	0.554	0.044	12.609	0.000
B2	0.606	0.045	13.604	0.000
B3	0.555	0.044	12.634	0.000
B4	0.898	0.031	28.531	0.000
B5	0.861	0.038	22.761	0.000
B6	0.596	0.044	13.533	0.000
B7	0.496	0.043	11.639	0.000
B8	0.502	0.043	11.802	0.000
B9	0.403	0.039	10.251	0.000

续表

B10	0.556	0.050	11.192	0.000
B11	0.443	0.051	8.711	0.000
B12	0.786	0.041	19.052	0.000
B13	0.804	0.042	18.917	0.000
B14	0.373	0.038	9.859	0.000
B15	0.293	0.035	8.396	0.000
B16	0.443	0.040	11.101	0.000
B17	0.553	0.044	12.675	0.000
B20	0.784	0.044	17.637	0.000
B21	0.645	0.044	14.570	0.000
B23	0.786	0.041	19.195	0.000
B22	0.867	0.035	24.584	0.000

R-SQUARE

Observed Variable	Estimate	S.E.	Est./S.E.	Two-Tailed P-Value
B1	0.446	0.044	10.160	0.000
B2	0.394	0.045	8.830	0.000
B3	0.445	0.044	10.144	0.000
B4	0.102	0.031	3.234	0.001
B5	0.139	0.038	3.680	0.000
B6	0.404	0.044	9.173	0.000
B7	0.504	0.043	11.841	0.000
B8	0.498	0.043	11.713	0.000
B9	0.597	0.039	15.172	0.000
B10	0.444	0.050	8.955	0.000
B11	0.557	0.051	10.965	0.000
B12	0.214	0.041	5.175	0.000
B13	0.196	0.042	4.613	0.000
B14	0.627	0.038	16.592	0.000
B15	0.707	0.035	20.219	0.000
B16	0.557	0.040	13.938	0.000
B17	0.447	0.044	10.245	0.000
B20	0.216	0.044	4.865	0.000
B21	0.355	0.044	8.014	0.000
B23	0.214	0.041	5.221	0.000
B22	0.133	0.035	3.774	0.000

QUALITY OF NUMERICAL RESULTS

    Condition Number for the Information Matrix   0.135E-03
      (ratio of smallest to largest eigenvalue)

MODEL MODIFICATION INDICES

NOTE: Modification indices for direct effects of observed dependent variables regressed on covariates may not be included. To include these, request MODINDICES (ALL).

续表

		M.I.	E.P.C.	Std E.P.C.	StdYX E.P.C.
Minimum M.I. value for printing the modification index		10.000			
BY Statements					
F1	BY B20	18.175	0.743	0.625	0.519
F2	BY B3	26.442	−1.245	−0.696	−0.543
F2	BY B12	54.326	1.639	0.916	0.869
WITH Statements					
B2	WITH B1	30.764	0.317	0.317	0.325
B7	WITH B4	16.830	0.210	0.210	0.227
B9	WITH B7	22.378	0.245	0.245	0.308
B11	WITH B3	13.246	−0.192	−0.192	−0.232
B11	WITH B10	11.344	0.256	0.256	0.313
B12	WITH B2	21.714	−0.251	−0.251	−0.257
B12	WITH B11	19.061	0.215	0.215	0.265
B13	WITH B12	44.653	0.354	0.354	0.357
B14	WITH B9	10.976	−0.179	−0.179	−0.241
B15	WITH B7	26.676	−0.266	−0.266	−0.384
B15	WITH B14	37.829	0.343	0.343	0.532
B16	WITH B13	10.263	0.172	0.172	0.181
B21	WITH B20	44.657	0.380	0.380	0.366
B23	WITH B2	12.395	−0.225	−0.225	−0.195
B22	WITH B23	50.252	0.397	0.397	0.375

2. 模型修正

通常，研究者不能一次就得到拟合良好的模型，因此需要对模型进行拟合修正。通常的做法就根据模型所给 MI 进行修改。比如，在表 13-6 中，模型中最大的 MI 为 50.252，如果将 B22 和 B23 的误差设为自由估计，则可以减少 50.252 个卡方单位。尽管根据 MI 进行模型修正存在弊端，但在实践中很多研究者仍采用这种方法达到目的。在本范例中，我们也将 B22 和 B23 的误差设为自由估计。

结果表示，将 B22 和 B23 的误差设为自由估计以后，$\chi^2/df = 2.625$，TLI(NNFI)=0.890，CFI=0.904，SRMR=0.051，RMSEA=0.065，各个拟合指标得到了不同程度的改善，因此允许误差相关是值得的。

第十四章 研究结果、分析与讨论及研究结论

对于量化研究论文而言,分析研究数据所得出的研究结果是对研究所涉及的变量特点及研究假设所探讨的变量关系的客观的、实事求是的呈现。一般而言,研究结果不带有研究者个人的主观判断或价值判断,而强调数据分析得到的事实判断。研究结果就像是新出炉的产品,有待对其质量进行检验和考核。这个检验与考核的过程就是对研究结果的分析讨论。分析讨论是对研究结果的科学性、合理性进行论证。研究结果经受得起论证,才能证明它是有价值的,进而才能证明这个研究是有价值的。

第一节 研究结果

对于量化研究而言,研究结果是基于研究数据或资料统计分析方法所取得成果的客观描述与呈现。如果把一个研究比作一条生产线,那么研究结果就像是这条生产线制造出来的"新产品"。学术论文的研究结果就像是把这个"新产品"完整地公之于众。

量化研究的研究结果最鲜明地体现着研究的实证性。研究结果应客观全面、实事求是地呈现于读者面前,而不需要加入研究者的主观判断或推论。

随着量化研究所涉及的变量不断丰富,数据分析方法不断多样,量化研究往往会基于研究目的和研究内容提出相应的研究假设,研究也常常围绕着对研究假设的验证而展开。因此,量化研究论文中的研究结果部分通常也是紧密围绕着研究目的、研究内容和研究假设来完成的。具体而言,量化研究结果一般围绕研究变量呈现其描述统计、差异分析、相关分析与回归分析等数据分析结果。

一、描述统计结果

描述统计分析是研究结果部分的基础性内容。在研究结果中,往往首先呈现研究所涉及变量的平均数与标准差,它们是有效反映数据特征的指标,通过平均数和标准差可以看出变量数据的集中趋势和离散趋势。

有的研究在重点考查研究变量时,还会探讨一些人口学变量的特征,如性别、年龄、年级、工作年限等。人口学变量有时会作为控制变量参与研究变量的数据分析。因此,在呈现描述统计时,也一并呈现人口学变量的特征。

【拓展思考】

人口学变量能计算平均数和标准差吗

关于人口学变量,在描述统计部分存在一个小问题值得商榷,即人口学变量可以呈现平均数和标准差吗?

目前,有的量化研究论文在研究结果部分也使用平均数与标准差呈现人口学变量的特征。有些人口学变量属于等距变量。比如,研究对象的实际年龄(岁)具有等距变量的特征,因此可以呈现其平均数和标准差。但是,有些人口学变量并不具有等距或

等比变量的特征，并不能进行算术运算。比如，性别不属于等距变量，而属于类型变量或名称变量，但有些量化研究论文在呈现其描述统计时，仍计算其平均数和标准差。比如，假定性别编码为：男——0，女——1，其平均数就是不同研究对象的性别编码"0"和"1"相加除以2的结果，基于这样的计算，性别的平均数就是处于0与1之间的数，通常还保留两位小数。

这种呈现方式是否合理呢？从数据的性质来看，性别是一种类别变量或名称变量，它所编码的"0"和"1"，仅代表不同的类型，而实质上不具有数量的大小，并不具有加减乘除算术运算的基本功能，因此，针对类别变量计算其平均数与标准差，并不合理。

不过，目前的确有的学术期刊发表的量化研究论文以这种方式来呈现仅具有类别或名称性质的人口学变量，也许是为了直观呈现变量的特征，便于读者形象地加以理解，但是其合理性仍值得商榷。

二、相关分析结果

通常，为了更深入地分析变量之间的相互作用关系，首先需要确定变量之间是否存在显著的相关关系，因此相关分析是研究结果部分的基础性内容。在呈现了描述统计结果之后，通常对变量进行相关分析，呈现变量之间的相关系数。同时，依据研究目的的需要，还要考虑是否呈现变量的各维度之间的相关系数。

相关分析并不直接考查变量之间的因果关系，但是，相关分析可以考查变量之间的关系是否在统计学上具有显著性，为后续进行回归分析奠定基础。当各研究变量及其维度之间存在显著相关关系时，进一步进行回归分析才具有意义。在变量存在显著相关的基础上，考虑进行变量之间的回归分析，以考查变量及其维度之间是否存在预测作用。

相关分析结果往往包含变量之间丰富的信息，在研究结果中，通常以相关表的形式呈现变量之间相关系数及显著性程度，以清晰反映出变量之间的相关关系。根据研究结果呈现的需要，有时也会以相关图（比如，相关散点图或相关曲线图）来直观地以直角坐标的横轴和纵轴呈现变量之间的相关特征。

三、回归分析结果

回归分析主要呈现变量之间的预测关系。目前量化研究越发倾向于探讨多变量之间的预测关系，一些较为复杂的统计模型，如结构方程模型等多元数据分析，得到较为广泛的运用。但不论变量之间的关系多么复杂，变量之间都可以建立自变量与因变量的关系。

在教育研究领域，量化研究往往希望揭示变量之间的因果关系，进而有可能促进相关理论的发展，并最终将它应用于教育实践领域。比如，如果一个研究通过回归分析发现教师薪酬能正向预测教师的工作满意度，而教师的工作满意度又能正向预测教师的工作绩效，那么，这个研究就有助于教育实践领域为了提升教师的工作绩效而关注教师的工作满意度，并尝试通过提升教师薪酬来提升其工作满意度。

严格地讲，只有具有对照组或控制组的研究（这种研究通常是纵向研究）才可以真正探讨变量之间的因果关系。这种纵向研究往往需要针对研究对象确定对照组与实验组，以反映出研究变量之间的因果关系。

而在横断研究中，研究变量的数据往往是在一个时间截面获得的，虽然变量之间的回归分析探讨了自变量对因变量的作用是否显著，但是，实际上这样的自变量和因变量是人为确定的，如果围绕研究变量之间的关系所提出的研究假设并不合理，研究变量之间就可能并不具有真正的因果关系。

因此，在对横断研究的变量进行回归分析时，要注重从理论和实践层面寻找依据并充分论证，以确立合理的研究假设，即合理地确定自变量和因变量，并在此基础上进行回归分析。而不应通过变量数据的回归分析结果来判断自变量与因变量的关系。比如，即使对数据进行回归分析发现 A 变量对 B 变量具有显著的预测作用，也难以直接以这样的数据结果来确定 A 变量就一定是自变量，B 变量就一定是因变量。对此必须要在提出研究假设的环节加以充分论证。

打个形象的比方：有户人家有一个小孩刚出生，同时在院子里种下一棵小树。随着时间的推移，小孩和小树都在不断长高，就可以获得以下两个变量。

A 变量：小孩的高度。

B 变量：小树的高度。

如果先不考虑建立合理的研究假设，而直接对 A 变量和 B 变量进行相关分析与回归分析，就有可能发现 A 变量和 B 变量之间存在显著相关，而且可能发现 A 对 B（或 B 对 A）有显著的回归预测作用，进而得出"小孩长高"会导致"小树长高"的论断，但是，显然这样的判断是错误的。

事实上，教育量化研究常用的各种统计分析软件所认识的仅仅是作为符号的数字本身，但并不理解数字对各种变量而言所具有的含义。研究者需要通过理性思维加以分析与理解，并合理地确定数据分析的方法，合理地使用统计分析软件，才有可能得到合理的研究结果。

四、差异检验结果

目前，量化研究倾向于考查相关分析，以确定变量之间是否存在密切的关系，然后考查回归分析，以确定变量之间的预测关系或因果关系，而差异检验似乎受到忽视。从逻辑上讲，如果能通过相关分析与回归分析把变量之间的关系探讨清楚，不进行差异检验似乎也有其合理性。

这里有必要对关于人口学变量的差异检验进行探讨。有的研究会使用大量篇幅探讨研究变量在人口学变量上的差异，这是否有必要呢？

这要根据研究目的来评判。如果一个研究的研究目的是探讨研究变量在人口学变量上的差异，那么这种差异检验就没有问题，当然，这样的研究目的的提出也需要经过论证，即要明确为什么要考查人口学变量的差异。如果研究目的并不涉及考查人口学变量的差异，那么在研究论文中以大篇幅来对此进行呈现，就缺乏实际意义，而且还容易造成喧宾夺主，影响对主要研究结果的呈现。

五、研究结果中图表的呈现

在量化研究论文中，研究结果部分往往通过图和表的形式来呈现与研究结果相关的关键数据信息，这有助于读者了解重要的研究结果，并吸引读者阅读该研究论文。研究结果中的图表一般都是当前研究数据分析结果的呈现，如果特殊情况下需要使用以往研究论文中的图表，就需要对此进行说明，否则可能涉及版权问题。

(一) 图表呈现的内容

图表往往包括研究目的或研究问题及相应的结果，以图表的形式对这些内容进行呈现具有能清晰简明地呈现研究结果等积极作用。图表可以展示数据的关键特征，也可以直观形象地展示发展趋势，因此也常常被用于展示变量发展变化的数据特征。图表还可以呈现一些较为复杂的数据统计信息，以帮助读者更易于理解研究结果。简言之，图表的基本目的在于给读者呈现大量有用的数据或资料信息，以帮助读者理解研究取得的成果。

在教育量化研究中，图表主要用于呈现概括性、发展性的信息。其中"表"主要呈现反映变量特征的指标以及相应的数据信息，如研究所涉及变量的百分数、平均数、标准差、相关系数、回归系数、差异检验值等。"图"主要呈现量化研究的理论模型、变量关系图、变量发展趋势图，以及与研究相关的照片或图画等内容。

研究结果中的图与表除了发挥着吸引读者关注论文的作用，更为重要的是图与表都有它们存在的必要性，即有些研究结果的相关内容不用图或表的形式就难以清晰地呈现，就难以有效地服务于研究目的。在这种情况下，就需要发挥图与表既形象又具有概括性的作用。

研究结果所呈现的图表的格式与内容应有效传递研究结果的相关信息，而不应对研究结果过度呈现，也不应对图表的格式过度修饰，以避免干扰读者对研究结果相关内容的准确理解。

当然，有些数据统计分析结果可以用简洁的话语文字来表述，就不必用表或图来呈现。比如，有的研究的变量不多，也不复杂，那么变量所使用量表的信度与效度系数可以直接用文字结合相关统计符号来描述，而不必用表格来呈现；再比如，研究所涉及的人口学变量如果并不复杂，以文字描述加以呈现往往比图表呈现更简洁。另外，图表所呈现的内容应简洁、清晰，与论文中的文字表述内容不必重复。如果已经使用图表清晰地呈现了研究结果的相关内容，就不用在文字描述中重复陈述。

(二) 图表呈现的格式

研究结果中的图表一般包括编号、图表名称、图表主体、图表下面的注释等。在撰写学位论文或投稿论文时，应遵循对图表呈现方式的明确要求。如果对此没有明确要求，就可以遵循一般的呈现方式。比如，通常在呈现图与表时，图与表名称的位置有所不同，表的名称置于表格的上方，而图的名称放在图片的下方。最关键的是所呈现的图与表的格式必须在文中保持统一。比如，论文中的所有的表格都统一使用三线表，表与图的名称的字体与字号也要一致，而且图与表中的文字也应有所规范。

对于量化研究而言，图表中的统计符号要以标准格式或缩写方式呈现。有的统计值以英文字母表示。比如，M 代表平均数，SD 代表标准差，F 代表 F 检验值，df 代表自由度，n 代表样本量，p 代表显著性检验的概率值。也有的统计值以希腊字母表示。比如，α 代表一致性信度系数，β 代表回归系数，χ^2 代表卡方检验值等。有的学术期刊对统计符号的大小写、是否斜体等也做出明确规定，在论文中也应统一呈现。

概括而言，量化研究论文中所呈现的图与表不仅是重要的，而且是必要的。图与表属于研究论文的重要组成部分，以更好地呈现研究结果，而不是研究论文的简单装饰。

第二节 分析与讨论

分析与讨论，也可简称讨论，在英文论文中往往称 discussion，即讨论。分析与讨论是对研究结果得以成立的论证，在量化研究论文中具有非常重要的位置。而且，从篇幅来看，分析与讨论部分在量化研究论文中占有非常大的比重。

一、什么是分析与讨论

在一篇量化研究论文中，分析与讨论往往是内容与分量最为丰富的部分之一。研究结果像是生产线制造出的"新产品"，而分析与讨论就像是对生产线制造出的"产品"进行鉴定并论证它是否合格的过程。形象地说，分析与讨论就是找到合理的、有力的证据来证明这个"产品"是合格的或优秀的。

值得注意的是，分析与讨论不是对研究结果的重复陈述，而是对研究结果的举证与论证，即基于已有相关研究成果，列举各种研究论据和依据，对所取得的研究结果的合理性、可靠性及对未来研究的启示等进行解释和说明。

研究结果的主要内容是对研究假设的验证做出说明，因此分析与讨论要对研究假设做出清晰明确的回应，对研究假设是否成立或能否得到证实做出解释和论证。分析与讨论部分充分体现着研究者丰富的理论研究功底和逻辑论证能力。

因此，分析与讨论要关注两个重点：一是借助已有研究文献来支撑本研究的结果；二是根据研究者的理论思维，通过逻辑推论的方式，来分析研究结果的理论价值、实践价值、研究启示以及研究不足等。

二、分析与讨论的主要内容

分析与讨论部分所涉及的内容，在量化研究论文中并没有统一的定论。量化研究的分析与讨论部分应紧密围绕着研究结果，结合以往研究的理论与实践，对研究结果加以考查、解释和论证，并通过研究结果做出推论和结论。一般而言，分析与讨论部分应主要关注对以下内容的论证。

（一）对研究结果及研究假设的验证做出解释和论证

（1）分析与讨论，为研究结果得以成立提供论据，主要结合以往理论研究和实践现状对研究结果的科学合理性加以论证。但分析与讨论不应简单重复以往研究的观点，而应说明以往研究与当前研究结果的关系，论证应促进对研究结果的解释，提升读者对研究结果的理解。

（2）重点说明研究假设得到了怎样的支持，同时也要说明研究结果是否支持了研究假设。如果数据分析结果没有支持研究假设，应说明可能的原因。

（3）重点讨论本研究结果与以往研究结果的异同，有助于证实、澄清当前的研究结果。如果与以往研究结果相矛盾，需要做出解释说明。

(4)对研究结果做出进一步解释和预测，要充分考虑到影响当前研究结果有效性的相关因素，考量表的测量是否准确，样本大小是否合适及样本选取是否有效等，为研究结果在理论与实践中得以应用提供依据。

(二)对研究结果的价值与启示加以讨论

分析与讨论部分应对研究的价值或启示加以说明。研究者要对研究结果所做出的贡献、对研究的理论与实践有何重要价值和积极意义做出说明。一方面，从理论视角说明研究取得哪些有意义的结果，对理论有怎样的扩展或补充；另一方面，从实践层面说明研究对实践领域具有怎样的价值，对推动实践领域的改进或解决实践中的问题具有哪些积极作用。

另外，如果有必要，也应对研究结果的外部效度，即研究的可推广性加以分析与讨论，关键要考虑研究的样本人群与研究的总体人群的差异。此外，在分析与讨论部分的最后，通常要说明研究启示(implication)，回应为什么这个研究问题是重要的。研究者需要通过合理的、可推论的判断对研究结果的重要性进行简洁评价，同时还可以基于当前研究结果来判断是否可以提出更大的、更有意义的研究问题去探讨。

(三)对研究结果的局限及展望加以讨论

分析与讨论部分要介绍研究存在的不足，并对今后研究提出期待或建议。一个教育研究往往难以完美无缺，或多或少存在着局限。因此，应该对研究结果的局限或不足加以说明，对研究结果的质量进行评估，对研究使用的样本与数据收集、数据分析过程及研究方法论层面进行反思。

一方面，对研究结果局限的讨论意味着研究者意识到了这些局限或不足，意识到什么问题还没有解决；另一方面，研究者可以在此基础上对局限或不足存在的原因加以解释，以使读者对研究存在的局限或不足有所了解和理解，为将来的研究者提供借鉴，进而基于当前研究有可能提出新的研究问题。

三、如何写好分析与讨论

对于研究者而言，写好量化研究论文或学位论文的分析与讨论部分，往往需要做大量基础性的研究工作，为写好分析与讨论部分做铺垫。

(一)多阅读高质量的学位论文和期刊论文

通过大量阅读各个领域、各种内容、各种研究方法的已有学位论文和期刊论文，并对不同论文进行对比和分辨，从中选取高质量的量化研究论文加以精读，可以从中学习一个好的"分析与讨论"有什么结构和内容，有哪些好的"分析与讨论"的论证策略和方法，从而有助于研究者逐渐学会撰写分析与讨论。

(二)充分掌握当前研究的文献资料

分析与讨论是对当前研究结果得以成立的论证，通常要对当前研究结果与以往研究文献所取得的研究结果加以对比，主要探讨当前研究结果与以往研究结果的相同之处，探讨以往研究结果如何支持当前研究结果，以及探讨当前研究结果如何弥补以往研究结果的不足等。因此，写好研究论文的分析与讨论部分，也需要研究者充分掌握与当前研究密切相关的研究文献资料,这与写好文献综述的研究思路是一致的。充分掌握文献资料的理想状态是能穷尽收集各种数据库、各种图书馆中的相关文献资料。充分地掌握文献资料,可以为论证当前研究结果提供理论研究的依据,有助于对研究假设或者研究问题是否成立提供文献支持和有效回应,有助于从理论层面分析当前研究的局限或者不足,并有助于阐述对以后研究的展望与启示,即基于当前这个研究能否提出新的研究方向或研究问题,对以后研究有什么理论价值。

(三)合理提出研究假设并选择合理的统计分析方法

分析与讨论是对研究结果的论证,而研究结果往往是对研究目的和研究假设的验证,因此,对于量化研究而言,合理地提出研究目的和研究假设对分析与讨论具有重要的意义。同时,研究者还需要对研究进行合理的设计,选择合理的统计方法,以期取得预想的研究结果。不断积累前期的研究铺垫,这也有助于对研究结果做出充分的分析与讨论。

(四)学好普通逻辑学,加强逻辑思维的训练

撰写量化研究论文的分析与讨论部分,体现着研究者的理论思维水平,或者说逻辑思辨能力。研究者要注重学术研究领域的逻辑思维训练,掌握好普通逻辑学的基本知识和原理。研究者具有良好的逻辑思维能力,不仅有助于写好分析与讨论,而且对写整个论文都具有重要意义。尤其,由于分析与讨论部分需要从逻辑上对研究结果进行论证,这就需要研究者具有良好的逻辑思维水平,在论证过程中体现逻辑思维的合理性、严谨性,从而有理有据地对研究结果的成立进行论证。

如果研究结果的分析与讨论存在逻辑混乱的情况,不仅难以提升研究结果的有效性,而且可能降低研究结果的可信度。以下列举几个需要避免的逻辑错误。

1. 避免偷换概念

偷换概念是在思维论证过程中用看似相同的概念去替换另一个实质上并不相同的概念而产生的逻辑错误。有些概念看似相同,但在内涵和外延上有所不同。比如,某研究探讨教师的职业幸福感,为了论证关于"教师的幸福感"的研究结果,使用以往研究文献强调教师的幸福很重要的相关论断来支持,就存在偷换概念的情况,其中就混淆了幸福感与幸福的内涵与外延。

2. 避免断章取义

引用以往研究文献的观点来论证当前的研究结果时,要忠实于所引用原文的真实内容,而不应只选取片段或脱离原文的语言环境,这可能造成对原文的曲解。事实上,在研究文献中,很多学术观点具有强烈的语言情境性,脱离了文献上下的情境,这个观点就可能被错误甚至相反地理解。比如,某个研究发现,提升幼儿园教师的师生关系有助于提升其职业幸福感,并引用具有类似观点的已有文献来佐证。但是,查阅该引用文献发现,这一判断是针对大学教师而得到的研究观点,而在引用时却舍去了"大学"。因此,这样断章取义的证据就很难具有可信度,而且也有偷换概念的嫌疑。

3. 避免趋"利"避"害"的利好倾向

在对研究结果进行论证的过程中，研究者往往会发现有许多以往研究从正反两面支持或不支持当前研究的结果，但是，在论证研究结果论证的过程中，一些研究者只强调对当前研究结果有利的文献观点，而有意忽视或回避对当前研究结果看似不利的文献观点。比如，某个研究结果发现中小学生带手机进学校不利于学生的学业发展，因此就以各种类似的文献观点来对当前的研究结果加以支撑，却对以往有些研究发现中小学生使用手机有助于课堂学习的文献观点视而不见。比如，以往有研究发现课堂上教师允许学生用手机当作外文词典，即时查询相关资料或使用手机对动植物生长的过程拍照，都可以有效提高学习效率。

4. 避免盲从权威

有一个容易出现的错误是把一个权威人物或机构视为科学依据来支撑研究结果，而忽视对权威人物或机构的观点的科学性的评判。诚然，许多权威人物或机构提出过一些科学观点，但并不意味着凡是权威人物或机构提出的观点就一定是科学的。事实上，权威人物或机构也会犯错误，并不代表科学真理。当然，这里并不否定权威人物或机构所提出观点的价值，而是强调不能盲目地因某些权威人物或机构提出过一些科学观点，就相信其所有观点一定是科学合理的。当然，也不能走向另一个极端，不相信权威人物或机构的观点。这些认识在逻辑上都存在错误之处。

概括而言，想要写好量化研究论文的分析与讨论部分，最简单的办法就是多写。多撰写几篇量化研究论文，多撰写论文的分析与讨论部分，这是最简单有效的途径。在撰写过程中会遇到各种难题，出现各种错误，通过解决难题，修正错误，会在不知不觉中学会如何写好分析与讨论部分。研究生和本科生在学术训练过程中应撰写多篇学术论文，撰写多个分析与讨论部分，为完成一篇合格或优秀的学位论文练手，而不要平时缺乏训练而直接拿学位论文当作练手的工具。

第三节 研究结论

一、什么是研究结论

研究结论是基于研究目的，通过对相关研究变量的数据分析，针对整个研究结果进行综合概括而得出的总结性判断。一般而言，研究结论是在量化研究论文的最后得出，也宣告着研究论文的完成。

研究结论是对研究结果高度概括地呈现。在量化研究论文中研究结论所占的篇幅不大，简洁精练，表述严谨。可以理解为，研究结论是对研究结果的浓缩。读者看了研究结论就对研究结果有了基本了解。

有些学术期刊论文，由于在摘要中已经对研究结论概括地呈现了，而且由于期刊论文篇幅的限制，因此在最后并不专门介绍研究结论，而是对研究结果的论证，即以分析与讨论部分作为研究的结尾。不过，学位论文一般对篇幅没有过于严格的限制，往往在最后撰写研究结论，对研究结果进行概括性的陈述，以便于读者了解研究成果。

从研究论文撰写的逻辑关系来看，在量化研究中，研究结论并不是紧接着呈现在研究结果之后，而是在分析与讨论之后，这是因为研究所得出的研究结果是否成立需要论证，即进行分析与讨论。一项研究只有经过分析与讨论，对研究结果加以证实，使得研究结果得以成立，才可以得出研究结论。

二、如何撰写研究结论

研究结论的重点是对研究假设的验证结果进行概括性的回应，不仅要概括说明验证的研究假设，对没有验证的研究假设也要予以回应。

研究结论要以陈述句的形式对研究结果概括说明，而不能以假设句、疑问句的形式来呈现研究结果。

研究结论要围绕着研究结果进行陈述，概括研究的创新点，说明研究解决了什么问题，得到了什么新观点，而不必阐述对今后研究的期待或展望，也不必说明研究的局限与不足。

研究结论要遵循严密的逻辑关系，客观理性地陈述研究结果，对所研究变量具有什么样的差异特征、相关关系或回归关系等进行明确的说明，而不能逻辑混乱、层次不清，不能附加研究者的主观感性色彩。

第十五章 小结：如何评价量化研究论文

概括而言，撰写好一篇量化研究论文，通常要综合处理好以下疑问。

(1) 研究的关键问题是什么？在撰写之前，应明确研究准备探讨的关键问题是什么，明确研究所探讨的核心变量及变量之间的关系是怎样的。

(2) 研究问题为什么很重要？寻找理论与实践层面的依据提出研究问题，不应强调"做这个研究是因为之前没有做这个研究"，而应说明这个问题为什么具有重要性。

(3) 如何提出研究问题？应明确当前研究与以往研究的关系，以研究的理论与实践现状及符合逻辑的思路为依据，提出当前的研究问题。

(4) 当前研究问题与研究设计关系如何？充分说明研究问题与研究设计的关系，有助于读者理解为什么这个研究设计能解决当前的研究问题。

(5) 研究假设是什么？研究设计如何检验研究假设？明确变量之间的关系，提出合理的研究假设，并对如何验证研究假设进行解释说明。

(6) 什么研究方法合适？可能的研究结果和结论是什么？选取合适的研究方法，明确具体的研究工具，并分析和预判可能得出的研究结果以及论证研究结果。

通常量化研究论文并没有要求采用统一的撰写模式或格式。由于每个量化研究都具有一定的独特性，在撰写具体的量化研究论文的过程中，往往充分体现着研究者的研究视角、研究素养及个性特征。不过，一篇量化研究论文通常包含一些主要的组成部分，如文献综述、问题提出、研究设计、研究结果、分析与讨论等。具体而言，可以从以下几个方面对量化研究论文的重要内容做出评价。

一、研究题目是否恰当

研究题目是研究论文最简短、最概括性的表述，其重要价值在于吸引读者的注意，给人留下深刻印象，对整个研究主题进行高度概括的说明。在学位论文或期刊论文中，研究题目的字数通常在 20 个字左右，往往以短语或简单陈述句呈现。研究题目通常潜在包含着该研究所要探讨的研究问题。

一个好的研究题目一般具有以下特征。

(1) 研究题目表明论文涉及的研究领域，表明研究的中心主题和研究问题。

(2) 研究题目包含核心的关键词，表述简洁严谨，没有多余的字词。

(3) 研究题目表明研究范式或类型，体现研究方式或研究方法，比如，是因果研究，还是相关研究；是量化研究，还是质性研究。

(4) 研究题目清晰地呈现研究所探讨的核心变量。受研究题目字数的限制，有的研究涉及的变量较多，难以呈现每一个变量的研究，可以概括地呈现。

(5) 研究题目明确其研究被试或研究对象。比如，研究对象是中小学教师，就不应只含糊地呈现教师。

(6)研究题目包含充分的信息量，表述清晰、简洁，引发相关研究领域的读者的阅读兴趣。

二、摘要与关键词是否简明

如同研究题目一样，量化研究论文的摘要也是对整个研究的概括，但摘要比研究题目更为丰富全面。摘要通常概括性地介绍研究目的、研究方法、研究结果、研究贡献与启示、研究结论等相关内容。而关键词是最能反映研究论文的变量及内容的词语，通常所列出的关键词是为了便于读者进行文献检索。对量化研究论文而言，一个好的摘要与关键词应具有如下特征：

(1)学位论文的摘要应对研究背景进行简短说明，期刊论文如果篇幅限制，不必介绍研究背景；

(2)摘要应明确介绍研究目的、被试或样本选取的方法及样本的特点、具体研究方法及研究工具；

(3)学位论文的摘要应结合研究目的简要介绍研究假设，期刊论文根据具体情况而定；

(4)摘要应具体说明研究结果，并对研究假设的验证情况做出说明；

(5)摘要应概括呈现研究结论；

(6)关键词应体现研究的核心概念(一般包含于研究题目中)，便于读者检索。

三、文献综述与问题提出是否充分

对学位论文或期刊论文而言，文献综述具有较大的篇幅和分量，也具有非常重要的价值。文献综述主要是对与当前研究变量相关的以往研究文献的综合论述，以使读者在了解当前研究现状的情况下更好地理解为什么要开展当前的研究。因此，对以往文献进行充分的综述往往是提出当前研究主要探讨的研究问题的基础。量化研究论文中的问题提出通常针对具体研究变量阐述相关研究问题的理由或依据。一个好的文献综述与问题提出需要具有如下特征：

(1)文献综述的篇幅是否充实，研究观点的引用应较为充分。充分的篇幅及引用是对研究文献进行充分综述的基础。

(2)以往研究文献对研究变量所涉及的术语和观点的描述应简明、准确，文献综述的各部分、各段落之间应逻辑流畅。

(3)研究文献综述应充分考虑以往研究的各种观点，包括相互支持或相互矛盾的观点。对以往研究结论或观点的批判应保持中性态度或价值中立的基调。

(4)在文献综述中，所涉及的以往研究文献是否全面。比如，是否涉及不同年代的文献，特别要包含近年来的前沿研究文献；是否充分介绍研究问题的前期进展及相关研究。

(5)对以往文献是否清晰梳理，研究概念是否界定明确，研究方法与研究结果是否有充分的综述。

(6)问题提出是否严密，是否有充分的理论依据和实践依据。

(7)问题提出是否明确说明研究的关键问题是什么，为什么这个研究问题是重要的。

(8)问题提出应避免错误的逻辑推断，即认为当前研究有意义是因为以往研究很少或没有人研究。

四、研究设计是否严谨

简单而言，研究设计是对如何开展研究的论证和规划。在量化研究论文中，研究设计所占的篇幅往往不大，但它像是研究论文的"司令部"，决定着整个研究的目标、方向和进程。一般而言，研究设计要阐述研究目的、研究内容、研究假设和研究方法。研究设计是否严谨可以从以下几方面判断。

(1)应简明概括地说明研究目的。

(2)对研究内容应做出明确又具体的陈述说明。

(3)研究假设的提出应有充分的理论与实践依据，并对研究假设的成立进行论证，而不应凭空提出研究假设。

(4)研究假设应重点根据研究选题时所搜集到的有关文献资料和事实，并在后续研究中通过具体的研究方法和数据分析方法来验证研究假设。

(5)研究被试或样本的选取方法应合理恰当，对取样的程序及样本的特征应有详细具体的说明。

(6)对研究所使用的研究方法要进行论证，具体研究方法应有充分的说明，详细介绍研究工具的选取。比如，教育量化研究通常使用量表进行测量，就需要报告所使用量表的信度、效度等统计分析结果。

(7)对后续研究程序、数据的合理性及数据分析方法应加以介绍。

五、研究结果是否完善

是否取得有价值的研究结果，在很大程度上意味着研究的成功与否。量化研究结果主要是针对研究变量所涉及的各种关系进行数据分析的结果。在量化研究论文中，通常从与研究变量有关的描述统计、相关分析、回归分析、差异检验等方面来呈现研究结果。一个好的研究结果需要具有以下特征。

(1)在研究结果中，统计分析方法要运用合理，对研究变量应有着深入全面的分析。

(2)研究变量的描述统计信息应充分呈现，应呈现与研究相关的人口学变量信息。

(3)分析研究变量之间的关系，并详细报告应有的数据指标。比如，对相关关系和预测关系应进行相应的相关分析与回归分析。

(4)如果需要，在研究结果中应对相关变量进行差异检验，以考查变量的差异特征。

(5)研究结果呈现得思路清晰，层次分明，图表使用恰当，对研究变量的数据分析指标没有遗漏。

六、分析与讨论及研究结论是否合理

分析与讨论是对研究结果是否成立的论证。在分析与讨论部分，通常寻找各种研

究依据对当前的研究结果进行佐证和说明。分析与讨论部分在量化研究论文中占有较大的篇幅，对整体研究具有非常重要的价值。而且，研究结论是对研究结果的高度概括，在得出研究结论之前，需要对研究结果进行充分的分析与讨论，证明它是合理、有效的，这样得出的研究结论才有意义。要撰写好分析与讨论、研究结论部分应注意以下方面：

（1）分析与讨论应紧密围绕所取得的研究结果，支持研究结果，使研究结果得以成立；

（2）分析与讨论应逻辑严密，充分依据以往研究在理论与实践方面的证据，对研究结果进行合理论证和解释；

（3）分析与讨论应对研究假设的验证与否做出明确的回应，如果没有验证研究假设，应分析说明可能的原因；

（4）分析与讨论应以事实为依据，保持客观中立的态度，不应有过于主观的推论或猜测；

（5）分析与讨论应对研究的启示及今后研究的展望或期待进行说明，并对研究可能存在的不足或局限进行反思；

（6）对研究结论而言，应涵盖研究结果的核心观点和主要内容，应简明概括地说明研究变量的特征和关系。

七、参考文献是否全面

参考文献是研究所参考的、较为规范的各种文献资料。参考文献对整个研究的成立具有重要的支撑作用，尤其在研究论文的文献综述和分析与讨论部分，参考文献的作用更为关键。它有助于论证研究问题的提出，有助于论证研究结果是否合理有效。因此，选取全面充分的参考文献，尤其是选取质量过硬、范围广泛的研究文献，是研究及撰写论文的有力保障。参考文献的判断标准主要有以下几个方面。

（1）所参考的文献应以相关学术期刊论文、硕博士学位论文、学术专著为主，兼顾编著和会议论文等。

（2）参考文献应兼顾国内与国际研究领域的相关文献。

（3）参考文献应包含近年来（比如，近3年或近5年）的研究文献，而且近年来的研究文献在参考文献中应占一定比例（比如，20%或30%以上）。

（4）参考文献所涉及的研究领域或研究内容应与当前研究及变量密切关联。

（5）参考文献应格式规范，遵循学位论文或学术期刊的格式要求。比如，SSCI的教育期刊通常以APA格式作为基本的参照。

概括而言，评价量化研究论文的质量的标准是其创新性，即研究领域是否具有一定的前沿性，是否对研究理论有所支撑，是否对现实问题有所贡献等。

那么，如何做好量化研究，如何撰写好量化研究论文，就需要努力做好量化研究的每一个环节。研究者在实施量化研究的过程中，应努力提升相关研究领域的理论素养，不断丰富实践经验，结合自身的研究兴趣进行研究选题，通过文献综述合理地提出研究问题，并合理地进行研究设计，确定清晰的研究思路，选择恰当的研究方法，进而取得相应的研究结果,并对研究结果进行充分的分析与讨论,争取得出有价值的研究结论。

对研究者而言,如何撰写好量化研究论文,也许最好的方法就是多写几篇量化研究论文或研究报告。正如询问一位优秀的作家"如何能写出好文章",作家挥动手中的笔回答"从左到右",即多写,多练,这同样是撰写好量化研究论文的"捷径"。

参考文献

阿琳·芬克. (2014). 如何做好文献综述. 齐心,译. 重庆:重庆大学出版社.

白玉. (2019). 心理研究中的假设检验. 心理学进展,9(3),592-598.

鲍同梅. (2008). 教育学方法论的内涵及其研究视角. 华东师范大学学报(教育科学版),26(1),27-32.

崔智敏,宁泽逵. (2010). 定量化文献综述方法与元分析. 统计与决策,(19),166-168.

范文正,梁亚民. (2006). 集中与离散是数据集合的本质. 统计教育,(2),27-28.

方杰,张敏强. (2012). 中介效应的点估计和区间估计:乘积分布法、非参数Bootstrap 和 MCMC 法. 心理学报,44(10),1408-1420.

高耀明,范围. (2010). 中国高等教育研究方法:19792008——基于 CNKI 中国引文数据库(新)高等教育专题高被引论文的内容分析. 大学教育科学,(3),18-25.

赫伯特·A. 西蒙. (2009). 管理行为. 北京:机械工业出版社.

侯怀银. (2009). 教育研究方法. 北京:高等教育出版社.

教育部社会科学委员会学风建设委员会. (2009). 高校人文社会科学学术规范指南. 北京:高等教育出版社.

荆素正,吴黛舒. (2015). 中小学"教师批评"问题及其理解. 教育理论与实践,35(26),22-24.

卡尔·波普尔. (2003). 猜想与反驳:科学知识的增长. 傅季重,纪树立,周昌忠,等,译. 杭州:中国美术学院出版社.

哈里斯·库珀. (2010). 如何做综述性研究. 刘洋,译. 重庆:重庆大学出版社.

李刚,王红蕾. (2016). 混合方法研究的方法论与实践尝试:共识、争议与反思. 华东师范大学学报(教育科学版),(4),98-105,121.

李娜. (2019). 小学教师批评权弱化原因及对策分析. 基础教育研究,(5),46-47,50.

李枭鹰. (2011). 文献综述:学术创新的基石. 学位与研究生教育,(9),38-41.

廖传景. (2009). 中学校长职业倦怠与自我和谐的相关研究. 教学月刊·中学版,(1),8-11.

刘丽虹,张积家. (2010). 动机的自我决定理论及其应用. 华南师范大学学报(社会科学版),(4),53-59.

刘易斯·科恩,劳伦斯·马尼恩,基思·莫里森. (2015). 教育研究方法(第6版). 程亮,宋萑,沈丽萍,等,译. 上海:华东师范大学出版社.

刘毅玮,龚蓉. (2010). 教师"批评教育权"操作化探析. 中国教育学刊,(8),

77-79.

毛良斌，郑全全. (2005). 元分析的特点、方法及其应用的现状分析. 应用心理学，11(4)，354-359.

潘冬香. (2005). 原型理论的认知心理学诠释. 武汉理工大学学报(社会科学版)，18(4)，512-514.

彭荣础. (2011). 思辨研究方法：历史、困境与前景. 大学教育科学，(5)，86-88.

邱皓政. (2013). 量化研究与统计分析——SPSS (PASW)数据分析范例解析. 重庆：重庆大学出版社.

仇立平. (2015). 社会研究方法(第2版). 重庆：重庆大学出版社.

孙三迎. (2015). 批评教育要慎用. 中国教育学刊，(7)，103.

温忠麟，张雷，侯杰泰，等. (2004). 中介效应检验程序及其应用. 心理学报，36(5)，614-620.

王德青. (2008). 统计分类方法的比较. 中国统计，(9)，45-46.

王俊芳. (2004). 撰写文献综述的基本要求. 教育科学研究，(6)，59-60.

王琪. (2010). 撰写文献综述的意义、步骤与常见问题. 学位与研究生教育，(11)，49-52.

王世奇. (2015). 表扬和批评都要恰到好处. 中国教育学刊，(2)，102.

王孝玲，赵必华. (2008). 教育统计学. 北京：北京师范大学出版社.

威廉·维尔斯曼. (1997). 教育研究方法导论. 袁振国，主译. 北京：教育科学出版社.

吴海建. (2002). 众数计算问题之我见——数值型数据集中趋势测度探讨. 统计研究，(8)，58-60.

夏征农，陈至立. (2010). 辞海(第6版缩印本). 上海：上海辞书出版社.

姚计海，王喜雪. (2013). 近十年来我国教育研究方法的分析与反思. 教育研究，34(3)，20-24.

袁征. (2014). 教育研究的实证与思辨——从《无声的革命》看教育研究的方法. 华南师范大学学报(社会科学版)，(2)，43-47.

张斌贤，李曙光. (2015). 文献综述与教育学博士学位论文撰写. 学位与研究生教育，(1)，59-63.

张绘. (2012). 混合研究方法的形成、研究设计与应用价值——对"第三种教育研究范式"的探析. 复旦教育论坛，10(5)，51-57.

张厚粲，徐建平. (2009). 现代心理与教育统计学(第3版). 北京：北京师范大学出版社.

张剑，张建兵，李跃，等. (2010). 促进工作动机的有效路径：自我决定理论的观点. 心理科学进展，18(5)，752-759.

郑日昌，崔丽霞. (2001). 二十年来我国教育研究方法的回顾与反思. 教育研究，(6)，17-21.

阎光才. (2014). 对英美等国家基于证据的教育研究取向之评析. 教育研

究，(2)，137-143.

朱浤源. (1999). 撰写博硕士论文实战手册. 台北：台湾正中书局股份有限公司.

Agich, G. J. (1993). *Autonomy and Long-term Care*. New York：Oxford University Press.

Allen, N. J., & Meyer, J. P. (1990). The measurement and antecedents of affective, continuance and normative commitment to the organization. *Journal of Occupational Psychology*, 63(1), 1-18.

Allred, K. M., &Chambless, D. L. (2018). Racial differences in attributions, perceived criticism, and upset：A study with black and white community participants. *Behavior Therapy*, 49(2), 273-285.

Armstrong, J. S., &Soelberg, P. (1968). On the interpretation of factor analysis. *Psychological Bulletin*, 70, 361-364.

Baron, R. A. (1988). Negative effects of destructive criticism：impact on conflict, self-efficacy, and task performance. *Journal of Applied Psychology*, 73(2), 199-207.

Baron, R. M., & Kenny, D. A. (1986). The moderator-mediator variable distinction in socialpsychological research：Conceptual, strategic, and statistical considerations. *Journal of Personality and Social Psychology*, 51(6), 1173-1182.

Belsley, D. A., Kuh, E., & Welsch, R. E. (1980). *Regression Diagnostics：Identifying Influential Data and Sources of Collinearity*. New York：John Wiley.

Belsley, D. A. (1991). *Conditioning Diagnostics：Collinearity and Weak Data in Regression*. New York：John Wiley.

Bohrnstedt, G. W., & Knoke, D. (1988). *Statistics for Social Data Analysis.* (2nd *Ed.*). Itasca, IL：F. E. Peacock.

Bourne, L. E., Dominowski, R. L., & Loftus, E. F. (1979). Cognitive Processes. *American Journal of Psychology*, 92(4), 73-74.

Brown, T. A. (2006). *Confirmatory Factor Analysis for Applied Research*. New York：Guilford Press.

Bruner, J. S., Goodnow, J. J., & Austin, G. A. (1956). A study of thinking. P*hilosophy & Phenomenological Research*, 7(1), 215-221.

Busseri, M. A., & Sadava, S. W. (2011). A review of the tripartite structure of subjective well-being：Implications for conceptualization, operationalization, analysis, and synthesis. *Personality and Social Psychology Review*, 15(3), 290-314.

Capraro, R. M., & Thompson, B. (2008). The educational researcher defined：What will future researchers be trained to do? *The Journal of Educational Research*, 101(4), 247-253.

Carson, J. W., Carson, K. M., Gil, K. M., &Baucom, D. H.. (2010). Self-expansion as a mediator of relationship improvements in a mindfulness intervention. *Journal of Marital & Family Therapy*，33(4)，517-528.

Cenci，M.（2014）.Design-based research in an educational research context. *Journal of Contemporary Educational Studies*，(1)，62-75.

Chan，M. L. E.，& Arvey，R. D.（2012）. Meta-analysis and the development of knowledge. *Perspectives on Psychological Science*，7(1)，79-92.

Comrey，A. L.（1978）. Common methodological problems in factor analytic studies. *Journal of Consulting and Clinical Psychology*，46(4)，648-659.

Cone，J. D.，& Foster，S. L.（1993）. Dissertation and theses from start to finish：Psychology and related fields. *American Psychological Association*，49(1)，74-76.

Conway，J. M.，& Huffcutt，A. I.（2016）. A review and evaluation of exploratory factor analysis practices in organizational research. *Organizational Research Methods*，6(2)，147-168.

Creswell，J. W.（2003）. *Research Design：Qualitative，Quantitative，and Mixed Methods Approaches*. 55 City Road London EC1Y 1SP：United Kingdom Sage Publications.

Cudeck，R.，& O'Dell，L. L.（1994）. Applications of standard error estimates in unrestricted factor analysis：Significance tests for factor loadings and correlations. *Psychological Bulletin*，115(3)，475-487.

Deci，E. L.，Vallerand，R. J.，Pelletier，L. G.，& Ryan，R. M.（1991）. Motivation and education：The self-determination perspective. *Educational Psychologist*，26(3-4)，325-346.

Denney，A. S.，& Tewksbury，R.（2013）. How to write a literature review. *Journal of Criminal Justice Education*，24(2)，218-234.

Diener，E.，Emmons，R. A.，Larsen，R. J.，& Griffin，S.（1985）. The satisfaction with life scale. *Journal of Personality Assessment*，49(1)，71-75.

Diener，E.，& Lucas，R. E.（2000）. Explaining differences in societal levels of happiness：relative standards，need fulfillment，culture，and evaluation theory. *Journal of Happiness Studies*，1(1)，41-78.

Edwards，B. D.（2010）. Confirmatory factor analysis for applied research. *Organizational Research Methods*，13(1)，214-217.

Edwards，J. R.，& Lambert，L. S.（2007）. Methods for integrating moderation and mediation：A general analytical framework using moderated path analysis. *Psychological Methods*，12(1)，1-22.

Everitt，B. S.（1975）. Multivariate analysis：The need for data，and other problems. *British Journal of Psychiatry*，126(3)，237-240.

Fabrigar，L. R.，Wegener，D. T.，Maccallum，R. C.，& Strahan，E. J.（1999）. Evaluating the use of exploratory factor analysis in psychological research. *Psychological Methods*，4(3)，272-299.

Fava, J. L., & Velicer, W. F. (1992). The effects of overextraction on factor and component analysis. *Multivariate Behavioral Research*, 27(3), 387-415.

Federici, R. A., & Skaalvik, E. M. (2012). Principal self-efficacy: relations with burnout, job satisfaction and motivation to quit. *Social Psychology of Education*, 15(3), 295-320.

Finch, J. F., & West, S. G. (1997). The investigation of personality structure: Statistical models. *Journal of Research in Personality*, 31(4), 439-485.

Fraenkel, J. R., Wallen, N. E., & Hyun, H. (2011). *How to Design and Evaluate Research in Education*. New York: McGraw-Hill.

Friedman, I. A. (2000). Burnout in teachers: shattered dreams of impeccable professional performance. *Journal of Clinical Psychology*, 56(5), 595-606.

Fritz, M. S., & MacKinnon, D. P. (2007). Required sample size to detect the mediated effect. *Psychological Science*, 18(3), 233-239.

Gerbing, D. W., & Anderson, J. C. (1984). On the meaning of within-factor correlated measurement errors. *Journal of Consumer Research*, 11(1), 572-580.

Gibson, S., & Dembo, M. H. (1984). Teacher efficacy: A construct validation. *Journal of Educational Psychology*, 76(4), 569-582.

Glass, G. V. (1982). Meta-analysis: An approach to the synthesis of research results. *Journal of Research in Science Teaching*, 19(2), 93-112.

Golding, C. (2013). Must we gather data? A place for the philosophical study of higher education. *Higher Education Research and Development*, 32(1), 152-155.

Gorsuch, R. L. (1983). *Factor Analysis* (2nd ed.). Hillsdale, NJ: Frlbaum.

Hayes, A. F. (2009). Beyond Baron and Kenny: Statistical mediation analysis in the new millennium. *Communication Monographs*, 76(4), 408-420.

Horn, J. L. (1965). A rationale and technique for estimating the number of factors in factor analysis. *Psychometrika*, 30, 179-185.

Hu, Li-tze., & Bentler, P. M. (1999). Cutoff criteria for fit indexes in covariance structure analysis: conventional criteria versus new alternatives. *Structural Equation Modeling*, 6(1), 1-55.

Jayachandran, S., de Laat, J., Lambin, E. F., Stanton, C. Y., Audy, R., & Thomas, N. E. (2017). Cash for carbon: A randomized trial of payments for ecosystem services to reduce deforestation. *Science*, 357(6348), 267-273.

Johnson, R. B. & Onwuegbuzie, A. J. (2004). Mixed methods research: A research paradigm whose time has come. *Educational Researcher*, 33(7), 14-26.

Kang, C., Wang, G., Shi, M. & Sun, F. (2014). Research trend on higher education in China for the past ten years. *International Journal of Educational Management*, 28(3), 319-339.

MacCallum, R. C. (1983). A comparison of factor analysis programs in SPSS, BMDP, and SAS. *Psychometrika*, 48(2), 223-231.

MacCallum, R. C., Roznowski, M., & Necowitz, L. B. (1992). Model modifications in covariance structure analysis: the problem of capitalization on chance. *Psychological Bulletin*, 111(3), 490-504.

MacCallum, R. C., Widaman, K. F., Zhang, S., & Hong, S. (1999). Sample size in factor analysis. *Psychological Methods*, 4, 84-89.

Machi, L. A., & McEvoy, B. T. (2008). *The Literature Review: Six Steps to Success*. Thousand Oaks: Corwin.

MacKinnon, D. P., Lockwood, C. M., Hoffman, J. M., West, S. G., & Sheets, V. (2002). A comparison of methods to test mediation and other intervening variable effects. *Psychological Methods*, 7(1), 83-104.

MacKinnon, D. P., Lockwood, C. M., & Williams, J. (2004). Confidence limits for the indirect effect: Distribution of the product and resampling methods. *Multivariate Behavioral Research*, 39(1), 99-128.

MacKinnon, D. P. (2008). *Introduction to Statistical Mediation Analysis*. Mahwah, NJ: Erlbaum.

MacKinnon, D. P., & Fairchild, A. J. (2009). Current directions in mediation analysis. *Current Directions in Psychological Science*, 18(1), 16-20.

Maslach, C., & Jackson, S. E. (1981). The measurement of experienced burnout. *Journal of Organizational Behavior*, 2(2), 99-113.

Meyer, J. P., Allen, N. J., & Smith, C. A. (1993). Commitment to organizations and occupations: Extension and test of a three-component conceptualization. *Journal of Applied Psychology*, 78(4), 538-551.

Nancy, L., Leech, N. L. & Onwuegbuzie, A. J. A typology of mixed methods research designs. *Quality & Quantity*. 2009, 43, 265-275.

Newell, A., & Simon, H. A. (1972). *Human Problem Solving*. Englewood Cliffs, N. J.: Prentice-Hall.

Nunnally, J. C. (1978). *Psychometric Theory* (2nd ed.). New York: McGraw-Hill.

Onweugbuzie, A. J. (2002). Why can't we all get along? Towards a framework for unifying research paradigms. *Education*, 122(3), 518-530.

Preacher, K. J., & Hayes, A. F. (2008). Asymptotic and resampling strategies for assessing and comparing indirect effects in multiple mediator models. *Behavior Research Methods*, 40(3), 879-891.

Preacher, K. J., Rucker, D. D., & Hayes, A. F. (2007). Addressing moderated mediation hypotheses: Theory, methods, and prescriptions. *Multivariate Behavioral Research*, 42(1), 185-227.

Rosch, E. (1988). Principles of Categorization. *Readings in Cognitive Science*, 312-322.

Rosenthal, R., &DiMatteo, M. R. (2001). Meta-analysis: Recent developments in quantitative methods for literature reviews. *Annual Review of Psychology*, 52(1), 59-82.

Rucker, D. D., Preacher, K. J., Tormala, Z. L., & Petty, R. E. (2011). Mediation analysis in social psychology: Current practices and new recommendations. *Social and Personality Psychology Compass*, 5(6), 359-371.

Rummel, R. J. (1970). *Applied Factor Analysis*. Evanston, IL: Northwestern University Press.

Sharif, R. (2019). The Relations between Acculturation and Creativity and Innovation in Higher Education: A Systematic Literature Review. *Educational Research Review*, 28, 1-26.

Sheble, L. (2014). *Diffusion of Meta-analysis, Systematic Review, and Related Research Synthesis Methods: Patterns, Contexts, and Impact*. North Carolina: University of North Carolina.

Shrout, P. E., & Bolger, N. (2002). Mediation in experimental and nonexperimental studies: New procedures and recommendations. *Psychological Methods*, 7(4), 422-445.

Simon, L. (1969). *Basic Research Methods in Social Science: The Art of Empirical Investigation*. New York: Random House.

Simon, H. A., & Newell, A. (1971). Human problem solving: The state of the theory in 1970. *American Psychologist*, 26(2), 145-159.

Sobel, M. E. (1982). Asymptotic confidence intervals for indirect effects in structural equation models. *Sociological methodology*, 13, 290-312.

Spencer, S. J., Zanna, M. P., & Fong, G. T. (2005). Establishing a causal chain: Why experiments are often more effective than mediational analyses in examining psychological processes. *Journal of Personality and Social Psychology*, 89(6), 845-851.

Spreitzer, G. M. (1995). Psychological empowerment in the workplace-dimensions, measurement, and validation. *Academy of Management Journal*, 38(5), 1442-1465.

Stone, C., & Sobel, M. (1990). The robustness of estimates of total indirect effects in covariance structure models estimated by maximum. *Psychometrika*, 55(2), 337-352.

Stevens, S. S. (1951). Handbook of Experimental Psychology. New York: Wiley.

Thomas, K. W., & Velthouse, B. A. (1990). Cognitive elements of empowerment - An interpretive model of intrinsic task motivation. *Academy of Management Review*, 15(4), 666-681.

Üstün, U., & Eryılmaz, A. (2014). A research methodology to conduct effective research syntheses: Meta-analysis. *Education and Science*, 39(174), 1-32.

Van Wee, B., & Banister, D. (2016). How to write a literature review paper? *Transport Reviews*, 36(2), 278-288.

Velicer, W. F., & Jackson, D. N. (1990). Component analysis versus common factor analysis: Some issues in selecting an appropriate procedure. *Multivariate Behavioral Research*, 25(1), 1-28.

Velicer, W. F., & Fava, J. L. (1998). Effects of variable and subject sampling on factor pattern recovery. *Psychological Methods*, 3(2), 231-251.

Walsh, S. (2014). *A Mixed Methods Case Study of Early Childhood Professionals' Perception and Motivations of Choosing Self-Directed Learning* (PhD dissertation). University of La Verne, California.

Welman, J. C., & Kruger, S. J. (1999). *Research Methodology for the Business and Administration Sciences*. Cape Town: Oxford University Press.

Wen, Z., Marsh, H. W., & Hau, K. T. (2010). Structural equation models of latent interactions: An appropriate standardized solution and its scale-free properties. *Structural Equation Modeling*, 17(1), 1-22.

Wiersma, W., & Jurs, S. G. (2004). *Research Methods in Education: An Introduction* (Eighth Edition). 北京: 中国轻工业出版社(影印版).

Winkler, A. C. (2008). *Writing the Research Paper: A Handbook*. Beijing: Peking University Press.

Wood, J. M., Tataryn, D. J., & Gorsuch, R. L. (1996). Effects of under- and overextraction on principal axis factor analysis with varimax rotation. *Psychological Methods*, 1(4), 354-365.

Xin, S., Tribe, J., & Chambers, D. (2013). Conceptual research in tourism. *Annals of Tourism Research*, 41, 66-88.

Zhao, X., Lynch Jr., J. G., & Chen, Q. (2010). Reconsidering Baron and Kenny: Myths and truths about mediation analysis. *Journal of Consumer Research*, 37(2), 197-206.

Zwick, W. R., & Velicer, W. F. (1986). Comparison of five rules for determining the number of components to retain. *Psychological Bulletin*, 99(3), 432-442.

后　记

　　学习量化研究课程、阅读量化研究书籍的根本目的是理解量化研究理念，培养量化研究思维，掌握量化研究方法。量化研究理念与方法的培养会给研究者探索事物发展的一般特点或普遍规律带来更深远的影响。

　　对于研究者而言，研究过程往往具有更为重要的价值。研究者要关注培养研究兴趣和好奇心，激发研究的内在动力，全面地搜集文献资料，周密地撰写文献综述，严谨地进行研究设计，认真实施研究过程并取得研究结果及结论。当然，研究者也希望通过开展课题研究，争取丰硕的研究成果，发表更多的学术论文。不过，研究者争取发表论文也往往是他积极参加科研课题、努力开展学术活动及取得学术研究成果之后自然而然、水到渠成的事情。因此，研究素养的培养重心应放在对研究方法素养和科研能力的培养上，而不应仅关注于论文发表。

　　当前高校非常注重本科生及研究生的培养质量，尤其注重培养真正具有创新精神的科研人才，为我国在国际科学研究领域取得创新突破奠定基础。事实上，人才培养作为我国高等教育事业的重要组成部分，肩负着为国家培养高层次创新型人才的重要使命，提高人才的科研素养和创新能力是各阶段教育的重要目标。其中，实证精神和量化研究的理论与方法对培养学生形成较为完备的研究方法体系具有重要意义。而且，对学生的研究素养的培养要尤其重视过程性培养，注重研究方法的学习与运用。

　　不过，在当前科研素养评价体系中，存在过于注重结果导向的情况。比如，只关注论文发表，而忽视研究过程的评价。这不仅偏离了培养科研素养的正轨，也对人们的科研兴趣和内在学术动机的激发产生了消极影响。长此以往，即使发表了学术论文，但研究素养是否得到了培养却充满疑问。

　　而且，注重结果评价，只关注发表论文，也反映出当前人才培养过程中存在的"唯论文发表"倾向。单纯追求论文发表数量可能会导致忽视过程性培养，不利于提升学生的研究方法素养及创新能力。2020年科技部印发的《关于破除科技评价中"唯论文"不良导向的若干措施（试行）》明确指出，我国当前的科技奖励、创新人才推进计划等科技评价中存在着过度看重论文数量多少、影响因子高低，而忽视标志性成果的质量、贡献和影响等"唯论文"不良导向的现象。

　　当前，人才培养过度看重论文发表，而忽视对学术兴趣、研究方法及研究能力的培养，可能使得一些研究者不以科学研究为学术追求，忽视研究方法的合理运用，而仅以论文发表为导向进行研究，进而陷入"唯论文"的困境之中。如果不能及时转变这种"唯论文发表"的倾向，我国未来能否取得更多国际性科研创新成果将成为疑问。

　　然而，近年来，在一些研究领域，机械地依据论文发表数量对研究者进行评估的执着不仅没有减少，反而有所增长。研究论文发表越来越成为学术评价的关键标准。尤其对研究生来说，发表学术论文不仅意味着可以顺利毕业，还意味着能获得更丰厚的奖学金和未来更好的就业机会。然而，这种培养机制使研究生在得到奖学金、就业机会的同时，却可能使他们减弱甚至失去对学术研究的内在动机和乐趣，进而抑制他们以学术研究为追求的学术理想。

　　人才培养需要充分意识到当前存在的问题及不合理之处，并积极探求人才培养的策略和方法。首先，重视过程性培养。撰写研究论文作为科研活动一部分，可以提高人们的学术素养和专业素养，但是，学术创新素养不是仅仅凭借结果性评价所能培养的，而更需要凭借过程性培养，培养研究者完善的研究方法体系，使他们更加注重研究过程的实施，从而实现学术创新素养的提升。其次，重视对科研兴趣的培养。卓有成就的研究者开展科学研究的初衷往往是出于真正的科研兴趣。兴趣是研究人员对科学领域积极探索、执着追求的动力源泉，也是开启科学创新之门的金钥匙。在高等教育阶段，应高度重视对学生科研兴趣的培养。而且，从长远来看，幼儿园、小学、中学等基础教育阶段也应注重对学生的学习兴趣和好奇心的培养和激发，为本科生和研究生教育阶段的科研兴趣奠定基础。最后，激发内在学术动机。虽然外在动机对人的行为具有激励作用，但内在动机的作用更持久，更深远。转变学生培养及科研管理理念，创设宽松的学术研究氛围，更有利于培养人们内在学术动机，激发人们科学研究的想象力和创造力。

　　概括而言，人才培养要关注人们的科研兴趣和创新能力，真正落实人才培养目标。尤其，要重视学术研究素养的培养，注重建立科学合理的研究方法体系，以过程性培养为重，关注人的全面发展，不断完善人才培养和评价机制，真正为国家建设和社会发展培养出高层次的创新型人才。本书立足于教育研究领域，关注科学研究的实证性，阐释量化研究的理念与方法，旨在不断完善教育研究者的研究方法体系，希望为进一步开拓创新研究、培养创新人才尽绵薄之力。